복된 임종을 위한 불교의 가르침
臨終行儀

복된 임종을 위한 불교의 가르침
臨終行儀

하세가와 마사토시 外 지음
윤현숙 옮김

솔바람

한국어판에 부치는 말씀

이번에 한국의 불교사회복지 연구에 의욕적으로 매진하고 있는 윤현숙 박사가 본인의 편저인 『임종행의 - 일본적 터미널케어의 원점』을 한국어판으로 번역 출판하게 되었습니다.

윤박사가 일본에 유학할 당시 슈쿠토쿠대학 대학원 사회복지학 연구과에서 윤박사의 연구지도를 담당한 사람으로서 참으로 기쁜 일이라 생각합니다.

윤박사는 동국대학교에서 불교학을 연찬한 후 슈큐토쿠대학 대학원에서 사회복지학을 연구하였습니다만, 특히 불교사회복지와 터미널케어에 대한 실천적 관심은 누구보다도 강하였습니다. 그 점은 「터미널케어에 있어서 불교의 위상」이란 제목의 석사논문과 높은 평가를 얻은 박사논문 「한국에 있어서의 불교복지활동과 불교적 터미널케어」를 통해서도 충분히 알 수 있는 사실입니다.

특히 후자의 논문 제1편에서 한국에 있어서의 불교복지활동의 현상을 정확하게 지적하고, 제2편에는 한국에 있어서 불교적 터미널케어의 여러 모습에 대한 케어의 개념정리로부터 케어의 현상, 불교적 터미널케어론의 전개, 생사관이나 토착적인 사자의례와 전통적인 '계'에 대한 역사 문화적인 착목 등을 각각 상세하게 논술함과 동시에 저자 자신의 국립 부산대학교 병원에서의 임상사례에 대한 고찰도 이루어져 있습니다.

　더욱이 중요한 것은 윤박사가 본 논문에서 「일본불교 및 일본에 있어서 터미널케어에 관한 연구와 실천」이라는 내용을 한 장 더 추가하여 일본의 전통적인 임종행의에 대해서도 언급하고 있다는 사실입니다.

　윤박사의 불교사회복지나 터미널케어에 대한 연구 범위는 모국의 해당 연구는 물론 일본의 이 방면에 대한 연구와 실천 동향에도 미치는 것으로, 그러한 기초 연구의 축적을 이룬 윤박사가 이 책을 번역하게 된 것은 참으로 의의가 깊다고 생각합니다.

　임종행의에는 불교의 생사관에 기초한 간호하는 사람과 간호를 받는 사람의 마음가짐과 작법이 응축된 모습으로 나타나 있습니다. 실제 이루어졌던 행의로는 일본의 경우 대략 10세기 말의 원신(源信 : 일본어로 '겐신'이라고 발음한다)이 지은 『왕생요집』을 효시로 삼고 있는데, 그것의 선례라고 할 만한 것을 중국의 불교문헌에서 확인할 수 있습니다. 다만 일본불교에 있어서는 그 후 19세기 중엽까지 단속적이기는 하지만 정토교계의 종파를 중심으로 다수의 임종행의 관계서적이 저술되었고, 특히 17세기 후반부터 19세기에 걸쳐서 민중교화용으로 널리 유포되었습니다.

　일본에 있어서 터미널케어에 대한 관심은 1980년대 후반부터 급속히 높아지기 시작했습니다. 당시 나는 왕생전의 역사에 대한 연구를 통하여 인간의 삶과 죽음에 대한 생각을 정리하면서 자연스럽게 터미널케어의 문제에 대하여 관심을 갖게 되었습니다. 그러한 문제의식이 임종행의서에 대한 강한 관심으로 나타나 이윽고 본서에 대한 기획으로까지 전개되기에 이르렀습니다.

　공동 집필자로서 비하라의 제창자인 타미야 마사시(田宮仁) 씨를 비롯하여, 간호의 현장과 교육이 전문인 후지하라 아키코(藤腹明子) 씨, 불교학을 기초로 임종행의의 연구를 진행하고 있는 카미이 몬쇼우(神居文彰) 씨와 같은 최고의 스태프로부터 협력을 얻을 수 있었던 것은 참으로 다행스런 일이었습니다.

이 책이 한국에 있어서 불교 터미널케어의 실천과 교육의 진전에 도움이 될 수 있다면 본인으로서는 기대하지 않았던 행복임을 밝히고 싶습니다.

끝으로 번역에 힘쓴 윤현숙 박사의 노고와 출판의 수고를 담당하신 여러분께 깊은 감사를 드리는 바입니다.

슈쿠토쿠대학 학장 하세가와 마사토시

역자 서문

오늘날과 같이 물질적으로 풍요로워지고, 과학의 발전이 눈부신 가운데에도 생명 있는 존재의 필연적 귀결점인 죽음에 관한 다양한 기사들은 매일같이 보도된다. 한편 우리 인간의 삶에 대한 관심과 집착은 날로 더해가고 있어서, 동물 복제의 옳고 그름에 대한 논란은 이미 생명윤리 논쟁의 시점을 벗어나고 있다. 삶에 대해 집요하게 애착을 가지면서도 동시에 생명에 대한 경외심은 무참하리만큼 사라진 오늘날, 우리는 죽음을 통해 다시금 옛 성현들의 가르침을 재조명할 필요가 있지 않을까.

살아 있는 자의 환자에 대한 마음에서 우러나오는 간병과 함께, 환자는 간병인에 대한 고마움과 죽음을 받아들이는 긍정적인 사고로 생의 마지막까지 자아실현을 완성할 수 있도록 인도하는 것이 불교의 임종행의이다.

『복된 임종을 위한 불교의 가르침』이라는 제목으로 번역한 이 책의 원제는 『임종행의(臨終行儀)』이다. 불교의 임종행의란 불교사상을 바탕으로 죽음에 임한 사람의 마음가짐과 병구완의 작법[行儀]을 의미하며, 사람이 삶의 최후인 죽음을 맞이하는 방법 및 그 돌봄의 이상적인 상태의 마음가짐과 작법을 보인 것으로 정의된다.

원서인 『임종행의』는 제1장 불교와 터미널케어, 제2장 임종행의의 계보와 본서 수록자료의 해제, 제3장 임종행의 원문 및 현대어 역, 제4장 임종행의에서 배운다 - 현대적 시점의 해석과 응용으로, 제5장 왕생전(往生傳)에서 보는 간병 · 간사 - 임종행의의 실천의 총 다섯 장으로 되어 있다. 그러나 이 책에서는 임종행의의 일본적 사례집인 제5장은 제외하고 이론의 핵심적인 내용으로 구성된 제4장까지를 번역하였다.

일본에서 임종행의는 원신(源信 : 942~1017년)의 『왕생요집(往生要集)』에 인용된 이래, 헤이안시대(平安時代 : 794~1192년) 중엽부터 정토계의 불교에서 중요시되어 각 종파에서 사용되었으며, 삶에 있어서 최후기의 돌봄으로서 불교에 바탕을 두고 행해지게 되었고, 에도시대(江戶時代 : 1603~1868년)에 들어서는 널리 일반 민중들에게도 정착되었다.

임종행의는 '죽음에 관한 불교의 가르침'이라고 역자는 생각한다. 옛 스님들이 죽음을 마주하여 행한 의연한 대처는 그 당시 일반 민중들에게 죽음을 통해 삶을 배우는 지혜로 작용하였을 것이다. 중세의 일본사회에서 임종행의가 일반에 널리 보급된 것은 오늘날과 같이 삶에 대한 일방적인 사고가 존재하지 않았기에 가능하였을 것이다. 이렇게 죽음에 관한 현상은 그 시대의 사회상을 반영하기도 한다.

우리나라에서는 1980년대 이후 주로 종교계를 중심으로 호스피스 활동이 이루어지고 있다. 그러나 이십여 년이 지난 지금도 호스피스에 관한 이미지는 그렇게 밝지 않으며, 이 분야에 대한 불교계의 역할도 다른 종교에 비해서 미미하다고 생각한다.

흔히 사람들은 호스피스 시설이란 마치 살아 들어가서 죽어서 나오는 어둠의 집과 같다고 생각한다. 이는 우리가 갖는 죽음에 관한 부정적인 이미지와 비례한다. 죽음이란 것은 기분 나쁘고 불길하며, 평소에 생각하고 살아서는 안 되는 것으로 터부시되고 있다. 그런데 이런 죽음에 대하여 불교철학에서는 죽음이 삶과 다르지 않으며, 결국 그것은 둘이 아니라고 한다. 죽음이란 마치 헌 옷을 버리고 새 옷을 갈아입는 것과 같다고 이르는 것이다.

말기 암환자나 불치병 환자에 대한 돌봄과 의료를 우리는 흔히 호스피스라고 알고 있다. 그러나 이 책을 통해서 알 수 있듯이, 불교에서는 이미 오래 전에 죽음을 앞둔 사람들에 대하여 오늘날의 호스피스에 버금가는 대응의 필요성을 느끼고 실천의 지침을 마련한 뛰어난 가르침이 있었다. 불교신자들조차도 이러한 가르침이 있다는 것을 간과하고 있는 것은 아직도 이 분야의 연구가 미약하다는 것을 의미한다.

오늘날의 의료는 치료를 위주로 하고 있으며, 이는 남은 삶을 영위하는 동안 전인적인 케어를 필요로 하는 터미널케어와는 그 성격을 달리한다. 불교의 가르침을 바탕으로 오늘날의 터미널케어(호스피스)와 접점을 시도하는 본서는 인간 생명의 존엄성을 기반으로 하면서 간병인과 환자의 이상적인 보살핌(케어)과 의사소통의 가능성을 제시하고 있다.

불교 터미널케어는 불교의 가르침을 바탕으로 환자에게 행해지는 보살핌(케어)이다. 이 책을 번역하게 된 주된 동기도 여기서 기인한다. 이러한 연유로 역자는 한국불교의 정체성과 특성에 맞는 임사자와 가족에 대한 케어의 이상적인 방법과 이론이 재정립되기까지 적당한 용어의 부재에 대하여 호스피스라는 용어를 지양하고 불교 터미널케어를 주창하고 있다. 부디 불교와 간호, 사회복지에 관심을 두고 터미널케어를 연구하는 독자들에게 이 책이 지남이 되고, 보다 나은 연구 성과를 이룰 수 있기를 바라는 것이 역자의 간절한 바람이다.

이 책을 번역하도록 도와주신 일본 슈큐토쿠대학의 학장님이시자 은사

이신 하세가와 마사토시(長谷川 俊匡) 선생님과 이 책의 중요성을 인지하고 흔쾌히 출판을 허락해 주신 도서출판 솔바람의 동출 스님과 편집자들께도 깊은 감사를 드린다.

서문

사람들은 모두 보다 나은 삶을 추구하며 살아간다. 그러나 그 삶의 끝에 찾아오는 죽음에 대해서는 어떠한가. 평소에는 대개 무관심하게 준비를 하지 않고 지낸다. 언어의 표현이란 측면에서 보다 나은 죽음은 있을 수 있다고 하여도 의식의 측면에서는 아직 멀리 있는 말이라고 하여도 좋을 것이다.

무슨 이유에서일까. 이유는 여러 가지가 있겠지만, 나는 우리들이 인생의 목표를 너무나도 외재적인 가치 쪽에 둔 결과라고 생각한다. 그러나 죽음은 그 가치를 한순간에 빼앗아 가고 만다. 따라서 '보다 나은 죽음'에 대한 사고는 '보다 나은 삶'에 대한 사고와 떨어져서는 존재할 수 없다.

고래(古來)로 불교는 일본의 문화나 일본인의 정신생활에 큰 영향을 미쳐왔다. 적지 않은 고승·명승들이 인간의 삶과 죽음에 대하여 한량없는 불교의 지혜를 제시하고, 사람들을 존엄한 죽음에 눈뜨게 하기 위하여 노력해온 사실도 그 하나이다. 본서에 수록된 임종행의(臨終行儀)[1]의 가르침에는 불교의 생사관을 바탕으로 하여 환자를 간호하는 사람과 간호를 받는 사람의 마음가짐과 작법이 응축된 형태로 제시되고 있다.(임종행의에 여러 가지 변화가 있는 것은 교의나 성립한 시대에 따른 것이라고 하는 이유 이외에도, 병

---

1) **역자 주** : 임종행의, 임종에 있어서 지켜야 할 규칙 또는 그 의식.

구완의 임상을 거듭하면서 얻어진 귀중한 경험이 뒷받침되어 있다는 것을 말해 준다.) 그것은 죽음과 터미널케어를 둘러싼 현대적 과제에 대해서 마르지 않는 샘과 같은 유효한 시사를 주는 것이라고 확신한다.

본서의 기획에 대하여 그 전제와 공동 집필에 이르기까지의 경위에 대해서도 한마디 하고 싶다. 나는 이 책을 계획하는 데 있어 두 가지 의도가 있었다. 하나는 인간의 삶과 죽음의 심연에 관계되는 오래된 것이면서도 오늘날의 새로운 터미널케어와 같은 과제에 몰입하는 시점에서, 우선 무엇보다도 자국의 풍토와 역사가 살아 숨쉬는 문화를 배워야만 한다는 생각이었다.(나 자신이 근세의 왕생전 연구에 오래 종사해 온 것도 있어서) 또 하나는 국제화시대에 있어서 언제까지 외부로부터의 수용에 안주할 수 없는 병구완과 '죽음'에 관한 문화를 다른 모든 나라를 향해서 널리 제시할 의무가 있다는 생각이었다. 그와 같은 생각을 품고 어느 날 동학(同學)의 타미야 마사시(田宮仁) 씨와 만나서 나의 작은 구상을 이야기하였다. 비하라의 제창자로 불교의 터미널케어 연구를 추진하고 있던 그는 그 자리에서 나와 공통의 인식을 털어놓고 동의하였다. 그 후 타미야 마사시 씨의 소개로 임종행의 연구에 눈부신 성과를 올리고 있는 신진의 학연(學硏) 가미이 몬쇼우(神居文彰) 씨와 의료·간호의 현장에 관계를 가지고 오랫동안 간호교육에 종사하였고 불교사상에도 조예가 깊은 후지와라 아끼코(藤原明子) 씨와 만나는 기회를 얻었다. 그리하여 유익한 의견을 들음과 동시에 이 기획에 대하여 전면적인 협력을 얻을 수 있게 되었다.

따라서 본서는 일본불교의 역사 가운데 인간의 삶과 죽음의 모습, 특히 이상적인 죽음이란 무엇인가를 탐구해 온 연구자들과 병과 죽음을 둘러싸고 현재화해 온 현대의 의료·간호·복지의 문제 상황을 포함하여 그 해결

방향을 불교의 터미널케어에서 구하고 있는 연구자들과 공동작업에 의해서 나온 것이다. 다만 별도의 기록처럼 각자가 맡은 것을 명확히 하고 각각에 대하여 책임지고 집필하였다.

본서의 구성은 5장[2]으로 되어 있는데, 말할 것도 없이 그 중심은 제3장 임종행의 문헌의 일부 내지는 전문의 게재(원문과 순 한문을 현대어로 고쳐 쓴 것)이다. 제4장에서는 현대 간호학적 시점으로부터의 해석이나 활용 방안을 참고하였으며, 나아가 독자들에게 각각의 응용이 전개될 것을 마음으로부터 기원해 마지않는다.

하세가와 마사토시

---

[2] 번역서인 본서에서는 학문적인 고찰로서 제4장까지만을 번역하였음을 밝힌다.

차례 |

한국어판에 부치는 말씀 ——————————— 5
역자 서문 ——————————————————— 8
서문 ————————————————————— 12

제1장 불교와 터미널케어

제1절 터미널케어란 무엇인가

1. 들어가는 말 ——————————————— 22
2. 터미널케어의 의미 ———————————— 24
3. 터미널케어의 정의 ———————————— 24
4. 터미널스테이지 ————————————— 26
5. 터미널케어의 목적 ———————————— 27
6. 터미널케어의 대상 ———————————— 28
7. 터미널케어의 담당자 ——————————— 28
8. 터미널케어의 방법 ———————————— 29
9. 터미널케어의 장소 ———————————— 30

제2절 왜 지금 터미널케어인가

1. 들어가는 말 ——————————————————— 32
2. 의료 ——————————————————————— 32
3. 간호 ——————————————————————— 34
4. 복지 ——————————————————————— 37
5. 역사적·사회적 문제 ———————————————— 39

제3절 불교와 터미널케어

1. 들어가는 말 ——————————————————— 43
2. 불교와 의료 그리고 터미널케어 ————————— 43
3. 지금 왜 임종행의인가 —————————————— 45

제2장 임종행의의 계보와 본서 수록 자료의 해제
제1절 일본불교에서의 임종행의의 계보

1. 들어가는 말 ——————————————————— 50
2. 임종행의 요람기 ————————————————— 51
3. 원신 이후의 임종행의 —————————————— 57
4. 근세의 임종행의 ————————————————— 82

제2절 본서 수록 자료의 해제

1. 정토계 임종행의 ————————————————— 87

2. 진언계 임종행의 ——————————— 97
　　3. 일련계 임종행의 ——————————— 102
　　4. 선계 임종행의 ——————————— 104

제3장 임종행의의 현대어 번역
제1절 정토계(천태 포함)
　　임종정념결(臨終正念訣) 선도(善導) ——————————— 108
　　왕생예찬(往生禮贊) 선도(善導) ——————————— 111
　　관념법문(觀念法門) 선도(善導) ——————————— 111
　　왕생요집(往生要集) 원신(源信) ——————————— 113
　　정토종요집(淨土宗要集) 성광(聖光) ——————————— 123
　　염불명의집(念佛名義集) 성광(聖光) ——————————— 124
　　간병어용심(看病於用心) 양충(良忠) ——————————— 126
　　임종절요(臨終節要) 자공(慈空) ——————————— 140
　　임종용심(臨終用心) 가원(可圓) ——————————— 164

제2절 진언계
　　일기대요비밀집(一期大要秘密集) 각반(覺鑁) ——————————— 171
　　효양집(孝養集) 각반(覺鑁) ——————————— 181

임종행의주기(臨終行儀主記) 담수(湛秀) ——————— 187
　　임종지용의(臨終之用意) 정경(貞慶) ——————— 195
　　성불시심(成佛示心) 정공(淨空) ——————— 198

제3절 일련계
　　천대견초(千代見草) 일원(日遠) ——————— 205

제4절 선계
　　선원청규(禪苑清規) 병승전념송(病僧專念誦) 종색(宗賾) ——— 216
　　영평소청규익(永平小清規翼) 무착(無著) ——————— 218

제4장 임종행의에서 배운다-현대적 시점에서의 해석과 응용
제1절 정토계(천태 포함)
　　임종정념결(臨終正念訣) 선도(善導) ——————— 224
　　왕생예찬(往生禮讚) 선도(善導) ——————— 228
　　관념법문(觀念法門) 선도(善導) ——————— 232
　　왕생요집(往生要集) 원신(源信) ——————— 234
　　횡천수능엄원이십오삼매기청(橫川首楞嚴院二十五三昧起請) 원신(源信) ——— 238
　　정토종요집(淨土宗要集) 성광(聖光) ——————— 242
　　염불명의집(念佛名義集) 성광(聖光) ——————— 243

간병어용심(看病於用心) 양충(良忠) ──────── 245
임종절요(臨終節要) 자공(慈空) ──────── 252
임종용심(臨終用心) 가원(可圓) ──────── 263

제2절 진언계

일기대요비밀집(一期大要秘密集) 각반(覺鑁) ──────── 271
효양집(孝養集) 각반(覺鑁) ──────── 274
임종행의주기(臨終行儀注記) 담수(湛秀) ──────── 279
임종지용의(臨終之用意) 정경(貞慶) ──────── 283
성불시심(成佛示心) 정공(淨空) ──────── 285

제3절 일련계

천대견초(千代見草) 일원(日遠) ──────── 289

제4절 선계

선원청규(禪苑淸規) 병승전념송(病僧專念誦) 종색(宗賾) ──────── 293
영평소청규익(永平小淸規翼) 무착(無著) ──────── 296

제1장
불교와 터미널케어

제1절 터미널케어란 무엇인가

1. 들어가는 말

　사람은 태어난 이상 언젠가는 반드시 죽음을 맞이한다. 어쩌면 생후 3일 만일지도 모른다. 혹은 80년 후 일지도 모른다. 사람이 죽는다고 하는 것은 지극히 자연스럽고 당연한 것이다. 그리고 먼저 저 세상으로 가는 사람을 간호한 사람도 언젠가는 죽음에 임해 간호를 받는다. 죽음에 임한 사람을 간병하고 간병을 한 사람이 간호를 받는다는 사실은 인간 역사의 원형이라고도 할 수 있다.

　요즘 들어 그 자연스럽고 당연한 이치인 사람의 죽음을 둘러싸고 변화와 문제가 발생하고 있다. 특히 죽음을 앞둔 사람을 돌보는 간호에 대한 이상적인 모습에 대하여 문제가 제기되고 있다. 죽음을 앞둔 사람에 대한 간호의 문제, 그것이 터미널 케어의 당면한 문제이다.

　근대사회의 터미널케어의 문제는 지극히 전문적인 분야인 의학, 간호의 영역에서 발생한 문제였다. 그러나 현재는 의학이나 간호 관계자뿐 아니라 널리 사회문제로 자리 매김을 하고 있다. 이렇게 죽음을 둘러싼 모든 문제가 터미널케어의 문제에 한정하지 않고 사회문제로까지 대두된 것 자체가 심상치 않으며, 그것은 현대라고 하는 시대의 병리라고도 할 수 있을 것이다. 일찍이 병구완에 관한 문제를 요즘처럼 보다 많은 사람들로 하여금 생각하게 만든 시대가 있었던가.

　그러나 지극히 자연스럽게 여겨졌던 죽음이 다른 사람도 아닌 자기 자신에게 닥쳐왔을 때 그것이 특별한 문제가 되는 것도, 인간의 역사와 함께 존재하였다고 하여도 과언이 아니다. 누구나 자기 자신이 생명을 향유하고 지금 존재하며, 동시에 죽어가는 존재라는 것을 생각해본 경험이 있을 것이다. 그리고 남겨진 시간이 짧다는 것을 깨달았을 때, 그 남겨진 시간을 지내는 방법에 대하여 곤혹스러워하고 괴로워하는 사람도 있다. 자신에게 남겨진 한정된 시간을 어떻게 지내야 하는가. 그 자신에게 있어서 마지막 시기를 보내는 방법의 문제, 그것이 터미널케어의 문제라고 하겠다.

따라서 터미널케어의 문제는 현대사회가 낳은 현대의 병구완의 문제이며, 한 인간의 생명을 둘러싸고 그 말기에 남겨진 시간을 어떻게 유효하게 살아야 하며 또한 그것을 어떻게 원조할 수 있는가 하는, 케어를 행하는 측과 케어를 받는 측과의 쌍방의 문제인 동시에 그것을 둘러싼 사회의 문제이기도 하다.

케어를 행하는 측도 언젠가는 케어를 받는 입장이 된다. 죽음을 자기 자신의 문제로 직시할 수밖에 없을 때 사람은 무엇을 생각하고, 무엇을 행하려고 하는 것일까. 우리들 특히 불교인들은 의식적이든 무의식적이든 우리의 생사관이나 정신풍토, 그리고 문화와 풍속, 관습과 그 배경에 있는 불교에서 죽음에 임하는 생각이나 행위를 찾고자 하는 것은 아닐까.

터미널케어의 문제가 가시화되고 있는 현재, 선인들이 중요하게 지켜온 불교의 지혜나 방법론을 직시하므로써 향후 터미널케어의 이상적인 모습, 새로운 생사의 문화를 구축하고 싶다. 우리들 한 사람 한 사람을 위하여.

터미널케어에 대한 이해나 생각을 고찰해감에 있어서 가장 먼저 필요한 것은 일반적으로 현재 유포되어 있는 터미널케어에 대한 정의나 개념 정리일 것이다. 즉 터미널케어의 정의나 그 과정에 대하여, 또는 목적, 대상, 담당자(주체), 방법(기술), 장소(매체)라고 하는 것에 대한 일련의 개념 정리이다.

2. 터미널케어의 의미

터미널케어라고 하는 말은, '터미널'과 '케어'의 합성어이다. 터미널(terminal)은 '마지막의, 말단의, 종점의'라는 뜻과 함께 '경계의'라는 의미도 겸하고 있다. 터미널이라는 말은 경계를 의미하는 라틴어의 트미네스(terminus)에서 비롯되었다고 한다. 또한 종착(터미널)역은 한편에서는 시발역인 것과 같이 마지막에서 시작으로의 경계·접점으로 볼 수 있다.

케어(care)에는 '심려, 돌봄, 간호, 주의, 배려' 등의 의미가 있다. 따라서 터미널케어의 문자 그대로의 의미는 죽어가는(말기의) 사람에 대한 간호, 나아가서 경계에 임한 사람의 케어라고 할 수 있다. 즉 삶에서 죽음의 경계에 임한 사람에 대한 케어이다. 이는 한편으로는 새로운 세계로의 탄생(시작)을 위한 원조라고 할 수 있다.

3. 터미널케어의 정의

터미널케어를 광의로 해석하면 예후불량(난치성 질환의 병고로, 현재의 모든 의료기술을 구사하여도 치유될 가능성이 보이지 않고 임종이 가깝다고 생각되는 상태)이라고 진단되어진 사람이나 노인에 대해서 남은 시간을 그 사람이 보다 희망하는 대로 지낼 수 있도록 기본적(신체적·정신적·사회적·종교적) 욕구를 만족시켜 주고, 보다 바람직한 죽음을 맞이할 수 있도록 병구완과 수발을 드는 것이다. 나아가 죽음에 임한 본인만이 아니라 환자 가족의 여러 가지 고뇌나 사후에 남겨지는 가족의 비탄에 대한 원조도 포함한 것이다.

또한 앞서 기술하였듯이, 터미널케어의 문제는 당초 의학이나 간호의 영역에서 현재화된 문제이며, 기본적으로는 의료상의 문제로서 위치되어진다.

그러나 터미널케어의 문제라고 하는 경우에는 케어를 제공하는 쪽에서 본 문제 이상으로 케어를 받는 쪽에 있어서의 문제라고 하는 의미가 크다. 가령, 고지(告知)를 바라는가 아닌가, 그리고 케어를 받는 장소의 선택 등에 이르기까지 케어를 받는 당사자의 가치관이나 생사관에 기초한 자기결정이 중요하기 때문이다.

터미널케어와 같은 목적을 위해서 사용되는 용어로는 완화케어, 호스피스케어, 비하라케어 등이 있다.

완화케어(palliative care)란 질병을 퇴치시킬 수는 없으나 고통스런 증상을 완화하고 제거시키는 조치를 취하는 것을 의미하며, 의료를 행하는 장소에서는 터미널케어 이상으로 빈번히 사용되고 있다.〔내용적으로는 palliation은 질병의 완화, 증상조절(symptom control)에 중점을 둔다.〕 필자의 생각으로는 완화케어란, 종래의 치료나 연명의학 범주의 연장선에 있는 연속케어의 일환이라고 보여진다.

호스피스케어에 대하여 살펴보면 호스피스(hospice)란 병원(hospital)이나 호텔(hotel)의 어원이기도 한 라틴어의 호스피티움(hospitium)에서 유래하였으며, '손님을 따뜻하게 맞이한다'는 뜻이 담겨 있다고 한다. 당초 호스피스라고 불리었던 시설은 10~11세기경 십자군원정 때에, 순례자를 위하여 수도원 등에 설치하였던 무료 숙박소라고 한다. 현대의 호스피스 시효는 1967년에 영국 런던 교외에 시실리 손더스(C. M

Saunders)[1] 여사가 죽어가는 환자에게 최상의 포괄적 케어를 제공하기 위한 목적으로 개설한 세인트 크리스토퍼 호스피스이다. 그리고 호스피스케어라고 하는 경우, 대상자를 암환자에 한정하고 있는 것이 대부분이다.

일본에서는 터미널케어가 광의로 해석되고 있으며, 호스피스케어와 터미널케어가 동의어처럼 사용되고 있다. 그러나 호스피스케어 연구회의 계우왜문자(季羽倭文子)씨가 시사하는 바에 따르면, 영국 등에서는 터미널케어라는 용어가 호스피스케어 기능의 일부만을 표현하고 있다고 한다. 즉 케어의 목적이나 관계하는 방법은 본질적으로 같으나 보다 한정된 시기에 죽음을 맞이하는 것을 시야에 넣어, 죽음이 다가올 때 케어에 적극적으로 임하는 시기의 케어를 터미널케어라고 한다. 따라서 호스피스케어 안에 터미널케어가 포함되어 있다고 이해된다.

다음은 비하라케어(vihara care)이다. 비하라는 불교호스피스를 대신해서 불교를 배경으로 한 터미널케어 시설을 일컫는 말로 1985년 필자가 제창한 것이다. 그 비하라에서 전개하는 불교의 지혜나 방법을 활용한 케어의 총칭을 비하라케어라고 한다.

4. 터미널스테이지

언제부터 터미널이라고 해야 하느냐는 것이 곧잘 문제가 된다. 가령 어떤 사람의 말기에 대하여 결과론으로서 밖에 알 수 없다거나 또는 태어난 시점에서부터 사람은 죽음을 향해 가는 존재라고 하는 등의 여러 가지 생각이 있다. 과거에 의사가 '수저를 놓았다'고 하는 표현이 있었는데, 이는

---

1) **역자 주** : 사회복지사, 간호사의 경력을 함께 갖춘 의사.

현대의료의 모든 것을 다 모아도 치유불가능이라고 말하지 않을 수 없는 상태에 이르는 경우를 의미한다.

터미널스테이지에 대해서 가시와기 데쯔오(柏木哲夫) 씨는 "모든 집합적 치료를 써도 치료에 이를 수 없는 상태로, 차라리 적극적인 치료가 환자에게 있어서 적절하지 않다고 생각되는 상태를 말한다. 통상 생명예후가 6개월 이내라고 생각되는 상태이다."라고 정의하고 있다.

터미널스테이지에 대해서는 보다 상세하게 각 상태에 대한 스테이지가 설정되어 있으며, 각 단계 별로 케어내용의 중점이 변한다. 즉 터미널 전기는 남은 생명이 6개월에서 수개월, 터미널 중기는 남은 생명이 수주간, 터미널 후기는 남은 생명이 수일 또는 사망 직전기(위독, 임종하기 직전 수시간)이다. 나아가 사후 가족에 대한 비탄케어를 포함한 스테이지 설정을 생각해 보면 죽음과 사후의 각 단계를 추가해서 생각할 필요가 있다.

5. 터미널케어의 목적

터미널케어의 목적은 죽음에 임한 사람이 그 사람답게 생명을 향유하도록 도와준다. 즉 그 사람 나름대로의 생을 누릴 수 있도록 돕는 것이다.

그 사람다운, 혹은 그 사람 나름대로의 생을 유지한다고 하는 것은 개개인에 따라서 그 내용이 다르다. 따라서 터미널케어의 목적은 대상자의 욕구에 맞추어서 케어의 내용을 설정하는 것이라고 하겠다. 그러나 임종자의 통증완화를 중심으로 하면서 각각의 다양한 욕구에 대한 조절과 그 사람이 살아가는 삶의 질(quality of life : QOL)을 높이기 위한 노력은 어느 누구에게나 필요한 터미널케어의 기본적인 목적이다.

6. 터미널케어의 대상

터미널케어의 대상은 예후불량이라고 진단된 사람이다. 따라서 본래는 터미널케어의 대상이라고 하는 경우에 질병의 종류, 연령, 성별, 가족상황, 사회적 배경 등을 불문하고 죽어가는 사람 모두가 대상이 되어야 한다. 그러나 현 시점에서 의료계의 일반적 이해로는 완화케어 병동의 인가 조건에서 보여지듯이 말기 암환자가 주된 대상자이다.

나아가 그 사람이 사람다운 삶을 다할 수 있도록 돌보는 것이 터미널케어의 목적이라고는 하지만, 당사자 뿐만 아니라 그 가족의 케어도 중요하게 여기는 것에서부터 출발하여 가족도 터미널케어의 대상으로 생각할 필요가 있다.

7. 터미널케어의 담당자

터미널케어의 담당자로서 우선 들 수 있는 것은 환자의 가족이다. 다음으로 의료·간호 관계자를 들 수 있다. 즉 의사(주치의)나 간호사와 같이 의료·간호를 담당하는 사람이 직접적 케어의 담당자이다.

터미널케어의 목적이 그 사람다운 생명을 온전히 하고 남겨진 시간의 삶의 질을 높이는 것이라면, 그것을 충족시키는 전문가도 터미널케어의 담당자로서 중요하다. 즉 정신의료·심료내과의(心療內科醫) 카운슬러, 의료사회복지사(MSW), 약제사, 영양사, 작업요법사, 이학요법사(PT), 종교인, 자원봉사자 등이다. 그 외에도 조리사나 사무관계자 등 인간의 생명을 둘러싼 모든 직종의 전문가를 터미널케어의 담당자로 들 수 있다.

그중에서도 근대 이후에는 터미널케어에서 종교인의 역할이 중요시되면서 향후 터미널케어에 대한 참여가 기대된다.

8. 터미널케어의 방법

터미널케어의 방법이라고 하는 경우, 그것은 앞에서 말한 터미널케어의 목적을 위해서 구사할 수 있는 모든 방법이라고 할 수 있다. 바꾸어 말하면 삶에서 죽음으로의 경계, 이 세계에서 저 세계로의 경계, 사람들은 그 경계에 삼도(三途)의 강[2]이 흐르고 있다고 믿기도 하는데, 삼도의 강에 있어서 차안(此岸)에서 피안(彼岸)으로 건너는 시기에 그 건네 주는 방법이 터미널케어의 방법이라고 하는 좁은 견해도 있다.

그 방법 가운데 당면한 문제는 각 스테이지에 의거한 신체적·사회적·종교적 필요에 응해가는 것이다. 그 가운데서도 신체적 또는 정신적인 문제에 대한 대처방안은 주로 의료·간호가 담당하는데, 그 방법론이나 기술의 연구·개발이 더욱 진전되고 있는 분야이기도 하다. 구체적인 통증완화를 중심으로 한 모든 증상완화의 방법과 기술이 그것에 해당한다. 이 신체적인 통증완화에 대해서는 의사나 간호사의 고유 업무의 범주에 들어 있는 것이 대부분이라고 하여도 좋으며, 터미널케어의 중핵을 이루는 부분이다.

심리상담이나 가족, 의료비 지불 등의 경제문제, 또는 사회적인 모든 문제에 대하여 사회사업을 통한 원조도 전체적인 케어의 일환으로서 필수적이다. 또한 터미널스테이지에 처해 있다는 사실에 대한 반응, 또는 죽어간다고 하는 것이나 사후의 세계 등에 대한 불안에 대해서 종교인에 의한 치료나 구원과 관련한 원조·지도도 터미널케어의 근간을 이룬다.

나아가 터미널케어의 방법에 있어 그 전개의 기본 자세를 확인해 두고

---

[2] 역자 주 : 사후 7일째에 건넌다고 하는 명계(冥界)에 있는 하천. 세 갈래 길이 있어서 생전의 업에 따라 선인은 다리를 건너고, 가벼운 죄인은 물의 얕은 곳을, 그리고 중죄인은 흐름이 빠르고 깊은 곳으로 건넌다고 한다.

자 한다. 중요한 것은 환자가 중심이라는 사실이다. 환자 본인을 중심으로 해서 케어가 전개되지 않으면 안 된다. 즉 터미널케어는 주치의나 담당 간호사만으로 행해지는 것이 아니라 환자와 관련한 사람들이 서로 협동하여 행해지는 것이므로, 자원봉사자 등을 포함해서 케어에 관여하는 전원이 참가하고 협력해서 팀으로 행하는 것이다.

또한 터미널케어의 전개에 있어서 환자 중심이라고 하는 것은 환자 본인이 케어에 대한 참여를 전제로 하는 것이다. 따라서 의사에게 충분하게 설명이 된 후에 환자의 동의와 선택[3]이 철저하게 행해지는 것은 당연한 일이다. 고지의 문제 등도 의사에게 충분하게 설명이 된 후에 환자의 동의와 선택이 철저해져 가는 과정에서 자연히 해결된다고 하겠다. 나아가 터미널케어의 방법은 각각의 나라나 민족의 문화와 종교, 풍습과 관습 등을 존중한 방법론의 개척과 그 실천이 바람직하다.

9. 터미널케어의 장소

터미널케어에 있어서 장소라고 하는 것은 도대체 무엇을 의미하는가. 예전에는 사람이 죽음을 맞이하는 경우 대부분의 사람들이 자기 집에서 가족에게 둘러싸여 죽음을 맞이하였다. 그러던 것이 현재는 사실상 어떤 특별한 장소가 필요한 것으로 인식되어 있어 죽음을 맞이하는 장소의 설정을 생각해야 하게끔 되었다.

현재 일반적으로 생각되는 터미널케어의 장소로는 터미널케어 전문시설, 병원, 사회복지시설, 자택, 그 외의 장소이다.

그 가운데서도 전문시설이라고 하는 곳에서는 기독교와 깊게 연계된 호

---

[3] informed consent 나 informed choice.

스피스, 불교를 배경으로 한 비하라 완화케어병동(PCU) 등을 들 수 있다. 일본의 경우 후생성의 허가에 의해서 완화케어병동의 지정을 받은 시설이 대표적인 것이다. 덧붙여서 후생성인가의 완화케어병동은, 1993년 4월 1일 현재, 전국에 9개소가 개설되어 있다.

그리고 일본에서는 1년간 약 8만5천 명(1992년에는 855,436명)의 사람이 죽지만 그 대부분이 병원에서 죽음을 맞이하고 있다. 실제로 병원사(病院死)가 전체의 70%를 넘으며, 말기 암환자의 경우 93.4%가 병원사이다. 병원은 본래 질병을 치료해서 사회복귀를 목적으로 하는 장소이나 대부분의 사람들이 병원에서 죽음을 맞이하고 있다. 따라서 병원은 터미널케어 장소로서의 역할과 이상적인 방법이 강구되어야 할 장소이기도 하다.

또한 특별양호 노인홈 등의 사회복지시설도 일상생활뿐만 아니라 병구완까지 겸해야 노인에 대한 케어가 완결된다고 하는 생각도 생겨서, 터미널케어가 일상적으로 인식되고 있는 장소라고 할 수 있다.

제2절 왜 지금 터미널케어인가

1. 들어가는 말

터미널케어의 문제는 당초 구미에서 1960년대부터 대두되기 시작했는데(영국의 시실러 손더스의 『말기 암 환자의 통증 케어』 1962, 미국의 엘리자베스 큐블러로스의 『On Death and Dying』 1964년 등), 그 시기는 바로 베트남전쟁과 비틀즈의 전성기였다.

일본에서도 1970년대에 들어서 일부의 의료·간호 관계자나 매스컴을 통해서 호스피스라고 하는 말과 함께 터미널케어의 문제가 화제가 되었다. 그리고 1981년 시즈오카현 하마마츠시 소재의 성례삼방원병원(聖隷三方原病院) 호스피스가 일본에서 최초로 개설되어 그 구체적인 전개가 시작되었다.

터미널케어가 왜 지금 문제되는 것일까. 거기에는 여러 가지 이유가 복합되어 있기 마련이다. 따라서 지극히 전문적인 분야인 의학이나 간호영역에 있어서 발생한 문제로만 한정해서 볼 수 없는 생명을 둘러싼 사회문제이며, 나아가서는 누구라도 자신의 문제로서 생각해야 할 과제이기도 하다.

이러한 터미널케어의 문제가 현재화된 이유를 의학, 간호, 복지 등의 각 영역별로 개관하여 현대사회에 있어 터미널케어의 의미를 찾아보고자 한다.

2. 의료

우선 현대의학은 우리들에게 무엇을 제공하였고, 우리들은 무엇을 잃었을까. 그리고 우리들은 의학에 무엇을 기대하고 있는가 하는 소박한 문제를 던지고 싶다.

20세기에 들어서 그것도 가까운 40~50년 사이에 발전해 온 현대의학의 성과는 검사, 진단, 치료, 연명 각각에 있어서 의료기술의 진전과 더불어 괄목할 만한 성장을 하였다. 대표적인 사항을 몇 가지 들어보면 암 진단학의 발전, 수술용 현미경을 이용한 뇌혈관·난관 등의 수술의 발전, 관상동맥조영법과 A-C바이패스수술, 뇌사·장기이식, 화상진단학·초음파진단장치·핵자기공명진단장치인 MRI 개발, 레이저수술, 집중치료 ICU, 중심정맥영양의 보급, 신생아 의료의 진보, 구급의학, 체외수정 등 생식의학, 유전자공학, 유전자 치료, 암 통증 컨트롤 등 헤아릴 수 없는 성과를 가져왔다. 그 성과로는 예전에 불치병이라고 여겨졌던 많은 질환이 그 진단과 치료법이 확립되어 낫는 병으로 변한 것을 우리들은 알고 있다. 그리고 많은 환자나 가족에게 큰 행복을 가져다 주었다.

그러나 그와 같은 수많은 성과를 가져온 현대의학의 일부는 한편으로 그 검사, 진단, 치료라고 하는 일련의 과정에서 환자인 우리들의 몸과 마음에 고통과 부담을 가져다 준 것도 사실이다. 예전에 필자가 어린아이였을 때인 30~40년 전만 해도 개업의의 진료실은 소박하게 정리된 방이었다. 그러나 현재의 의료기관은 각종의 검사기구장치나 치료기계에 둘러싸여 있다.

확실히 환자인 우리는 어떠한 부담이나 고통이 수반되더라도 병이 치유되거나 크게 연명이 보장된다면 그 부담이나 고통을 참는 것을 싫어하지 않는다. 그러나 현대의학의 범주를 두루 모아 놓아도 치료나 연명이 기대되지 않는 경우에 그 부담이나 고통을 어떻게 받아들일 것인가. 고통의 와

중에서 다시 치료라고 하는 과정을 겪으며 여러 가지 부담을 감당하면서 죽음을 맞이한다면 우리는 그 의료를 어떻게 받아들일 것인가. 그와 같은 현대의료의 실상을 수용한 것이 터미널케어의 문제를 현재화시킨 하나의 이유이다.

현대의학의 진보는 의료기술의 혁신과 더불어 과학적 추구의 필연으로서의 전문분과·분업화라고 하는 방향으로 나아가, 흔히 말하듯이 질병만 보고 환자를 보지 않는다고 하는 측면을 낳았다. 그것에 대한 반성으로서 전인적 의료(holistic medicine)라고 하는 말이 만들어지고, 그 단서의 하나로서 터미널케어의 문제가 있다고 생각된다.

즉 우리들은 현대의학에 의해서 많은 행복을 누릴 수 있지만, 한편에서는 질병을 앓는 환자로서의 전인적인 치유를 잃어버렸다. 그 치유가 존재하는 의료의 회복을 시간이 얼마 남지 않은 환자의 터미널케어의 시기에 구하기 시작하였다. 그것이 터미널케어의 문제가 현재화된 큰 이유라고 할 수 있겠다.

3. 간호

간호를 대표하는 산스크리트어 upasthāna는 '가까이에, 옆에 앉다'라고 하는 본래 뜻이 있다고 한다. 또한 케어의 역어의 하나인 '돌봄'은 같은 산스크리트어 seva의 음사이며, '친밀함을 가지고 상대에게 가까이 하다'라고 하는 의미를 갖는다고 한다. 나이팅게일을 말할 필요도 없이 간호의 본질은 인간의 질병과 건강의 이상적인 모습을 직시하고, 인간이 살아가는 데 필요한 보살핌을 행하는 것이라고 할 수 있다.

이제 간호 본연의 자세에 대하여 소견을 피력하면, 개개 간호사들의 생각과 임상현장에서의 실제 간호업무 내용 사이에는 커다란 차이가 있는 것 같다. 간호사들이 많은 책임과 과도한 노동조건 하에서 수행하는 일상의 간호업무라고 하는 것은 번잡하다고 할 만큼 조직화되어 있으며, 그것도 여러 가지로 나누어져 있는 것이 현실이다. 그 결과 환자의 침대 곁에 있는 시간도 충분히 확보할 수 없다고 하는 현실에 대한 초조함과 자기모순을 일으키고 있다.

당연히 개개 간호사의 자질과 능력이나 인간성에 환원되는 문제도 많은 것이 사실이다. 그러나 그 이상으로 한 사람의 간호사가 간호사로서 존재하고, 병든 환자를 위하여 간호를 하는 것이나 그것을 통해서 간호를 천직이라고 느끼는 즐거움보다는, 근무하는 병원이나 병원 조직의 한 사람으로서 간호면허를 가지고 있는 사람이라는 것이 먼저 요청된다고 하겠다. 즉 환자에 대한 간호에 주안점이 있는 것이 아니라 오히려 의사와 간호사의 지위관계의 문제, 나아가서는 간호사의 확보라고 하는 조직유지의 형편이나 혹은 환자에 대한 간호계약보다도 고용관계가 우선하는 현실에서 기인한다고 볼 수 있다.

한편에서는 질병을 앓고 있는 환자의 괴로움이나 욕구를 최측근에서 알고 느끼고 있는 것도 간호사일 것이다. 말기 암환자라는 고지(告知)를 하지 않아 자신의 병을 의심하고, 가족을 의심하며, 치료의 가능성을 단념한 가운데 반복되는 검사나 치료라고 하는 명목으로 행해지는 조치의 부담을 이겨내야 하고 더구나 암성통증으로 괴로워하는 사람을 접해야 하는 경우, '이와 같은 치료가 합당한가'라고 제일 많이 느끼는 사람이 간호사일 것이라고 생각된다. 그와 같은 의문이나 초조함 또는 간호란 본래 무엇인가 하는 의문이 간호사들로 하여금 터미널케어의 문제에 대해서 논의하게 만들었다고 하겠다.

터미널케어는 큐어(cure)에서 케어(care)로 그 중점이 옮겨졌다. 그와 함께 터미널케어에 있어서는 각각의 간호가 주체가 되어 주도성을 발휘해야 한다고 말할 수 있다. 팀에 의한 케어로 전개되지만, 간호 주도의 터미널케어야말로 바람직하다고 하겠다. 따라서 터미널케어에 있어서 간호는 의료와 대등한 파트너로서 케어에 임해야 하며, 사실 그와 같은 대등한 관계가 가능하다.

왜 감히 이와 같은 주장을 하는가 하면, 일반적으로 간호의 위치가 너무도 부당하다고 생각되기 때문이다. 이 터미널케어의 문제 등을 단서로 해서 간호가 독자의 전문영역으로서 성숙하기를 바라기 때문이다. 간호란 단순히 질병이나, 고장이 난 몇 군데를 고치는 것이 아니라, 환자가 전인적으로 치유되고 회복될 수 있도록 하는 의료를 지향하여야 한다.

그와 같은 의미에서 간호사의 법률인 보건부 조산부 간호사법(保健婦助産婦看護師法)에 있는 "간호부는 후생대신의 면허를 얻어, 상병자 또는 임산부에 대한 요양상의 보살핌이나 또는 주치의의 지시를 받아서 진료를 보조하는 것을 업으로 하는 여자를 말한다."(제5조)라고 하는 정의나 제31조 등의 업무독점의 조문을 보아도, 주치의사의 지시를 받아서 진료의 보조나 간호의 영역을 벗어나지 않도록 하는 것이 규정되어 있다. 필자의 입장에서 보아도 이해하기 어려운 일이다. 물론 전부라고는 할 수 없으나 의료에 종속하는 입장에서의 간호에 익숙해 있는 한 환자중심의 의료라고 하는 것과는 거리가 먼 것은 아닐까.

죽어가는 사람에 대한 병구완은 그 사람이 그 사람인 까닭에, 그 사람답게 진실하게 살아갈 수 있도록 하기 위한 종합적인 도움이 집약된 방법이며, 그것이 간호의 원점에도 통하는 것이 아니겠는가. 그렇기 때문에 간호에서 터미널케어에 대한 문제 의식은 간호의 정체성 확립과 재구축을 위해서 간호 자체가 필연적으로 요구하고 있는 것이라고 하여도 좋을 것이다.

4. 복지

오늘날 우리 현실은 안심하고 죽을 수 있는 사회인가. 자신이 나이가 들어 자기 신변의 일조차도 자유스럽게 하지 못하게 되었을 때, 누가 자신을 보살펴 줄 것인가 하는 걱정이 든다. 또한 이제 때가 되었구나 하고 느낄 때, 누가 죽음의 공포에서 도와주겠는가. 그와 같은 불안 또는 죽음의 공포를 느끼는 것은 비단 독신자만이 아니라 대부분의 사람들이 같을 것이다.

국민생활이나 생명을 보살핀다고 하는 의미에서, 복지의 영역도 의료나 간호와 같이 중요하다. 복지라는 단어는 대략 행복함이라든가, 행복이라고 바꾸어 말하여지는 것이 통례이다. 그리고 사회복지에서 말하는 복지는 같은 행복함이라도 운이나 기회 등에 좌우되는 것도 있는 개인적인 행복함(happiness)이 아닌, 어찌할 수 없는 상태, 만족할 만한 상태를 의미하는 행복(welfare)이다. 또한 일본 사회복지의 근간으로서 일본국 헌법 제25조에는 "① 모든 국민은 건강하고 문화적인 최저한도의 생활을 영위할 권리를 가진다. ② 국가는 모든 생활방면에 있어서 사회복지, 사회보장 및 공중위생의 향상 및 증진에 노력하지 않으면 안 된다."라고 하여, 국민의 생존권과 국가의 보장 의무를 말하고 있다.

또한 사회복지를 말할 때 1942년에 영국의 베버리지가 제창한 '요람에서부터 무덤까지(from the cradle to the grave)'라고 하는 말이 항간에 잘 알려져 있다. 태어나서부터 죽을 때까지 예측되는 사고에 대해서 국가가 국민에게 최저한도의 사회보장을 책임지고 행하는 것에 대한 표명이다. 나아가 이 말은 더욱 다듬어져서 스웨덴에서는 '태내에서 천국까지'라고 사용되고 있다.

죽음은 지극히 개인적인 것인 동시에 그 사람을 둘러싼 가족이나 사회의 것이기도 하다. 또한 죽음은 누구에게나 찾아오는 평등한 것이기도 하다. 그러나 죽음에 이르는 과정이나 죽어가는 모습이 다른 것과는 별도로 그 죽음에 이르는 과정, 그것이 놓여져 있는 상태에 어떠한 차별이 존재하거나 불안이나 후회가 드러난다고 하면 그것은 복지의 문제라고 할 수 있다.

죽음은 그 자체만으로도 꺼려지고 싫어지기도 한다. 그러나 사람이 죽음을 면할 수 없는 상태가 되었을 때 거기에 차별이 있다고 한다면, 그것은 용서될 수 없는 일이다. 또한 죽음이 불가피한 상태가 되었을 때 개인으로서는 어찌할 수 없는 상태에서의 근심, 불안, 때로는 후회가 생기는 경우가 있다. 그것은 때로는 경제적인 문제가 되기도 하고, 간병인 확보의 문제가 되기도 하며, 마지막 남은 시간을 지내는 장소가 한정되어 있어서 선택조차 할 수 없는 경우도 있다. 또한 사후에 남겨질 가족의 생계나 아이들의 교육, 일 등에 대한 문제가 남는 경우도 있다. 그와 같은 문제에 있어서 이상적인 상태에 대한 차별이나 불안, 근심 등이 있다고 한다면, 그것은 죽음에 임해서 만족할 만한 상태와는 거리가 멀다.

일본에서 사회복지는 일단의 진전을 보았다. 그러나 그것은 이른바 터미널스테이지 이전의 사람에 대한 대책으로, 사후까지 이르는 완전한 사회보장이라고 할 만한 것이 아니다. 의료보장이나 사후의 장제부조 등이 있으나 터미널스테이지에 들어간 사람에게는 자신이 죽어간다고 하는 것 이

외에도, 번거로운 사회적 문제 등 사회복지사가 관여하는 영역을 넘어서는 사항들이 많이 남아 있을 것이다.

보다 가까이에서, 가령 특별요양 노인홈 등에서는 노인홈 나름대로의 터미널케어가 문제되고 있다. 지금까지 살아온 익숙한 집을 마지막 거주처로 희망하는 노인도 많다. 노인복지에 있어서도 안심하고 죽을 수 있는 사회야말로 궁극적인 노인복지라고 할 수 있다.

복지는 행복함이라고 달리 말해지고 있다고 하였는데, 그 행(幸)의 문자 가운데 한자문화는 사(死)를 포함하고 있다. 안심하고 죽을 수 있는 사회야말로 사람이 생활해 나가는 데 있어서 보다 기본적인 생존을 보장하며, 살아가는 데 보다 만족할 수 있는 상태·환경이라고 하지 않을 수 없다.

인간은 죽어가는 존재라는 사실을 잊지 않고 안심하고 죽을 수 있는 사회를 지향하는 사회복지의 재구축은 불가능한 것일까. 복지의 입장에서 터미널케어를 둘러싸고 있는 것에는 그와 같은 복지의 근원과 관련된 발상의 전환과 발전이 포함되어 있다고 할 수 있다.

5. 역사적·사회적 문제

우리의 역사를 돌아보면 어느 누구도 불로장생을 원하면서도 한편으로는 죽음이나 죽는 것의 의미를 생각해 왔다고 하여도 과언이 아니다. 하지만 그것은 그 시대나 사회를 특징짓는 문제라기 보다는 개개의 인간 존재에게 있어서의 보편적인 내적 문제였을 것이다.

이전 역사의 사회에서는 국가나 민족, 종교나 이념이 다르다는 것으로, 또한 시대의 광기로, 사람들이 관심을 보이고 지지하며 정열과 에너지를 쏟아 궁리한 것은 어쩌면 어떻게 하면 효율적으로 대량의 사람을 살해할 수 있는가 하는 것은 아니었을까. 독약의 연구, 고문이나 사형 등 헤아릴 수 없는 상상을 초월한 방법, 게다가 반복되는 전쟁에서의 병기개발, 거기에는 같은 죽음을 문제 삼으면서도 그 목적은 대개 터미널케어에서 문제 삼는 것과는 전혀 다른 것이다. 그와 같은 전쟁이나 다툼과 함께 어떤 죽음은 현재도 끊임없이 계속되고 있다. 세계 각지에서 발생하고 있는 내전이나 기아에 관한 뉴스의 배후에는 수많은 죽음이 쌓여가고 있다

현대사회에서 터미널케어가 문제시 되는 이유와 의미는 무엇일까. 개개의 직접적인 영역의 문제 이전에 우선 잊어서는 안 되는 큰 전제조건은 이 세상이 평화롭다고 하는 것이다. 즉 터미널케어의 문제는 사회의 안정과 풍요로움을 배경으로 한 문제라는 것이다. 국가 총동원이라든가 전시 중의 간호라고 하는 말이 떠돌고 있는 가운데 발생하는 문제가 아닌 것이다.

터미널케어의 문제가 언론에 등장하거나 호스피스가 개설되어 있는 나라는 G7참가국, 또는 신흥경제국가라고 불리는 모든 나라이다. 국내사회나 경제의 안정이 상당기간 계속되고 있는 나라에서 터미널케어의 문제가 현재화되고 있다. 일본은 제2차 세계대전 후 약 50년간 평화상태이며 세계 굴지의 경제대국이라고 불리는 상태로, 그와 같은 안정과 풍요로움 가운데서 생겨난 문제라고 할 수 있다.

즉 여기에서도 현대사회가 우리에게 무엇을 가져다 주었고 우리는 무엇을 잃었는가, 그리고 무엇을 구하고 있는가 하는 소박한 물음이 가능하다.

그러므로 본래 사회가 안정되고 경제적으로도 풍요로워졌다면 사람들은 안심하고 생활할 수 있어야 한다. 그러나 실제로는 죽음에 대하여 불안을 품고, 터미널케어의 충실을 요구하고 있다. 즉 사회가 안정되고 경제적으로 풍요로워졌다고 하여도 사람이 죽음에 임박해서 안심하고 죽을 수 있

는 사회가 되기 위한 충분한 조건이 갖추어져 있지 않다고 하는 것이다.

예전에 필자의 지인이 해외청년협력대원으로서 네팔에서 의료봉사를 할 때, 의료시설도 의약품도 불충분한 가운데서 많은 사람들이 침착하고 여유있게 죽음을 맞이하는 자세에 감동을 받았다는 이야기를 전해 주었던 적이 있다. 풍족함이 넘치는 현재 일본은 그 침착하고 여유있게 죽음을 맞는 것을 잃어버렸다고 할 수 있다. 그것만이 아니라 인간으로서의 존엄과 품위조차 잊어버리고 있다. 극언한다면, 사각으로 둘러싸인 무미건조한 방에서 가족에게 조차도 멀어져 튜브를 꽂은 채 아무런 감정도 없는 간호사와 불신감을 풍기는 의사에게 둘러싸여 맞이하는 죽음은 인간다운 죽음과 아주 거리가 멀다고 할 수 있다. 그 정도라면 '여행하던 중에 몸은 병들고 꿈은 메마른 산야를 헤맨다'라고 하는 편이 자유스럽고, 한층 인간다운 마무리라고 할 수 있을 것이다.

일반적으로 풍요함을 부르짖고 있는 많은 것들은 과학만능이라고 하는 가치관에 뿌리를 둔, 현대문명이 가져온 결과들이다. 그것은 또한 눈에 보이는 세계에서의 수량화나 경제적 가치로 환산되는 것들에 의해서 평가되는 상대적인 가치추구의 결과이기도 하다. 한편에서는 윤리나 규범, 정신이나 종교라고 하는 눈에 보이지 않는 세계의 움직임과 수량화에 대한 질적 평가나 절대적인 관계에 대한 가치추구의 세계를 위협하고 추월하여, 결과적으로 소중한 많은 것을 잃어버리고 말았다. 의식은 넉넉하고 안락해졌으며, 풍족하고 충분한 자극에 넘치는 생활을 얻었으나 정작 인간다움이라든가 사람다운 자세는 잃어버리고 만 것은 아닐까.

지금 터미널케어의 문제가 현재화되었다고 하는 것에는 현대사회가 부지불식간에 추구해온 탐욕스러운 삶 가운데서 놓쳐버린 죽음을 다시 바라보고 회복하려는 움직임이다. 이처럼 터미널케어의 문제가 현재화된 배경에는 정신적으로 만족한 인간으로서의 참된 풍요로움을 구한다고 하는 개개의 요구뿐만이 아니라 사회 전체의 흐름이 존재한다. 바꾸어 말하면 현대사회가 모든 것을 수량화하거나 경제적 가치에 무게를 두는 가운데 우리의 생명까지도 그 연장선상에 있는 물건에 근접시키고 말았다. 그러한 것에 대한 반성과 자정작용으로서 터미널케어의 문제가 현재화되었다고 할 수 있다.

제3절 불교와 터미널케어

1. 들어가는 말

터미널케어가 처음 대두된 의료·간호의 영역은 의학이거나, 간호학이거나 자연과학의 생물학을 기본으로 한 응용과학으로서 발달한 것이다. 분명히 생명에 대한 과학적 해명의 진보는 근대과학의 아주 빛나는 성과의 하나이다. 그러나 생명을 응시하고, 생명에 대하여 물으며, 죽음을 둘러싼 모든 문제를 추구해온 세계가 과학만은 아니다.

동서를 막론하고 종교의 세계도, 인간의 존재에 대하여, 그리고 인간의 삶과 죽음에 대하여 아주 중요한 문제로서 추구하여 왔다.

원래 의료와 종교는 이전에는 같은 뿌리였으며, 중세까지는 종교인이 의료 담당자였던 적도 적지 않았다. 의료와 종교의 분업화는 근대과학의 발흥과 그 발전과 함께 현저해졌으며, 어느 시점부터 전혀 다른 전문영역이 되었다. 특히 일본에서는 명치 이후 그 분업화가 결정적이었다. 그러나 최근 수년 사이에 생명의 탄생이나 죽음을 둘러싼 문제가 발생하면서 돌연 의료와 종교가 서로 그 존재의 이상적인 모습이나 생각을 의식하고, 경우에 따라서는 협력도 하기 시작하였다.

불교와 의료의 관계에 있어서도 터미널케어나 생명윤리, 뇌사·장기이식 문제 등을 계기로 해서 같은 모양새의 동향이 시작되었다.

2. 불교와 의료 그리고 터미널케어

터미널케어에 대한 주목은 터미널스테이지라고 하는 상황에서 종래의 치료나 연명을 주로 한 의료의 치유(癒)에서 구제(救)를 구하는 것이 자연스런 심정이지 않았을까. 즉 치료에서 치유로, 그리고 치유에서 구제라고 하는 것이 요청되고, 그것들이 터미널케어의 이름과 함께 전개되었다고 할 수 있다.

치유나 구제는 자연과 사람의 접촉과 만남이라는 관계로 말해지곤 한다. '자연 그대로의 청류에 몸과 마음도 치유된다' 라던가, '저 사람과 만남으로 해서 구제를 받았다' 라고 하는 것과 같이, 그 어느 것이라 하여도 만남이나 관계를 통해서 치유나 구제가 가능한 것이라고 생각된다. 그러나 그 만남이나 관계가 필연적인 것으로 자리 매김 되고, 나아가서는 거기에서 생긴 치유나 구제가 절대적인 것으로 받아들여지는 것은 종교와의 만남이나 관계의 경우일 것이다. 사람과의 만남에서 인정되어진다고 하여도 그것은 그 사람을 통한 종교와의 만남이라고 하는 것 외에는 아무것도 없을 것이다.

터미널케어의 궁극인 구제가 문제라면, 거기에는 과학으로서의 의료보다도 종교의 존재나 관계가 문제시된다고 말할 수 있다. 지금 의료나 간호의 방면에서 종교에 쏟아지고 있는 기대에는 그와 같은 이유가 있다고 생각된다. 그런 면에서 종교적 원조의 담당자로서 불교에 대한 기대도 높아지고 있다고 말할 수 있다.

어쨌든 불교는 석존에 의해서 시현된 가르침이다. 그리고 불교경전에는 석존을 대의왕(大醫王), 불교를 제호(醍醐)의 묘약(妙藥) 등 의료의 전개에 비유해 기술한 것도 등장한다. 불교는 석존의 생로병사의 사문유람의 고사를 이야기할 필요도 없이, 그 이천오백여 년의 역사는 죽음을 응시하고 삶을 생각해온 역사이기도 하다. 불교의 가르침에는 죽음을 둘러싼 모든 문제에 대한 생각이나 대처하는 지혜와 방법이 제시되어 있다. 그러한 생각이나 지혜의 방법은 지극히 현대적 과제인 터미널케어의 문제에 대하여 충분히 시사해 주고 있으며, 또 그에 응한 것이었다.

그 가운데서도 석존의 터미널스테이지를 다룬 《유행경(遊行經)》에는 오늘날 터미널케어에서 문제가 된 사항들에 상응하는 내용이 때때로 표현되어 있으며, 다소의 해설과 의역을 한다면 현대의 의료·간호 관계자에게 충분한 지지와 납득을 얻을 수 있을 것이라고 생각한다. 왜냐 하면 고지나 죽음의 수용, 고통의 완화나 증상완화, 환자와 의사, 환자와 간호하는 자, 환자와 그 가족에 대하여 대응하는 이상적인 모습과 환자가 남겨진 시간을 지내는 방법, 생사관, 사후처리, 남겨지는 자의 슬픔에 대한 치유 등의 문제에 대응하는 내용이 석존과 제자인 아난을 중심으로 하는 관계 속에서 설해져 있기 때문이다. 나아가 불교의 자비의 가르침이야말로 구제가 어떠한 것이며, 어떻게 하면 그 구제가 얻어질 수 있는가를 보여 주고 있기 때문이다.

따라서 터미널케어에서의 구제의 문제에 대하여, 불교계에서도 오늘날 당면한 문제에 대응할 수 있는 형태를 정비하고, 책임과 이해를 얻는 노력이 필요하다고 하겠다.

3. 지금 왜 임종행의인가

그러면 지금 왜 불교계에서 지극히 현대적 과제라고 해야 할 터미널케어의 문제에 대하여 발언하지 않으면 안 되는 것일까. 그리고 현대의 터미널케어의 문제에 대하여 불교계에서 보다 구체적인 방법을 제시할 수 있을까.

우리가 삶이라든가, 생활한다고 하는 것은 과학적 설명만으로 행해질 수 있는 것이 아니다. 우리들이 죽음을 포함하여 삶이라고 하는 것에는 문화나 풍습·관습, 역사나 풍토, 각양각색의 사상이나 가치관 등이 존재하며, 우리는 그 가운데에서 생활하고 있다. 또한 그 나라나 민족의 문화나 풍습·습관 등의 형성에는 반드시 라고 해도 좋을 만큼 종교가 관계하고 있다. 일본의 경우, 특히 생사관이나 죽음을 둘러싼 모든 문제에 관하여 불교가 작용하고 있다고 하는 것은 대다수의 일본인이 인정하는 바이다.

그런데 과학적 진리도 그것이 실용화될 때에는 과학적 분석이나 수법을 사용하여 어떠한 한 나라에 적응할 수 있어야 한다. 그 적응을 위한 노력이 개별화이며, 보편에 대치하는 것이라고 할 수 있다. 하물며 인간을 대상으로 하는 영역에 있어서는 그 나라의 국민성이나 문화를 무시하고서는 원래 기능하기 어렵기 마련이다. 그것은 바꾸어 말하면 대상에 대한 이해의 노력이나 실제상의 대상자·환자의 인권에 대한 노력을 소홀히 해서는 안 된다고 하는 것이다.

그러나 의료나 복지 분야의 일부에서는 과학적이라고 하는 것이 전부인 것처럼 착각하여 그 대상이 인간이라고 하는 것을 망각하고 단순히 환자에게 행하는 것이 되어버렸다고 생각한다. 또한 그 대상인 수동적인 환자의 입장인 우리에게 그와 같은 모습을 허락하는 풍조가 있었던 것도 사실이다. 고지의 문제에 있어서도, 충분히 설명한 후의 동의에 대한 문제에 있어서도 시각을 바꾼다면, 분명히 환자라고 하는 한 인간을 무시하거나 제멋대로 이야기 하는 것이라고도 할 수 있다. 터미널케어의 문제도 일본에서 논의될 경우 대상은 일본인이다.

따라서 일본에서 터미널케어의 문제를 생각해 볼 경우에, 일본의 병구완의 문화를 무시한 채 의학에만 몰입해서는 당연히 한계가 있을 수밖에 없다. 나아가 터미널케어의 문제를 탐구한 세계(구미의 정신문화를 포함해서)가 제시하는 이상적인 방법론이나 해결법이 바로 일본이라고 하는 장에 적합한 것이라고 간주하기는 어렵다.

결국 지금 일본에서 터미널케어의 문제의 하나로서 일본적 터미널케어의 이상적인 모습이란 어떻게 존재해야만 하는가 하는 것을 들 수 있다. 물론 의료행정 등 실제상의 문제도 많지만, 여기서 문제로 삼는 것은 일본의 임사환자를 보살피는 병구완의 문화에 대한 재인식이다. 보다 많은 일본인을 위한 일본적인 터미널케어의 이상적인 방법을 모색한다면, 원점에서 일본의 병구완에 관한 문화를 확인하는 것이 무엇보다 간절하다고 할 수 있다.

불교적 터미널케어의 원점, 그리고 일본의 병구완의 문화로서 우리들이 오늘날까지도 행하고 있는 병구완의 기본형태가 임종행의이다.

임종행의는 불교사상을 기본으로, 죽음에 임한[臨終] 사람의 마음가짐과 병구완의 작법[行儀]과 그것이 행해지는 장소에 대하여 기술한 것이다. 임종행의의 가장 기본이 되는 것은 앞에서 소개한 석존의 마지막 생에서 배우는 것으로서, 불교가 중국에 전해진 후 당나라 초기에 이른바 임종행의의 원형이 정비되었으며 그 후 일본에 전해졌다. 일본에서는 특히 헤이안(平安)시대[4] 중엽부터 정토계의 불교에서 중시되었으며, 그 후 각 종파에서도 사용되어, 에도(江戶)시대[5]에 들어서부터는 널리 서민에게도 정착되

---

4) **역자 주** : 헤이안시대, 환무천황의 헤이안 천도(794년)로부터 카마쿠라 막부의 성립(1185년)까지 약 400년간.
5) **역자 주** : 에도시대, 1603부터 1867년까지 에도인 지금의 도쿄에 도쿠가와 막부가 존속하였던 265년간.

었으며, 이것이 현재의 우리들이 행하고 있는 병구완이나 장송의 기본형태가 되었던 것이다. 임종행의라고 하는 말은 모르더라도 임종행의가 보여준 사람에 대한 병구완의 방법은 종파나 교의를 초월하여 일본인의 풍습·습관으로서 존속되고 유포되었다.

현대의 일본에서는 가치관의 다양성과 방향의 상실이라고 하는 문제가 오래 전부터 이야기되고 있다. 그것은 삶과 죽음의 산업은 융성하여도 생사문화를 잃어가고 있는 것과 관련이 있다. 생사문화를 잃은 인간은 그 존재 의미나 삶의 마지막 시기에 돌아가는 곳을 잃어버린다.

오늘날 우리는 새로운 생사문화를 구축해야 하는 시점에 와 있는 것은 아닐까. 지금 터미널케어의 이상적인 방법을 새롭게 구축할 필요가 있는 것은 아닐까. 그러기 위해서 우리들은 생활 가운데서 전해져 오고 있는 임종행의를 재확인하는 것에서부터 시작해야 한다. 다음 세대에 전하기 위해서라도.

제2장

임종행의의 계보와 본서 수록 자료의 해제

제1절 일본불교에서의 임종행의의 계보

1. 들어가는 말

죽음이란 인간에게 있어서 궁극적 문제이며 결코 피할 수 없는 사실이다. 그리고 임종이란 생명이 끝나려고 하는 바로 그 순간을 의미한다.

최근 임사(臨死)가 임상의학 측면에서 문제가 되고 있는데, 일본에서는 일찍부터 임종을 중심으로 하는 일련의 시간에 대한 대응이 중요시되었으며 그 구체성이 모색되고 있었다. 이것은 실제 생활하는 데 있어서 가장 걱정스런 문제였다.

종래 일본에서 불교적인 병구완은 『왕생요집(往生要集)』을 찬술한 원신(源信)에 의해 이십오삼매회(二十五三昧會)에서 시작되었다고 일컬어진다. 『왕생요집』의 말미에 「임종행의」라고 하는 항목이 있으며 치병·간호, 장송에 관한 것이 기술되어 있다. 임종행의에 대응하는 말로서 임종용심(臨終用心), 임종지남(臨終指南), 임종념상(臨終念想) 등을 들 수 있다. 임종행의는 정토계를 중심으로 널리 사용되었으며, 필자는 이 용어를 불교적 병구완의 실제와 개념 전반을 가리키는 말로 사용하고자 한다.

임종행의란 죽음을 맞이하는 마음가짐이 어떠해야만 하는가에 대한 것이며, 이는 죽음을 맞이하기 위한 준비이다. 그것은 죽음을 맞이하는 사람과 그를 돌보는 사람이라는 각각의 입장에서 죽음에 대한 심리적 또는 행위의 구체적인 대응을 의미하며, 인간에게 있어 피할 수 없는 최후의 순간을 불교적 입장에서 수용하고자 한 것이라고 할 수 있다. 그것은 자기와 주변의 임사 경험을 바탕으로 작성되고, 임사자 개인 및 그 주위(간호하는 측)

의 이상화된 죽음에 대한 대응과 체현법으로, 일본에서는 중세 이후 매우 유행했으며 오늘날까지 이어져 왔다.

이러한 임종행의는 그 특색상 원신 이전을 가리켜 임종행의 요람기라고 할 수 있고 원신 이후, 즉 임종행의의 조직화가 완성된 이후는 진언계 임종행의 · 정토계 임종행의 · 일련계 임종행의 · 선계 임종행의의 4계통으로 분류할 수 있다.

본고는 임종행의 계보의 일단을 특징적인 측면에서부터 밝히는 것을 목적으로 하므로, 감히 통사적인 검토를 폐하고[1] 각 계통마다의 전파형태에 대하여 살펴보고자 한다.

2. 임종행의 요람기

1) 일본 밖의 임종행의

일본의 임종행의에 선행하는 자료로서 이미 초기 불교경전에서는 승가 내부의 상호 간호가 기록되어 있다.[2] 특히 율장에는 "만약 스님이 병이 들

---

[1] 최근의 임종행의에 관한 연구는 壬生台舜의 『いかに死を捉えるか』 가운데 「日本佛敎における死の課題」, 「臨終と佛敎儀禮」와 新村拓의 『死と病の看護史』, 『老いと看取りの社會史』, 五來重의 『葬と供養』을 들 수 있으며, 개별연구에서는 同朋大學의 田代俊孝, 龍谷大學의 鍋島直樹 등이 뛰어난 성과를 발표하였고, 임종행의까지 언급되어진 연구가 체계화되어 있다. 또한 藤堂恭俊의 「『臨終要決』의 異本における流傳―とくに注釋書を中心として―」(『戶松啓眞編『善尊敎學の成立とその展開』 玉山成元「臨終行儀について」 『淨土學』 27 「法然上人特集」), 池見澄隆의 『葬送から救齊』(『日本人の佛敎』 6, 石上善應編의 『佛敎の歩んだ道Ⅱ』 75-112항), 長谷川匡俊 「江戶時代의 『臨終行儀』 資料의 紹介와 若干의 考察」(『淑德大學大學院硏究紀要』 創刊號) 등이 있으며, 이러한 각 원고에 대해서는 본인의 논문인 「近世における看取りの展開―指標となる資料―」(『佛敎論叢』 36)에 이미 기술되어 있다.

면 제자가 마땅히 돌보아야 하며, 혹은 다른 사람을 시켜 임종에 이르도록 돌보아야 한다."《《대정신수대장경(大正新脩大藏經)》22, 801下)라고 규정하여, 간병에서 간호에 이르는 경위가 기술되어 있다. 그리고 그것의 조직화에 따라서 병구완을 위한 첨병원(瞻病院)·무상원(無常院) 등 시설이 건립되었다.[3]

일본의 임종행의는 이러한 것을 직접적으로 답습한 것은 아니나 두북면서(頭北面西) 등 불교적 이유를 붙인 전거가 된 사항도 있다.[4]

오히려 일본 임종행의의 기본은 당나라 도선(道宣, 595~667년)의 『사분율행사초(四分律行事抄)』 첨병송종(瞻病送終) 편이나, 선도(善導, 613~681년)의 『관념법문(觀念法門)』, 『임종정념결(臨終正念訣)』과 의정(義淨, 635~713년)의 것이라고 생각되는 『임종방결(臨終方訣)』 등의 중국문헌이 직접 영향을 주었다고 할 수 있다.

중국에 있어서 임종시 모습의 실제는 『고승전(高僧傳)』에 상세하게 설명되어 있으며 이러한 임사경험이 중국에서 임종행의와 서로 연계해서 발전하였던 것만은 틀림없다. 다만 오색실을 사용하는 행의 등은 도선에 의해서 처음으로 명문화되었다고는 하나 중국의 고승전 가운데는 그것이 실제로 시행되었다고 하는 기록이 없으며, 일본에서 이것이 빈번하게 사용되었다고 하는 것은 일본에서의 임종행의의 발전을 생각하는 데 있어서 매우 흥미로운 문제를 남기고 있다.

---

2) 《잡아함경》 37에는 비구의 병구완이 기술되어 있으며, 眞野龍海는 "임종에 있어서 선지식이 임사의 비구에게 행한 의의를 엿볼 수 있다."(『佛教文化研究』 34, 38)라고 기술하고 있다.
3) 『大正新脩大藏經』 45, 811上.
4) 松浦秀光 『禪家の葬法と追善供養の研究』, 『尊宿葬法の研究』 참조.

이 가운데 도선·선도의 자료는 원신(942~1017년)의 『왕생요집』 권중 말(卷中末) 「임종행의」의 항목에서 인용된 것을 비롯해, 종파에 관계없이 점차 인용되었다. 즉 원신은 『왕생요집』 중 「행사(行事)·권념(眷念)」의 두 항목에 작법(作法)과 심득(心得)의 사항을 두어 이십오삼매회를 바르게 하고, 결사대중 서로의 간호체계를 부언하며, 임종행의 실시에 의한 결사대중의 조직화를 꾀하였다. 의정의 것은 임종행의가 확립된 후 일본의 선종계에서 장송의례에 이르기까지 응용되었으며, 진언계에서는 성량(性亮)의 『무상경책심초(無常經策心抄)』, 보승(寶乘)의 『임종방결』 등에 주해되어 있다. 그러나 임종행의의 확립 당초에 사용된 예는 없고, 임종행의 수용 단계에서 채용되었다.

2) 임종행의의 요람

중국 문헌을 바탕으로 원신은 일본에 임종행의의 기초와 조직화를 완성한다. 그러나 그 이전에도 염집(殯屋)이나 간병승과의 관계, 나아가 불교 이전부터 병자를 격려한 다음에 죽음을 맞도록 하는 풍습이 있었던 것 등이 지적되고 있으며, 이는 민간 수준에서도 오래 전부터 무시할 수 없는 문제였던 것을 알 수 있다.[5]

여기서는 원신 이전을 임종행의의 요람기로 보고, 임종행의로 이어지는 죽음에 대처하던 흔적을 살펴보고자 한다.

주지하는 바와 같이, 불교의 전래 당초에는 불교가 수행해온 역할이나 기능이 질병의 치유나 연명장수를 기원하는 것이 주된 것이었다.

『일본서기』 권 21에는 용명천황(用明天皇) 2년 경에 천황이 병에 걸려 그

---

5) 和田謙壽 『佛教の地域的發展』 302 참조.

질병의 치유 기원과 함께 승려에게 의료를 의뢰하였다고 하는 기록이 있다.(『국사대계(國史大系)』 1, 122) 간병의 보람도 없이 천황은 죽어가고 있는데 임종시에 승려가 어떻게 임하였는지는 잘 모르겠지만, 상식적으로 승려는 간병을 계속하며 죽기 직전까지 그들을 돌보았을 것이다. 그러나 『영의해(令義解)』를 보면 '병임시량급송장부(病臨時量給送葬夫)'(『국사대계』 22, 294)라고 하여, 장송에 관해서는 특별히 이를 담당하는 사람이 있었던 것으로 기록되어 있는 것으로 보아, 장송에서 불교 승려의 직접적인 영향력은 적었다고 볼 수 있다.

그런데 당시의 장송은 천황의 경우,『일본서기』권20의 민달천황(敏達天皇) 40세경에 빈궁(殯宮)이라고 하는 건조물이 죽음에 임해서 새롭게 마련되고 유체는 일시적으로 그곳에 옮겨져 각종 의례가 행해졌다고 한다. 서민의 경우도 같은 종류의 빈(殯), 염집이 있다. 흥미로운 점은 환자를 수용하는 시설에 대한 기록이 존재하며, 그것을 빈에 옮기기 직전 단계의 장소라고 하는 관념이 나타났다고 보는 것은 너무 빠른 듯하나, 그 시설들이 죽음을 의식하는 장소였다고 하는 것은 분명하다.

또한 『속일본서기(續日本記)』권7 양로원년(養老元年)의 항목에는 승려가 탕약을 사용해서 환자를 치료하는 것을 인정하고, 불법에 의한 주문으로 병에 대처하는 것을 규정하여 치료와 기원을 행하여서, 승려가 자주 환자의 집을 왕래하였다(『국사대계』 2, 68)고 기록되어 있다.[6]

---

6) 圭室諦成 『治病宗教の展開』(『明治人文科學研究紀要』 第三冊所收) 참조. 『續日本書紀』 卷18 「天平勝寶 三年八月壬申」의 項이나 『同』 卷19 「天平勝寶六年 十一月」의 項에는 「續名之法」에 의한 治病·延命기원이 기록되어 있으며, 「口云以五色線四十九決繫病人到」(『大日本佛教全書』 53, 60中)이라고 하여, 병의 치료·임종 각각에 五色線을 사용하였다고 하는 흥미로운 사실이 기록되어 있다.

간병선사의 실제는 『일본영이기(日本靈異記)』에서 많이 볼 수 있는데, "신주로써 물에 빠져 죽은 무리를 제도하고, 탕약을 베풀어 고질병을 치료하였다."고 하는 등 죽음과 관련된 이야기가 많다.[7] 간병에서 임종·장송에 이르기까지 어떻게 관계하였는지 분명하지는 않으나, 내세관과 추선(追善)이라고 하는 일련의 관계에서 임종시 불교 관계자의 개입을 재촉하였다고 하는 것을 추측하는 것은 어렵지 않다. 그러나 내세관과 결합한 병중대처의 모습에 관한 것은 없다.

이러한 치병(治病)을 불교적 사상을 배경으로 해서 구체적 시설로서 설치한 것은 성덕태자의 사천왕사에서 볼 수 있는 요양원(療養院)과 광명황후에 의한 자비원(慈悲院), 시약원(施藥院)을 들 수 있다.[8]

『속일본기』 권20 천평보자(天平寶字) 1년의 항에는 "널리 병에 걸린 사람과 빈궁한 사람들을 위하여 월전국(越前國)의 간전(墾田) 일백정(一白町)을 산계사(山階寺) 시약원에 영구히 베푼다.[9]"라고 했으며, 권21의 천평보자 2년의 항에는 "큰 자비는 지극히 깊은지라 시약원을 세워 두루 구제하고, 넓은 원력은 고요히 움직이니 비전원을 세워 널리 구하는 도다.[10]"라고 하였고, 천평보자 4년의 항에는 "또 비전과 시약의 양원은 천하의 굶주리고 병든 무리를 요양하나니.[11]"라고 하여 대자비로 치병시설을 설치하고 병을 치료하였다고 한다.

---

7) 朝枝善照의 「看病善師考-『日本靈異記』의 諸例-」(西光義敞편 『援助的 人間關係』 所收) 참조.
8) 宮城洋一郎의 「光明皇后の慈悲院·施藥院をめぐって」(西光義敞편 『援助的 人間關係』 所收) 참조.
9) 普爲教養疾病及貧乏之徒 以越前國墾田一白町永施山階寺施藥院.(『國史大系』 243-244)
10) 大慈至深 建施藥而普濟 弘願潛運 設悲田廣救.(『國史大系』 2, 251)
11) 又悲田施藥兩院 而療養天下飢病之徒也.(『國史大系』 2, 271)

『대일본고문서(大日本古文書)』「봉노사불종종약장(奉盧舍那佛種種藥帳)」
에는, 탕약으로 치료를 행하며 그 행위에 참여한 자는 사후에 노사나불의
국토에 왕생할 것을 서원하고 있어서,12) 이 시설 내에서 질병의 치료와 왕
생의 관련이 인정된다. 정도의 차이는 있어도 병이 든 자를 그곳에 수용함
으로써 죽음에 대한 의식은 높아졌을 것이며, 당연히 거기에서 죽음을 맞
이하는 자도 있었을 것이다.

같은 시대 행기(行基)의 사십구원(四十九院)도 시약원의 기능을 가졌었
다고 지적되며,13) 불교의 주법(呪法)이 죽음의 부정함[死穢]를 치유함과 동
시에 치병에 관련되었다는 사실이, 병중 → 임종 → 사후라고 하는 연속된
시간에 관여하여 시설 내에서 그 관계를 충분히 기능시키는 무엇인가를 구
하였다고 하는 것은 충분히 예상된다.

치병 및 질병의 치유기원, 나아가서는 현세이익 등의 각종 기원과 사자
의 추복·진혼을 계기로 해서 사후 정토에 태어난다고 하는 내세관과 어우
러져 점차 하나의 신앙으로 발전되었다.14)

그것은 천관(千觀, 918~938년)의 『십원발심기(十願發心記)』에 사후의 생
과 임종시에 선지식이라고 하는 불교적 개입자가 필요하다고 기술하고 있
는 것을 비롯해, 양원(良源, 912~985년)은 『구품왕생의(九品往生義)』에서 간
병자와 임종에 대한 문제를 언급하고 있다. 반면에 『각선초(覺禪鈔)』등에서
는 자손번창을 위한 대대적인 기원이나 치병 연명을 주로 하는 수행법이 기

---

12) 若有緣病苦可用者 並知僧綱 後聽充用 伏願 服此藥者 萬病悉除 千苦盡救… (中略) … 遂使命終
之後 往生花藏世界 面奉盧舍那佛 必欲證得遍法界位.(『大日本古文書』4, 175)
13) 堀一郎 『我が國民間信仰史の研究』1, 217 참조.
14) 石田瑞麿 『淨土敎の展開』 제2장(49~) 참조.

록되어 있어서, 그것들이 빈번하게 행해졌다는 것을 알 수 있다. 치료와 동떨어진 대응을 지적할 수는 있다고 하여도, 죽음이 피할 수 없는 현실로 놓여져 있는 이상 그것에 관계하는 자가 연명과 죽음을 동시에 생각해서 내세에 대한 사색을 깊게 하고, 대응을 보다 명확히 한 것을 충분히 알 수 있다.

그리고 병중에서부터 임종, 그리고 사후라고 하는 연속된 대응과 구체적 시설은 관화(寬和) 2년(986년) 횡천 수능엄원(橫川首楞嚴院)의 결제 대중 25인에 의한 이십오삼매회에서 처음으로 볼 수 있다.15)

3. 원신 이후의 임종행의

1) 원신의 임종행의

이십오삼매회에 있어서 시설 측면의 기본적인 개념은 『왕생요집』에 의한 것이 크다. 『왕생요집』 권중말(卷中末)의 「임종행의」에는 도선의 『사분율행사초』 「첨병송종편」 중국본전, 선도의 『관념법문』을 인용해서 임종에 대한 대응을 분명히 하고 있다. 즉 "기원정사 서북방면 모서리의 태양이 지는 곳에 무상원이라는 건물을 지었다. 만약 환자가 있으면 거기에서 쉬고 잠자게 하였다. 탐욕심을 내는 사람은 승방 안의 의복이나 식기류, 혹은 여러 가지 도구를 보면 대개가 집착을 일으키고 마음에 생을 혐오하는 바가 없는 까닭에 다른 장소로 옮기는 것을 제도로서 정한 것이다. 이 집을 무상원이라고 부르는데, 들어오는 사람은 지극히 많으나 살아서 나가는 사람은 한둘이다. 일을 당하여(병이 들고, 무상원에 들어옴에 따라) 일심으로 법을 염

---

15) 新井敏夫『二十五三昧會について』(『法然學會論叢』 4) 참조. 新井敏夫는 특히 선지식을 중심으로 한 논지를 전개하고, 임종행의 조직화의 의의를 분명히 하고 있다.

한다. 무상원 안에는 불상 한 분을 모시고, 그 불상은 금박을 바르고 안면을 서방으로 향하게 한다. 불상의 오른손은 들고 왼손에는 오색의 실을 늘어뜨린다. 그리고 환자를 안심시키기 위하여 불상 뒤에 눕히고 왼손에는 오색실의 끝을 잡게 하여, 부처님을 따라서 정토에 왕생하는 마음을 내게 한다. 간병인은 향을 피우고 꽃을 뿌려 환자를 장엄한다. 그리고 만일 대소변·구토·침을 뱉을 경우에는 곧 그것을 치우도록 한다.16)"라고 임종의 규정을 행하고, 환자를 보살피는 병구완의 방향을 확정하고 있다. 이를 살펴보면 다음과 같다.

① 무상원이라는 별소(別所)를 만들고 환자를 안치한다.
② 무상원에는 금박의 불상을 안치하고 서방으로 향하게 한다.(불상의 방향은 반대로 되어도 무방하다. 그 경우에는 병자의 앞이 된다)17)
③ 불상의 오른손을 들고 왼손에는 오색의 번을 늘어뜨려 땅에 끌리게 한다.
④ 환자는 불상의 뒤에서 왼손에는 번의 끝을 잡고 부처님을 통해서 정토를 생각하게 한다.
⑤ 간호하는 자는 향을 피우고 꽃을 뿌려 환자를 장엄하고, 대소변·타액 등이 있으면 수시로 이것을 치운다.

---

16) 祇園西北角 日光沒處爲無常院. 若有病者 安置在中. 以凡生貪染見本房內衣鉢衆具 多生戀著無心 厭背苦 制令至別處. 堂號無常. 來者極多 還反一二. 卽事求 專心念法. 其堂中置一立像 金薄塗之 面向西方. 其像右手擧 左手中繫一五綵幡脚垂曳地. 當安病者在像之後 左手執幡脚作從佛往淨刹之意. 瞻病者 燒香散華 莊嚴病者. 乃至 若有尿屎吐唾 隨有除之.(『淨土宗全書』 十五, 76下)
17) 이미 중국 道宣의 『四分律鈔』, 玄憚『毘尼討要』, 『諸經要集』, 『法苑珠林』에 대하여 면향의 기술의 이동이 있는 것이 佐藤成順의 「中國佛敎にまつわる行儀」(藤堂恭俊博士古稀記念『淨土宗典籍硏究 硏究篇』189)에 의해 지적되었다.

나아가 혹시 별소가 없으면 "단지 병자의 얼굴을 서쪽으로 향하게 하고 향을 피우고 꽃을 뿌려 종종 정진하기를 권하고, 혹은 단정히 장엄된 불상을 보게 한다.(『정토종전서(淨土宗全書)』15, 76下)"고 하여 어떤 장소에서도 간호가 가능하다고 기술하고 있다. 이것은 임종시의 별소의 개념을 이동한 별도의 장소라기 보다는 환자를 둘러싼 환경에 따라 어떠한 장소에서도 설치가 가능하다고 이해한 것이며, 준비 내용은 별소의 규정에 준한다고 기술하고 있다. 즉 병자 주위에는 제3자에 의한 주의와 개입이 필요하며, 그 조건을 갖추면 병구완의 장소로서 별소가 된다고 하는 것이다.
　『관념법문』의 인용에서는 병자가 본 왕생상(往生相)·내영상(來迎相)을 들어서 기록할 것, 술과 고기, 오신채의 금지 등 환자와 간병자의 마음씀씀이에 대하여 설명되어 있다. 이러한 내용은 이후 일본불교에서 임종행의의 기본 내용이 되었다.
　원신은 별소로 옮기는 이유를 집착을 없애기 위해서라고 하고 있으나 이 병구완의 공간을 세속에서 떨어진 청정한 성역에 가까운 곳으로 경계를 그었다고 하는 것이 주목할 만하다. 즉 원신 이전에는 간병시설 또는 죽음과 관련된 시설이 부정, 더러움의 공간으로 간주되었던 것이 전혀 다른 의미를 가지게 되었다고 하는 것이다.
　임종행의에 아미타불의 염불이 사용되고 있는데,『일본왕생극락기(日本往生極樂記)』의「사문공야(沙門空也)」의 항에 종래 죽음을 연상시키는 염불 자체를 기지(忌之, 역자 주 : 꺼려함)로 간주하는 측면[18]이 있었던 것에 대해서, 어디도 임종의 별소가 될 수 있다고 명시하여 꺼려지던 염불을 사용한

---

18) 天慶以往 道場聚樂脩念念佛三昧稀有也 阿況小人愚女多忌之.(『日本思想體系』七, 506上)

것은 죽음에 대하여 보다 적극적으로 대처하는 정신적 토양을 만들었던 것이다.

그리고 『왕생요집』 찬술의 약 1년 후 관화 2년 5월 23일, 비예산(比叡山) 횡천(橫川) 수능엄원(首楞嚴院)의 근본 결사대중 25인에 의한 이십오삼매회가 결성되어, 원신은 결사대중 19인 가운데 이름을 나열하고 있다.

『능엄원 이십오삼매 근본결중 연서발원문(楞嚴院二十五三昧根本結衆連署發願文)』에는 "지금 서로 의논해서 말하기를, 우리들이 계를 모음은 서로 좋은 친구가 되어 최후 임종에 서로 도와 염불하게 함이다. 즉 25인을 결사대중의 수로 하며, 만약 이 중에 한 사람이라도 병자가 있으면 연을 맺은 원력으로 그날의 길흉을 묻지 않고 그 자리에 가서 문병하고 염불을 권유한다.19)"라고 하여, 이십오삼매회가 병중에서부터 임종까지의 병구완을 의도하였던 것을 알 수 있다.

『기청팔개조(起請八箇條)』에는 「가건립별소호왕생원(可建立別所号往生院) 결중병시령이주사(結衆病時令移住事)」의 항에 "사람이 병을 얻으면 다른 장소로 옮긴다.20) 사찰의 서북 모서리에 무상원을 만들어 불상을 안치하고, 얼굴은 동방을 향하게 하고, 거기에 병자를 안치한다.21) 기원정사와 같은 별원을 짓고, 아미타불상을 모시며, 결중이 병을 앓을 시에는 이곳으로 옮기게 한다.22)" 등 환자를 임종행의를 위한 별소로 옮길 것을 재삼 시사하고

---

19) 今相議云 我等合契 互爲善友 最後臨終 相助敎令念佛 卽点二十五人 以爲結衆之敎 若於此中 有一病者 依結緣願力 不撰日吉凶 往到其所 問訊觀誘.(『惠心僧都全集』一, 361)
20) 人受病時 佛藏所移所.(『惠心僧都全集』一, 352)
21) 寺西北角爲無常院 安置一 立像 面向東方當置病人.(『惠心僧都全集』一, 352)
22) 寫祇洹寺之風建立別院 安置彌陀像 結衆若病時 可令移此院.(『惠心僧都全集』一, 352)

있다. 또한 "중생이 죽음에 이르도록 탐착심을 버리지 못하고 두려워하는 것은 평소 살던 곳에 머물러 재산에 애착하고 권속에 염착하기 때문이니 머물던 곳을 피하고, (중생세계를) 싫어하는 마음을 내게 하며, 장차 무상의 이름을 알게 하여 정념을 일으키기 쉽게 함이다.23)"라고 하여 『왕생요집』의 이론을 구체적인 실천방법으로 전화한 것임을 알 수 있다.

「가결중병간결번첨시사(可結衆病間結番瞻視事)」에서는 별소에서의 구체적 대응에 대하여 기술하고 있으나 "결사대중이 병을 얻으면 삶과 죽음이 마침내 정해지는 시기까지, 대중은 순번을 정해서 번갈아 수호한다.24)"고 하여, 병이 든 후부터 죽음에 이르기까지의 연속적인 대처라는 것을 알 수 있다. 그리고 "한 사람이 만약 정토에 왕생하면 남은 사람은 모두 그로부터 이끌리기를 바라고, 한 사람이 만약 악취에 떨어지면 남은 사람은 모두 그의 구제를 기원하니, 세간의 명문이양을 바라고 계를 모음이 아니요, 오로지 깨달음을 추구하는 참된 선지식이 되도록 계를 모음이다. 우리들의 생애는 기울어짐이 많고 내세가 점점 가까워지니, 지금 이 발원을 일으키는 글을 지어 장차 왕생원에 둘 것이다.25)"라고 하여, 병중에 병구완을 위한 별소를 설치하고 간호를 행하는(선지식이 되는) 것에 결사대중의 의의를 보이고 있다. 이 경우 선지식의 의의란 "대저 선악의 두 세계로 나아가는 것은 오로지 임종의 일념에 달려 있는 것이다. 선지식의 인연은 오로지 이때를 위하

---

23) 衆生貪着至死不捨恐在舊所戀愛資財著眷屬故 避住所 令生厭離 知無常之將至 使正念而易興也.(『惠心僧都全集』一, 352)
24) 結衆得病之 初乞存亡遂定之期 諸衆結番 遞以守護.(『惠心僧都全集』一, 353)
25) 一人若生淨土 余人悉欲得其引攝 一人若墮惡趣 余人共應垂其拔濟不爲世間名聞利 養而契 唯爲菩提眞善知識而契. 我等生涯多頹 來世漸近今勸此起請文 將置于往生.(『惠心僧都全集』一, 357)

여 있는 것이다. (중략) 뜻을 일으킴은 이 일에 있는 것이다. 사람이 깊이 나를 의지하고 나도 역시 사람에 의지하니, 내가 만약 사람을 소홀히 하면 사람도 역시 나를 소홀히 할 것이다. 연을 맺은 본래 마음자리를 그르치면 왕생의 본사가 어긋나고 결중을 깨트리며, 나아가 무거운 장애가 있을 것이다. 다른 곳에서 병을 얻은 사람을 위해서 찾아와서 결번을 지키고 진지하게 돌보아야 할 것이다.[26]"라고 임종의 순간을 제3자가 보조하고, 죽음의 순간을 보다 좋은 환경으로 제공하기 위하여 결연자간에 유의하는 등 임종과 그것을 예기시키는 병중에서는 최대한의 배려가 요구되었던 것이다.

『정기청(定起請)』에서도 「가건립방일우호왕생원이치병자사(可建立房一宇號往生院移置病者事)」의 항에서 별소의 규정을 행하고, 「가결중지중유병지시치용심사(可結衆之中有病之時致用心事)」의 항에는 환자가 생겼을 때의 마음가짐이 설해져 있다. 또한 「가결중지중유시결번체수문신사(可結衆之中有病之時結番遞守問訊事)」에는 "서로 함께 염불을 하여 그 소리를 듣게 하고, 은근히 서로 베풀어 극락에 왕생하도록 한다. 병자를 수호하는 작법은 양친을 섬김과 같이 하고 단지 이틀을 한 번(돌본 것)으로 삼아야 한다.[27] 두 명이 함께 머물러 병자를 지키고 항상 염불하여 서로 왕생을 권한다.[28]"라고 하는 등 결사대중 상호간의 간호체제가 설해져 있다. 나아가 『정기청』에

---

26) 夫趣善惡之二道 唯在臨終之一念. 善知識緣專爲此時也.…(中略)… 興志在此事. 人深恃我 我亦恃人 我若疎於人 人亦疎於我. 結緣之本懷已違往生之本事 可敗結衆縱有重障. 守結番可來勤縱於他所受病.(『惠心僧都全集』一, 353)
27) 相共唱念佛可令聞其聲 慇懃相催 令生極樂. 守護作法如事二親 但以二日將爲一.(『惠心僧都全集』一, 345)
28) 二人宿共攻此人 常唱念佛狀勤往生.(『惠心僧都全集』一, 345)

는 "관(棺)을 안치하는 것은 모름지기 화장을 위한 준비이다.[29]"라고 하여, 병중에서부터 사후의 준비를 행하고 가결중지중유리자시간장념불사(可結 衆之中有已者時問葬念佛事)라고 하여 장송을 행하였던 것이다. 즉 별소에서 병중, 그리고 임종까지 연속적으로 대응을 행하는 가운데, 이미 장송을 의식하고 계속해서 사후로의 대응을 행하였던 것이다.

『기청팔개조(起請八箇條)』에는 「화태묘(花台廟)」, 『정기청』에는 안양묘(安養廟)라고 하는 묘소가 있어서 각각 3일 이내에 장사하는 것으로 정해져 있으나, 임종시에 준비된 별소에서 장송의 제일 단계가 행해졌다. 『기청팔개조』에는 "비상 당번 중에 있는 자는 반드시 예(穢)를 접촉하고, 잡사를 마무리하여 오로지 집행하고 이를 맺는다.[30]"고 하여, 간호는 물론 더러움〔穢〕으로 여겨지던 죽음에 대해서 적극적으로 관여하고, 장송까지 같은 사람들이 연속해서 집행하였다.

이외에 원신에게는 일본어로 된 『임종행의』 1권이 전해지는데, 내용적으로는 『왕생요집』을 요령있게 잘 정리한 것이다. 이는 후세에 일반에게 유포될 것을 기대하여 원신에게 가탁해서 만들어진 것으로 보이는데, 원신에 의해 일본에서 임종행의의 기초가 완성되고 여러 가지로 수용된 한 예라고 할 수 있다.

2) 진언계(眞言系) 임종행의

진언계의 임종행의란 주로 진언교학계의 정의를 기본으로 찬술된 일련

---

29) 更置一合之棺 須爲闍維之者也.(『惠心僧都全集』 一, 346)
30) 乃縱有非常當番衆者 必可觸穢送終雜事一向執行凡玆結之.(『惠心僧都全集』 一, 353)

의 임종행의서와 그 실제의 시행을 총칭해서 부르는 것이다.

진언계의 특징으로는 첫째로 부동명왕에게 임종정념을 기도하는 것을 들 수 있다. 그것은 임종에 있어서 부동명왕의 가호를 빌고, 임종에 호념을 받고자 하는 것이다. 즉 "능히 일체의 장애가 되고 재앙을 짓는 자로 하여금 그 모두를 깨뜨리고, 일체의 장애를 감히 친근하지 못하게 하여, 항상 마땅히 멀리하도록 한다.31)"고 하는 것처럼, 일생 동안 계속된 혹업(惑業)과 임종시에 생기는 장애가 부동명왕을 의지함으로써 소멸되고, 정념에 머물 수 있게 된다고 하는 구조이다.

다음으로 진언계의 서두에 "목숨을 헛되이 버리지 않는다, 목숨을 아껴야 한다"라는 항목이 붙어 있는 것이 주목할 만하다. 이것은 목숨을 아끼려고만 하는 것이 아니라 불법을 닦는 연을 조금이라도 많이 지켜가야 한다는 것을 의미하며, 제2항목에서는 이 목숨에도 집착하지 않을 것을 권하고 있다. 이는 수명에 대한 각성과 생명에 대한 진솔한 태도의 표명이다.

또한 임종행의에서 중요시되는 술, 고기, 오신채 등의 금지에 대해서는 강조하는 바가 적고, 오히려 아자관(阿字觀)32)의 이해와 실천에 중점을 두어 각각의 형태로 아(阿) 자(字)에 의한 세계관이 설해져 있다. 이것은 삼밀가지 · 다라니 · 인명(印明) 등을 가지고 성불의 방법으로 전개하지만, 그 수행법은 개인이 신앙하는 주존에 의한 것이라고 되어 있어 한결같지는 않다.

진언계의 임종행의는 실범(實範, ?~1144년)의 『병중수행기(病中修行記)』

---

31) 能令一切作障難者皆悉斷壞一切障者不堪親近常當遠離.(實範『病中修行記』:『眞言宗安心全書』下, 781)
32) **역자 주** : 密敎에서 만물의 근원인 阿 字를 觀想하는 수행법, 보통은 月輪 중의 蓮花 위에 아 자를 그리고 눈 앞에 들어올려, 아 자와 수행자의 마음이 일체가 되도록 하는 명상법.

를 시작으로, 실범의 영향을 받으며 보다 순수한 진언비관(眞言秘觀)의 입장에서 각반(1095~1143년)이 『일기대요비밀집(一期大要秘密集)』을 찬술하였는데, 이러한 것이 진언계의 단서로 확인된다.

실범의 『병중수행기』를 보면 「가수념부동존기임종사(可殊念不動尊祈臨終事)」에 "먼저 노인이 병이 들어 움직이지 못하면 동행의 뜻을 가진 사람은 단지 그때 그 자리에 있어야 하니, 한 사찰의 모든 사람이 순서를 정해 지송하고 염불한다.[33]"고 하여, 임종시 서로 도움을 주는 조직을 상정하고 있다. 조직의 내용은 분명하지 않으나 확실하게 이십오삼매회를 의식한 것이다. 다만 "이와 같은 행의는 사람들의 뜻에 따라야 한다. 앞에 언급한 것은 단지 자신을 위한 것이다. 존상을 보게 하고, 우러러 공경하도록 하며, 오색의 번을 잡게 하는 등은 이것이 대승경전에서 설하는 기원정사의 전통이니라. 준비를 하는 것은 때에 따라 반드시 있어야 할 것은 아니지만, 선지식은 꼭 있어야 하니 이것은 지켜야 한다.[34]"고 하여, 병중·임종의 작법을 각자의 의향에 따라서 자유롭게 행할 것을 권하며, 특별한 규정에 얽매이지 않도록 강조하고 있다. 즉 병구완을 하는 조직의 의의를 인정하면서, 세부에 걸쳐서는 임상에 의한다고 하는 것이다. 또한 특별한 준비를 필요로 하지 않는다고 하는 것은, 실범에게 있어서는 간병을 행하는 제3자의 개입에 의해서만이 임종행의가 성립된다는 것이다. 그것은 한편으로는 개인의 행법과 자립한 원조가 중심이 된 내세관의 발로라고 말할 수 있다.

각반의 『일기대요비밀집(一期大要秘密集)』 제3항목 「이본주처용심문(移

---

33) 抑老身臥病不堪運功 同行之義善在欺時 一寺諸人結番持念.(『眞言宗安心全書』下, 782)
34) 如是行儀可依人意. 右所著者唯爲者也. 示尊像令瞻敬 令執綵幡等事 雖是大乘經之說祇園寺之傳. 行用隨時不得必得勸殊有所存智識莫怪而已.(『眞言宗安心全書』下, 785)

本主處用心門)」에는 "만약 본래 거주하던 곳에 있다면 마음은 생사에 머물러 있다. 중병이 몸을 핍박하여 음식을 받기가 어려워지고, 의약이 듣지 않고, 명종이 가까워지면 본래 거주하던 곳으로부터 무상방(無常房)으로 옮긴다. 만약 무상방이 없다면 앞과 같은 주의에 따라 … (중략) 단지 3~5인의 선지식이 있어야 한다.35)"라고 하여, 질병을 앓아 죽음이 가까워졌을 때 본래 머물던 곳에서 무상방이라고 하는 별소로 옮기도록 권하고 있다. 이것은 특히 가료(加療)를 의식한 것이 아니고 어디까지나 간병의 장소로 하고 있는 점이 주목된다. 따라서 별소가 없는 경우에라도 죽음을 의식하는 것이 중요하다. 다만 실범과 같이 병구완을 하는 선지식은 필수적이며, 제8항목「결정왕생용심문(決定往生用心門)」에 상세하게 설명되어 있다.

또한 제4항목「봉청본존용심문(奉請本尊用心門)」에 원신 이래의 임종행의를 전하고 있다. 거기에서 선지식은 정념을 확실히 하기 위해서 "병자는 선지식과 더불어 들숨과 날숨을 동시에 하고, 반드시 매 날숨 때에 함께 염불을 하며 … (중략) 사람의 죽음의 작법은 꼭 날숨에 끝난다.36)"와 같이 보조한 것이고, 각반이 『아자관(阿字觀)』에 "살아 있을 때에는 들숨에 '아'라고 부르며, 죽어갈 때에는 날숨에 '아'라고 관하라. 만약 최후의 순간에 부정한 몸을 비관하여 마음을 잃어 정념이 산란할 때에는 다만 입을 열고 호흡을 하도록 해야 한다. 들숨 날숨 모두 '아'자로 해야 한다.37)"라고 하여,

---

35) 若在本主處 一心恐有生死. 重病逼身段食離受 醫藥無驗命終在近 起本主室居無常. 房若無無常房 如右應用心云云…(中略)… 唯具三五知識,(『興敎大師全集』下, 1199)
36) 病者與知識出入息於同時 必每出息. 唱合念佛 我代助我…(中略)… 人死作法必出,(『興敎大師全集』下, 16)
37) 『興敎大師全集』下, 1010.

임종시의 호흡맞춤에 대하여 설하고 있다.

또한 본서의 제9항목에는 「몰후추수용심문(歿後追修用心門)」이 기록되어 있어, 병구완에서 임종과 장송에 이르기까지의 연속을 알 수 있다.

각반에게는 진위 미상의 『효양집(孝養集)』 3권이 전해지는데, 그 권 하에 임종행의의 여러 주의할 점에 대하여 알기 쉽게 설명하고 보다 유연한 대응을 보이고 있어서, 민간에서의 실제 시행을 알 수 있는 단서가 된다.

또한 관지원 금강장(觀智院 金剛藏)에서 발견된 불엄방성심(佛嚴房聖心)의 『십념극락이왕집(十念極樂易往集)』 가운데 제6항목은 『일기대요비밀집』과 동일한 것으로 알려져 진위 논쟁을 야기했지만, 이것은 각반의 것이 널리 진언계의 임종행의로서 전파되었음을 보여 주는 것이다. 『십념극락이왕집』의 서두에 "일기대용임종문(一期大要臨終門)은 밀장에 의지한 바가 많고, 스승으로부터 받아야 한다."라고 기술한 것은 '호흡맞춤'이 전수된 사실을 보여 주는 것이다.

그 후 각반의 영향을 받은 도범(道範, 1184~1252년)은 『비밀염불초(秘密念佛鈔)』 3권을 저술하였는데, 그 하권은 『임종용심사(臨終用心事)』로서 독립된 1권을 형성하고 있다. 여기에는 "만일 나날이 병이 위중해지면 일상적인 것을 행하지 못한다.[38]"라고 하여, 별소로 옮기지 않는 임종행의를 전제로 "반드시 이렇게 해야 한다고 하는 것은 없고, 편의를 따라야 할 것이다. 용심의 작법도 첨삭과 존략(存略)이 있어서 사람의 뜻에 따라야 한다. 또 싫어하고 구하는 마음, 도량의 장엄, 선지식의 준비, 병인의 구약 등 지금 모두 언급은 못하지만 이 모두가 일상과 같다.[39]"고 하여 임종에의 대응

---

[38] 若多日纏病患 不能上常行法.(『眞言宗安心全書』下, 792)

을 편의적으로 자재하게 대처해야 한다고 하며, 임종의 자세도 상당히 숙련되고 임상으로서 적절한 대응을 보이고 있다.

나아가 고의진언계(古義眞言系)의 흐름을 이은 성현(成賢, 1162~1231년)의 『임종행의』 1권[40]과 실범과 같은 시기에 흥복사(興福寺)에 관계한 담수(湛秀)의 『임종행의주기(臨終行儀注記)』 1권, 재가에 있어서의 임종행의로서 널리 유포된 정경(貞慶, 1155~1213년)의 『임종지용의(臨終之用意)』 1권이 있는데, 모두『왕생요집』이래의 임종행의를 부연한 형태를 전하고 있다.

또한 명혜(明惠, 1173~1232년)의 『광명진언토사권신기(光明眞言土砂勸信記)』, 『광명진언토사권신별기(光明眞言土砂勸信別記)』에는 "이 토사(土砂)를 믿고 병석에 누울 때부터 목에도 걸고 손에도 쥐며… (중략) 무량의 죄업을 지우고 무변의 공덕을 모아서 광조의 이익을 부른다.[41]

주사(呪砂)를 믿고 몸에 둘러 신심으로 계속하여 임종에까지 이르면[42] 토사를 몸에 두르는 것은 경문에 이르기를… 시체 위에 뿌리고 묘지 위에 뿌려야 한다고 하는 외에….[43]"라고 임종에 있어서 광명진언토사가지(光名眞言土砂加持)[44]를 보이고 있는데, 이것이 임종시에 높은 비중을 차지하였

---

39) 不應必如是可隨便宜也. 用心作法添削存略且可任人意. 又厭求心相 道場莊嚴 知識用意 病人教藥 等 今不載之. 並如常途矣.(『眞言宗安心全書』下, 794)
40) 大谷旭雄「實範『病中修行記』について―その構成と念佛思想―」(『佛教文化研究』13) 佐藤哲榮 『念佛式の研究―中ノ川實範の生涯とその淨土教―』참조.
41) 增補改訂『日本大藏經』七四, 189下.
42) 增補改訂『日本大藏經』七四, 190上.
43) 同上.
44) **역자 주**: 土砂加持는 밀교 수행법의 하나로서, 광명진언으로 토사를 加持하는 것. 이 토사를 사체나 묘소에 뿌리면 사자의 죄장이 소멸된다고 한다.

다는 것은 아니며, 또한 임종행의로서 유용한 수법이었는지도 의문이다.[45]

무로마치(室町)시대[46] 중기에는 『인도작법이권초(引導作法二卷鈔)』가 찬술되어 진언계 장의식의 기본이 된다. 그것은 "먼저 임종의 인명(印明)[47]을 줄 것, 출가한 사람은 내내중원방(內內中院方)이나 또는 삼보원방(三寶院方)에서 서로 전하고, 재가자는 죽음에 이를 때 아사리(阿闍梨)가 결연하여 이를 준다. 다음은 병자가 죽음에 이를 때 베개 쪽에 부동명왕을 걸고… (중략) 다음은 산장(散杖)[48]을 물그릇에 넣어 물을 적신 후 그것을 병자의 입에 넣고 뜻이 있는 몇 사람도 그렇게 한다. 그리하여 눈을 감고 차례로 임종경을 읽어야 한다[49]"고 적고 있다.

임종과 장송이 일체가 된 작법이지만 임종행의에 대한 깊은 이해를 보인 것은 아니고, 연체(蓮体)의 『장종작법사기(送終作法私記)』, 뢰세(賴勢)의 『인도능인초(引導能引鈔)』와 『진언하화집(眞言下火集)』, 전혜(傳慧)의 『진언종인도요집편몽(眞言宗引導要集便蒙)』 12권, 가정(可停)의 『복전식종찬요(福田殖種纂要)』 10권 등에 의해서 장의식이 완비됨에 따라 임종시의 간호와 장송이 분리되어 점차 임종행의의 기능은 잃어버리게 되었다.

---

45) 拙稿「眞言系臨終行儀における葬送との關連」(『佛敎義論』 32) 참조.
46) **역자 주**: 足利가 정권을 잡고 京都의 室町에 막부를 연 시대. 1392년에서 1573년까지 약 180년간.
47) **역자 주**: 손으로 인(印)을 맺고, 입으로 진언을 외우는 것.
48) **역자 주**: 밀교에서 가지향수를 뿌리는 길이 50센티미터 정도의 막대기 형태의 佛具.
49) 一 先授臨終印明事 出家乃乃中院方又三寶院方兼相傳俗人死去及時阿闍梨結緣授之云云. 此病者死去及時枕方懸不動明王…(중략)…此以散杖入水器付水入病人口也. 志人數人入口也. 扨閉眼次第臨終經可讀也.(私藏本一, 三丁)

3) 정토계(淨土系) 임종행의

정토계 임종행의란 아미타불의 칭명염불에 의한 임종시의 대응으로 원신의 것을 직접 전개하는 반면, 『영화물어(榮花物語)』[50] 「옥태(玉台)」의 도장(道長) 이야기에서 볼 수 있는 것처럼 다양한 양상을 보이면서 수용되었다.

이른 시기에는 영관(永觀, 1033~1111년)이 『왕생습인(往生拾因)』 제십인(第十因)에 원신의 것을 답습하고 있다. 『습유왕생전(拾遺往生傳)』에 의하면 영관은 "왕생강(往生講)을 닦도록 한다. 염불왕생의 단계에 이르러 대중 등에게 가르친다. 모두 같은 소리로 내영찬(來迎讚)을 부른다.[51]"라고 하여, 실제 왕생강식(往生講式)을 닦으며 임종하게 하고, 그 내용을 보면 "매월 15일을 맞아 일좌칠문(一座七門)의 강(講)을 닦는다.[52]"고 규정하고 있어서, 평상시부터 조직을 만들어 임종 준비를 하였다고 생각된다. 여기서 법연(法然, 1133~1212년)과 그 문하의 대응을 보면 다음과 같다.

법연의 임종행의서는 승운사본(乘運寺本)『임종행의』, 정복사본(淨福寺本)『임종강식(臨終講式)』 등 2종의 사본이 전해지는데 종래로 진위 미상이라고 하여 성립 · 유포에 많은 논란을 불러일으켰으나, 현재까지 정복사본이 보다 원형에 가까운 것이 발견됨을 알 수 있다. 본서를 『왕생요집』에 비교하면 전문의 권진부분(勸進部分) 및 논지 전개의 비슷함이나 일본어 문체인 것 등으로 보아 『왕생요집』의 영향을 받으면서 일반에의 유포를 목적으로 원신의 것을 집약 · 강식화(講式化)한 것이라고 생각하지 않을 수 없다. 또한 『임종강식』은 후대에 양충(良忠)의 『간병어용심(看病於用心)』(=『간병용

---

50) 역자 주 : 藤原道長(平安中期의 귀족)의 榮華를 소재로 한 역사 이야기.
51) 令修往生講. 至于念佛往生之段 講衆等. 異口同音唱來迎讚.(『續淨土宗全書』一七, 87下)
52) 迎每月十五日修一座七門.(『淨土宗全書』一五, 467下)

심초(看病用心鈔)』)에도 그 이름이 보여, 본서의 영향도 결코 적은 것이 아니었다는 것을 알 수 있다.

법연 자신은 『옥엽(玉葉)』의 방강인도(邦綱人道), 『제사십팔권전(四十八卷傳)』에 의하면 등원경종(膽原經宗)·후백하법황(後白河法皇)·진관방감서(眞觀房感西) 등의 임종에 입회하고,53) 등원륭신(藤原隆信)의 경우 제자의 주련(住連)·안락(安樂)을 입회시키고, 성광(聖光)의 『정토종요집(淨土宗要集)』 제51 「본존본경가안치사(本尊本經可安置事)」에는 "이미 법연 스님은 도량을 만들고 다년간 왕생을 원하여 임종시에는 도량에 들어 왕생하였다.54)"라고 하여, 평상시부터 왕생을 기원하는 도량을 설치하고 임종시에 사용하였다는 것이 설해져 있다. 다만 임종시의 별소 외에 많은 전기 중에는 "손에 오색의 실을 주어 잡도록 권하는 것이 중요한 일이라고는 하지만 마침내 취하지 않는다.55)"며, 원신 이래의 작법을 부정하고 있다. 또한 『백사십오개조문답(百四十五箇條問答)』에서는 "선지식과 만나지 못한다거나 임종행의를 하지 않더라도 염불만 한다면 왕생할 것이다.56)"라고 하여, 임종에 있어서 제3자의 끼어듦에 대해서도 필요성을 결하고 있으며, 임종행의를 중시하는 것은 아니라고 하고 있다. 법연은 『역수설법(逆修說法)』 등에서 "이른바 질병이 신체를 괴롭게 하여 장차 죽으려고 할 때는 경계 자체가 삼종의 애착심을 일으키게 한다. 그러다가 아미타불이 큰 광명을 비추어 행

---

53) 伊藤眞徹 『日本淨土敎文化史硏究』 62, 阿川文正 「臨終と經齊」(『佛敎文化硏究』 34) 참조.
54) 旣法然上人道場造多年間往生願臨終入道場往生給.(『淨土宗全書』 一〇, 213下)
55) 於手付五色絲可令執之給之由勸者如此事是大樣事也云終不取.(『醍醐本法然上人傳記』 「於臨終日記」: 『昭和新修法然上人全集』 896)
56) 『淨土宗全書』 九, 593下.

자 앞에 나타나면 이것은 일찍이 없던 일이라 귀경심(歸敬心) 외에는 아무런 다른 생각이 없게 된다. 그리하여 삼종의 애착심은 사라지고 다시 일어나지 않는다.57)"고 하여, 내영에 의한 미타의 광명을 따라서 삼애(三愛)가 없어진다고 하며, 내영에 의해서 정념에 주한다고 하는 사상을 확립해간다. 구칭염불(口稱念佛)에 의해서 내영이 확보되어지는 한, 임종행의도 필요 없이 평소부터 계속되는 제이의적(第二義的)인 것으로 받아들여졌던 것이다.58)

성광(聖光, 1162~1238년)은 『정토종요집』 제50 「임종행의사(臨終行儀事)」, 제52 「본존본경가안치사(本尊本經可安置事)」, 『염불명의집(念佛名義集)』 하권, 『정토종명목문답(淨土宗名目問答)』 하권, 『말대염불수수인(末代念佛受手印)』 등에서 임종행의를 규정하고, 염불을 보다 잘 할 수 있는 공간을 임종시에 제공하려 한 것을 알 수 있다. 즉 염불상속을 위한 임종행의이며, 법연이 말하는 "몸을 단정히 하고 염불을 하면 가피를 입는다."59)고 하는 것의 확대적 수용이다.

양충(良忠, 1199~1287년)은 『왕생요집권중의기(往生要集卷中義記)』에 '임종처를 밝힌다'고 하여 임종행의를 상세하게 설명하고 있으며, 『정토대의초(淨土大意鈔)』에는 "평생 익히려고 하는 것보다, 오히려 십념에 성취하는 수가 있다. 이러한 까닭에 임종시에 염불을 해야 하며 그 사람이 최후의 선

---

57) 所謂疾苦身將欲死之時 必起境界自體當生三種愛心也. 而阿彌陀如來放大光明現行者前時 未曾有事故歸敬心外無他念. 而亡三種愛心更無起.(『昭和新修法然上人全集』 234)
58) 鍋島直樹 「法然における死と看死の問題」(『龍谷大學論』「法然における死と看死の問題」 Ⅲ (『龍谷大學佛教文化研究紀要』 30)) 참조.
59) 『往生淨土用心』: 『淨土宗全書』 九, 655下.

지식이다.60)"라고 임종염불과 선지식의 개입의 중요성을 인정하며, 원신 이래의 임종작법을 답습해서 임종행의를 전개하고 있다. 나아가 19개 조에 이르는『임종어용심(看病御用心)』1권에 간절한 주의사항으로 병중 → 임종 → 사후라고 하는 연속된 대응을 표시하고, 그 제1항에는 "도량은 다른 곳 [別所]에 설치해 두어야 한다. 만약 그러한 곳이 없다면 불상 앞에 설치하고 평소에 거처하던 곳으로부터 옮겨야 한다.61)"고 하여, 임종시의 별소는 평상시의 연장이 아니라 새롭게 마련된 공간을 시사하고 있으며, 그러한 의미에서 평소의 장소와 임종행의 시행 장소와의 거리를 인식시키고 있다.

양충 자신, 도광의『연아상인전(然阿上人傳)』(『정토종전서』17, 410下)에 의하면 자신이 확립한 임종행의를 실천하는 형태로 임종에 대처하였음을 알 수 있는데, 법연과 같이 순화된 염불신앙에 바탕을 두고 임종을 맞이하는 방법이나 성광과 같은 염불장 조성적(助成的)인 해석과는 의미가 다른 점에 주의하지 않으면 안 된다.62)

이후 임종행의는 가능한 한 준비하고 시행해야 하는 것으로 발전하고, 환자나 임사자들을 위하여 다원적으로 활용되었다. 그것은 "어진(御陣) 앞에 데리고 가서 금창(金瘡)63)을 치료하고, 또는 사해(死骸)를 거두거나 최후

---

60) 平生習アラサルヨリハ寧十念成就スル事有ンヤ是兼用意スヘキハ臨終念佛殊契約スヘキハ最終之知識也『淨土宗全書』10, 719下.
61)『日本淨土教文化史研究』447.
62) 伊藤眞徹「『看病用心鈔』について」(『日本歷史』139), 笹田敎影「『看病用心鈔』の一考察—見取りの意義と善知識の役割をめぐって—」(『三上人硏究』所收), 玉山成元「『看病用心鈔』の價値」(『中世淨土宗敎團史の硏究』所收), 同「善尊著『臨終正念訣』について」(『善尊大師の思想とその影響』所收), 「善尊と臨終行儀」(『中國の宗敎思想と科學』所收), 「良忠上人における臨終行儀の相承」(『三上人硏究』所收) 등 참조.
63) 역자 주 : 칼이나 창 등 금속제의 무기로 인해서 입은 상처.

의 십념을 해 줄 정도로[64]"라고 하여, 병 → 임종 → 죽음에 연속적으로 관계하면서 임종행의를 전혀 준비할 수 없었던 진승(陣僧)[65]에게 조차 최후의 십념의 수여에 대한 관념이 있었다. 그 기층에는 임종시에 일념의 염불 이외에는 이 도량의 위의작법도 본래부터 방식이 없다[66]고 하는 임종행의의 개념이 있었던 것으로 보인다.

4) 일련계(日蓮系) 임종행의

일련계의 임종행의란 임종에 있어서 제목을 염함으로써 임종정념에 머물러 적광정토를 기원하는 임종행의이며, 중세 왕생전에서 볼 수 있는 임종시의 지경자(持經者)의 멸죄신앙과는 다른 것이다.

일련은 『묘법니어전어반사(妙法尼御前御返事)』에서 "생각해보니 일련은 유년시절부터 불법을 배우며 염원하기를, 사람의 수명은 무상하여 날숨은 들숨을 기다리지 않는다. 바람 앞의 이슬을 기약할 수 없으며 현명함도 그렇지 않음도, 노인도 젊은이도 기약됨이 없는 것을 배우려고 한다면, 먼저 임종에 대하여 배우고 후에 다른 것도 배워야 한다고 생각하는 것이 성현의 가르침이다. 성현의 서적을 모아서 이를 거울 삼아 일체의 성인이 죽는 때와 같이 임종 뒤를 돌아보아 생각하면 조금도 잘못됨이 없을 것이다.[67]"라고 하여, 일련이 얼마나 임종시를 중시하였던가를 알 수 있다. 그리고 궁

---

64) 『異本小田原記』:『國史叢書』
65) **역자 주**: 일본의 중세시대, 전쟁에서 사망한 사람을 위해 독경하고, 또 軍師로서 적진에 파견되기도 하였던 승려.
66) 『大日本佛教全書』 47, 13上.
67) 日蓮大聖人御書講義『妙法尼御前御返事』 45~49.

극에는 "그러한 연유로 마지막 임종시에 나무묘법연화경이라고 염불을 하게 하면 일생 내지 무시의 악업이 변해서 부처님의 종자가 되며, 번뇌가 곧 보리이고 생사가 즉 열반이며 즉신성불이라고 하는 법문이 된다.[68]"고 명언하고, 임종시에 제목을 한 번 염불함으로써 성불이 가능하다고 하고 있다.

나아가 홍안(弘安) 4년의 서장에는 "임종이 나쁘면 법화경의 이름을 외우라.[69]"고 하여, 임종시에 주의해야 할 마음으로 《법화경》을 절대적으로 염하는 것이라고 극언하고 있다.

일련계 임종행의의 범주에 속하는 현존하는 자료는 진언계나 정토계와 비교해서 희소하지만, 일련의 제자로서 6노승의 한 사람인 일흥(日興, 1246~1333년)은 『인도비결(引導秘結)』 1권을 저술하여 일련종의 장송 인도 작법을 규정하고 있다. 그 제2항에 "임종을 진행하는 글로서 마음에 지녀야 할 것은 나무묘법연화경을 거듭 외우는 것이다 … (중략) 입 안에서 (속으로) 외워도 된다.[70]"고 하여 임종자의 제목에 의한 성불을 밝히고, 간병하는 자의 보조와 병구완이 있었던 것을 알 수 있다. 나아가 제3항에 "죽어가는 사람에게 임종을 진행하는 일 … (중략) 우리가 이와 같이 외우는 것을 죽어가는 사람이 보도록 한다.[71]"고 하여, 간병자가 임종부터 계속해서 사후까지 제목에 의한 행의를 행하여 장송까지 연속한 것을 알 수 있다.

---

68) 上同, 75.
69) 『昭和定本日蓮聖人遺文』 1903.
70) 臨終進文 心持事 示云南無妙法蓮華經一返唱 … (중략) … 口內へ入唱者也.
71) 死人臨終進事 … (中略) … 是我如是唱事 卽死人唱アルト可觀.(同上, 64) (『日蓮宗宗學全書』 興尊全集之內, 63)

시대는 좀 떨어지지만 에도(江戶)시대[72] 초기에는 일원(日遠)이 찬술했다고 전해지는 『천대견초(千代見草)』를 통해 병중〔療治·간병법〕, 임종, 사후(장송), 추선법회에 이르기까지 상세하게 설명하고 있는데, 이것이 근세 일련계 임종행의의 집대성이라 할 수 있다.

그 내용은 원신 이래의 임종행의를 제목에 의한 임종행의로 부연하여 전개하고 있다. 그러나 별소(別所)에 관해서는 "죽을 병이라고 판단되면, 사찰에 있거나 재가에 있거나 조용한 곳으로 옮겨 간병을 해야만 한다.[73] 부모나 처의 병을 힘들여 구완하는 사람이라도 병이 극한에 이르면, 아무리 스스로 돌보고 싶더라도 승려든 재가자든 뜻이 있는 사람에게 간병을 부탁하고 집을 벗어나지 않아야 한다. 이것이야말로 큰 효순(孝順)이다.[74] 연로해 가시는 부모님, 어린 자식, 처를 미리 다른 곳으로 옮겨야만 한다.[75] 숨이 끊어져도 잠시라도 처자를 실내에 들여서는 안 된다.[76]"고 하여, 병구완은 간병을 전문으로 하는 자에게 맡기고 친한 자의 임종에 입회하는 것도 허락되지 않았다. 이는 환자가 집착심을 일으키지 않게 하기 위해서이나, 종래보다 세부적으로 규정하여 "풍열을 식히는 데는 한 움큼의 백근(白根)을 약에 넣어 볶아서 써야 한다.[77]"고 하는 등 간호법이 복잡해짐에 따

---

72) **역자 주**: 德川家康이 1600년 세키가하라전에서 승리하고, 1603년 막부를 에도에 연 때부터, 1867년 德川慶喜가 大政奉還하기에 이르기까지 약 260년간을 말함.

73) 『日本思想體系』 57, 432.

74) 同上, 432.

75) 同上, 446.

76) 同上, 449.

77) 同上, 437.

라 친한 자에 의한 간호가 완전히 배제되는 결과를 낳았다.[78] 또한 "먼저 직지도량이란 글이 새겨진 대만다라를 손에 건네서 확실히 쥐게 하고, 종(요령)을 잠시 울리고 정념에 잠겨, 제목을 환자의 호흡에 맞추어 빠르지도 않고 느리지도 않게 계속 염불하여야 한다. 제목의 사이사이에 종(요령)을 울려야 한다.[79]"고 기록하여, 대만다라를 손에 쥐어 주고, 제목에 의한 호흡 맞춤을 설하고 있다. 대만다라란 일련종에 전해지는 임종만다라를 말한다.[80]

임종만다라의 실제 사례는 안국원(安國院) 일강(日講)의 『설묵일과(說默日課)』정형삼병인년(貞亨三丙寅年) 4월 8일 조에 "금환현상(金丸現常)의 병이 위급하다는 말을 듣고 평육문미(平六門彌)를 보내어 임종시에 보살피게 하였다. 간망(懇望)하는 바가 있어서 입관본존(入棺本尊)을 용인하였다.[81]"고 하여, 임종용심을 설함과 동시에 입관본존으로서 임종만다라를 넣어 주었다. 나아가 정형오무진년(貞亨五戊辰年) 8월 3일 조에는 "곡구일재(谷口一才)가 병이 급하여 길좌(吉左)에게 부탁하기를, 승려와 본존을 간절히 바라니 곧 이것을 용인하여 보내었다.[82]"고 하여 환자를 위하여 만다라 본존을 제공하고, 원록칠갑무년(元祿七甲戌年) 3월 15일 조에는 임종자가 임종만다

---

78) 그러나『說默日課』元祿 7年 壬午年 三月 十五日의 條(『日蓮宗宗學全書』12「不受不施講門派部」所收)에는 日蓮系 臨終行儀에 의한 시설을 재가자가 懇求하고 있다.
79) 同上, 448.
80) 松村壽嚴「日蓮宗『臨終蔓茶羅』の成立と展開」(茂田井先生古稀記念『日蓮敎學の諸問題』所收) 참조.
81) 聞金丸現常病急. 遺平六門彌令勘臨終用心等. 且依懇望認遺入棺本尊.(『日蓮宗宗學全書』12「不受不施講門派部」所收)
82) 谷口一丈依病急託吉左懇望野僧本尊. 卽認遺之.(同, 所收)

라를 절실하게 원하므로 그에게 임종의 마음가짐과 주의하는 마음(用心)을 가르침과 동시에 임종만다라를 제공하는 것이 기록되어 있다.

『천대견초(千代見草)』에는 "전하기를, 부처님의 손에 오색의 번을 걸고 번의 끝을 환자의 손에 잡게 하여 임종하게 한다. 이는 모두 불국토에 왕생하기를 기원하는 가르침인 까닭이다. 우리의 종지는 왕생이 본의에 있는 것이 아니라 즉신성불을 기원하는 것이다. 불상을 마음에 담아두면 마불(魔佛)에 속임을 당할 수 있다.[83]"고 하여, 불상을 이용한 오색실의 행의 등에 부정적이지만, 임종행의의 불구(佛具)로서 임종만다라가 발전해 가는 것을 알 수 있다.

근세에는 『설묵일과(說默日課)』에서 보이는 임종만다라에 의한 임종정념의 기록이 점재하나, 향보(享保) 5년 일호(日好, 1655~1743년)에 의한 『임종용심기(臨終用心記)』 2권에는 안이한 즉신성불론보다는 지계행법을 중요시하여 임종에 성불의 확증을 찾을 수 있다고 설하고 있으며, 임종만다라에 의한 임종정념에 대한 의문 등 일련계 임종행의의 이상적인 방법을 재고하게 되었다.

나아가 근세 중기에는 대석사(大石寺) 제26세 일관(一寬, 1665~1726년)에 의한 『임종용심초(臨終用心鈔)』 1권(『부사종학요집(富士宗學要集)』 삼소수(三所收)가 관연원년(寬延元年, 1751년)의 서사로 현존하고 있으나, 임종시에 일어나는 각종의 장애와 제목에 의한 임종정념에 대하여 다양한 경론을 바탕으로 재설하고 선양을 재촉하고 있다.

---

83) 『日本思想大系』 57, 424.

5) 선계(禪系) 임종행의

선계에서는 임종행의로서 특별한 행의를 규정하고 있지는 않으며, 오히려 승당에 있어서의 간병법·구사(口詞)·기송(祈誦)이 중심이다. 또한 임종시에 임종게(遺偈)를 남기는 것이 중요시되어 망승(亡僧), 천화(遷化)라고 하는 병자의 사후에 관한 장송의례로 범용되어 갔다.

선계의 장송의례에 관한 연원은 1103년에 중국에서 편집된 종색(宗賾)의 『선원청규(禪苑淸規)』에서 볼 수 있으며, 그 작법이 현재까지 일관되게 사용되어 왔다.[84]

『선원청규』 제4권 「연수당주정두(延壽堂主淨頭)」의 항에는 "당주(堂主)는 모름지기 너그러운 마음으로 일을 견디고 도념(道念)이 두루 하며, 병이 있는 승려를 편안히 하고 인과를 잘 아는 사람을 청한다. 당 중에서 쓰는 섶과 탄과 쌀과 면은 운운.[85]"이라고 하여, 연수당 안에서의 간병법이 상세하게 기술되어 있다. 즉 연수당주는 환자를 간호하고 당내에서 일체를 준비해야 할 의무가 있으며, 죽과 미음, 탕약의 준비부터 대소변의 처리를 수행할 것을 면밀하게 규정하고 있으며, 술과 고기, 오신채의 금지를 엄격하게 경계하고 있다. 계속해서 "병이 든 승려의 몸은 나무의 끝처럼 피곤하고 무겁다. 당사(堂司)에 보고하여 중병각(重病閣)으로 옮긴다."고 하여 연수당과 별도로 중병인만을 수용하는 중병각이 있음을 시사하고 있으며, 간병인이 마음을 모아 아미타불을 염하고 정토에 태어날 것을 기도하며, 같은 제7권의 「망승(亡僧)」의 항에는 병승전념송(病僧前念誦)으로서 병승(病僧) 앞에서

---

84) 松浦秀光『禪家の葬法と追善供養の硏究』,『尊宿葬法の硏究』 참조.
85) 堂主 須請寬心耐事 道念周旋 安養病僧 善知因果之人. 堂中所用柴炭米麵.(『曹洞宗全書』 淸規 第四 889下)

올리는 기원을 설하고 있다.

또한 『칙수백장청규(勅修百丈廳規)』 제3권에는, 천화(遷化), 유서지식(遺書之式)이 규정되어 있고, 제6권 「병승념송(病僧念誦)」, 「망승(亡僧)」의 항에는 연수당의 작법, 병승에 대하는 기원을 『선원청규』에 근거하여 설하고 있으며, 『입중수지(入衆須知)』에도 같은 유서식(遺書式), 병승념송(病僧念誦)을 설하고 있다.

그런데 이러한 것은 병승을 위한, 말하자면 모두 병에 걸린 승려에 한정된 행의였다. 그러나 『환주청규(幻住淸規)』에서는 위병인해석념송(爲病人解釋念誦)이라 하여 병승(病僧)을 병인(病人)으로 바꾸고, 「천망소향소(薦亡燒香疏)」에는 승속남녀개가통용(僧俗男女皆可通用)이라 하여 승속 모두에게 통용하도록 전개된다.

한편 일본에서 저술된 청규 가운데 초기의 『대감청규(大鑑淸規)』에는 임종장송에 관한 규정은 보이지 않으나, 『형산화상청규(瑩山和尙淸規)』 상권에는 망자회향(亡者回向) · 존숙천화(尊宿遷化) · 망승(亡僧)의 항과 함께 인병기도(因病祈禱)가 기술되어 질병 치료의 기원이 나타나 있다.

또한 『제회향청규식(諸回向淸規式)』, 『소총림약청규(小叢林略淸規)』 등에는 장송의례만이 기록되고, 근세에 이르러 『황병청규(黃檗淸規)』의 「망승(亡僧)」 항에는 "승중(僧衆)이 장차 원적(圓寂)에 들려고 하면 간병인 지사(知事)[86]와 같다. 대신해서 옷가지나 도구를 살피고, 병자에 대하여 일일이 기록하고, 편하게 한다. 이미 원적한 후에는 목욕을 시키고 머리를 깎아 주며 깨끗한 옷을 입힌다."[87]고 하여, 간병인의 존재와 신변정리 그리고 장송의

---

86) **역자 주** : 선 수행 사찰에서 서무를 보는 직책.

연속이 기술되어 있고, 종호(宗胡)의 『창수림청규(椙樹林淸規)』「섭양용심(攝養用心)」에는 간병법과 병승념송(病僧念誦)의 법이 나타나 있다. 즉 "사중(寺中)에 만약 병승이 있다면 세 사람의 집사가 의논하여 간병인을 모은다. 죽이나 약 등의 일은 간병자가 잘 알아서 해야 하고… (중략) 간병자는 병자를 편안하게 할 것이 첫번째의 주의할 점이다. 지사(知事) 등도 자주 위문하고, 병자가 기도를 원하면 순서에 따라 해야 한다."[88]고 하여, 환자를 주체로 하는 간병을 설하였다. 무착(無著)의 『영평소청규익(永平小淸規翼)』 권하 「섭양용심(攝養用心)」에도 간병의 중요성이 기술되어 있으며, 「병승해석(病僧解釋)」에는 연수당으로 옮겨서 질병을 치료하고 기원을 행하는 것을 규정하고 있다.

그러나 「병승구사(病僧口詞)」에는 "만일 환자가 중병이어서 그가 하는 말을 받아 적지 못할 때에는 다만 이름이나 혹은 화압(話押)[89]만을 쓴다. 첫째는 병자의 마음을 안정시키는 것이고, 두 번째는 사후의 의심을 막는 것이다."[90]라고 하는 것과 같이 형식화를 촉진하는 항목도 출현한다.

이와 같이 선계(禪系)에서는 주로 가료(加療)·치병(治病)이 목적이 되고 있어서 특별히 임종행의가 강조되는 것도 없다. 또한 질병에서부터 계속하여 사후의 처치에 이르기까지, 승려에 의한 간호와 그 조직은 정교하고 치밀하였으나 점차로 형식적인 의례화가 진행되어 갔다.

---

87) 凡僧衆將圓寂 看病人同知事. 代查收依單道具 對病人前一一登薄 以便估唱. 旣寂之後 卽爲沐浴 淨髮著淨衣.
88) 『曹洞宗全書』 淸規 第四 473上~下.(『大正新脩大藏經』 82, 779中)
89) **역자 주** : 문서의 말미에 적는 서명의 일종, 혹은 인장.
90) 若重病 不能寫口詞 但書名字惑話押. 一定病者之心 二防歿後之疑也.(『曹洞宗全書』 淸規 第四 436上)

4. 근세의 임종행의

이상 다섯 계통의 임종행의의 특징과 개개의 계보를 살펴보았다. 그 외에도 천태종에 있어서 안연(安然)의 『임종찬(臨終讚)』, 실전(實全)의 『임종진실사(臨終眞實事)』, 존해(存海)의 『임종비전(臨終秘傳)』과 『임종작법(臨終作法)』 등이 존재하는데, 종파가 다를 뿐이고 내용적으로는 정토계와 비슷하다고 하겠다.

수험도(修驗道)[91] 문헌에서는 『비초작법(秘鈔作法)』, 『인도작법(引導作法)』, 『임종대사(臨終大事)』, 『부동극비임종대사(不動極秘臨終大事)』 등 다수의 임종행의서가 확인되는데, 이는 진언계에 포함되어도 좋다고 하겠다.

각 계통은 각각 상관관계를 가지고 있으며, 단독 계보일 수 없는 것이 명백한데, 여기서는 그 문제에 대하여 언급하는 것은 피하고, 일본 임종행의의 특성상의 윤곽을 명백히 하기 위해서 다섯 계통으로 분류하는 방법을 시도하였다.

임종행의의 찬술과 시행에는 시대적 특징이 확인되는데, 이미 논하였듯이 근세에 있어서 임종행의는 더욱더 일반 민중에게 수용되고 있다. 임종행의의 전파를 알아보기 위하여 마지막으로 정토계를 중심으로 한 근세의 계보를 기술함으로써 우선 마무리하고자 한다.

근세에 있어서 가장 빠른 시기에 간행된 것으로 대중양정(袋中良定)에 의한 『임종요결사기(臨終要決私記)』 1권이 존재하는데, 그것은 선도(善導)의 『임종요결(臨終要訣)』을 주석한 것이다. 양정(良定)의 『대중상인전(袋中上人傳)』에 의하면 '별도의 임종도량을 개설하고, 서공탁마(書工託摩)가 쓴 미타

---

91) **역자 주** : 일본 고래의 산악신앙과 밀교, 도교 등이 합해져서 平安시대 말기에 성립한 종교.

삼존을 모시고, 번개를 장식하여 꽃과 향을 올리고, 때로는 높은 소리로 때로는 낮은 소리로 칭명의 소리를 계속하였으며, 따르는 제자들이 따라 하도록 종을 울리고 경쇠를 쳐서 함께 염불하였다."92)고 하여, 임종행의를 실제로 시행하였던 것을 알 수 있다. 임종에 종을 울리는 것은 묘서(妙瑞)의 『정토종전등제이첨(淨土宗傳燈提耳籤)』 부전(付傳) 28개조의 제15 「임종명종전(臨終鳴鐘之傳)」,93) 제16 「염불종지전(念佛鐘之傳)」94)에 전법으로 규정되어 근세의 실천 형태로 이어지는 것이라 추측된다.

전법에 임종행의의 요소가 포함되는 것은 이미 지적하였으나95) 특히 기식전(氣息傳)·방인전(傍人傳)·수시십념(睡時十念)의 전(傳) 등에 임종행의적 색채를 띤 조항도 있으며, 『치백왕생전(緇白往生傳)』 권 하에서 종은(宗恩)이 "단정히 앉아서 합창하고 염불의 숨과 함께 왕생의 소망을 이룬다.96)"고 하였으며, 관통(關通)의 『수문왕생전(隨聞往生傳)』 권 중에서 양예아선(兩譽阿仙)이 "여하튼 부처님께 맡기고 나의 바라는 것 없이 염불을 지송한 후에 숨을 들이쉬고 내쉼에 죽음을 기다리는 각오로 하여야 한다.97)"고 하는 내용 등에서 그 실제를 알 수 있다.

여기서 주의할 것은 왕생전에는 임종행의서나 전법 등과 합치하지 않는 기술도 있는 것으로서, 계봉(桂鳳)의 『현증왕생전(現證往生傳)』 권 상에서 공

---

92) 『淨土宗全書』 17, 737上.
93) 臨終之時.
94) 先鐘如來御胸上黑輪法滿字一圓相形表也先寺參拜導師十念終三鐘打 攴云云.
95) 拙稿 「傳法における臨終行儀の一樣態」(『大正大學院硏究紀要』 14), 「臨終行儀と血脈について」(『佛教論叢』 34), 「臨終行儀における『いきあわせ』について」『佛教論叢』 35).
96) 笠原一男編 『近世往生傳集成』 1, 99.
97) 『同』 2, 143.

산상인(空山上人)이 "먼저 발원문을 송하고, 다음으로 광명편조의 게를 창하며 큰 소리로 염불하고, 조금 후에 '원컨대 이 공덕' 운운 하는 글을 높이 송하고 마치면서 염불한다. 일곱 번을 반복하고 편안하게 기(氣)를 끊는다.98)"고 하거나, 천수상인(天隨上人)이 "곁에 있는 사람은 이윽고 밤이 새면 참회 및 미타경과 광명변조(光明遍照)의 게를 송하고, 모두 같은 소리로 염불을 백편 정도 하며, 십념을 칭한다. 다만 삼념(三念)은 큰 소리로 하고, 중간의 육념(六念)은 작은 소리로 한다. 제십념(第十念)은 큰 소리로 하는데 대중이 놀라도록 하며, 얼굴을 숙이고 합장하여 얼굴의 모습이 미소를 지으며 천화한다."99)고 하는 등 광명변조(光明遍照)의 게를 외우는 것이 기록되어 있다. 그런데『정토종전등제이첨(淨土宗傳燈提耳籤)』부전(付傳) 27개조의 제15「임종명종지전(臨終鳴鐘之傳)」에는 "임종시 베갯머리에서는 광명변조(光明遍照)의 문구를 외우지 않으며,"100)라고 하는 것도 있어, 임종행의의 전파 단계에서의 부정합성이 확인된다.

여하튼 이러한 것이 전해짐으로써 임종행의나 병구완도 이차적으로 선전되었을 것이다. 그러나 이것은 임종시 병구완의 의의를 중요시한 결과이며 핍박한 생사의 문제, 나아가서는 임종의 문제에 대한 대응의 불안이 근저에 있었던 것임에 틀림없다.

『임종요결사기(臨終要決私記)』를 계기로 해서 관문(寬文) 7년(1667)에 선도(善導)의『임종정념결(臨終正念訣)』, 성광(聖光)의『임종용심초(臨終用心鈔)』, 양충(良忠)의『간병어용심(看病於用心)』등의 네 권을 합본한『임종용

---

98)『同』2, 143.
99)『同』1, 183.
100) 私藏本.

심초(臨終用心鈔)』가 간행되었다. 본서는 서문과 서명이 없어서 무엇이 원판인지 분명하지는 않다. 마찬가지로 선도의 『임종정념결(臨終正念訣)』이하의 네 권을 편집한 것으로 관문(寬文) 10년(1670) 수전심좌위문(水田甚左衛門)이 간행한 『임종정념기(臨終正念記)』와 관정(寬政) 10년(1798) 재아정정(在阿訂正)의 『임종지남초(臨終指南鈔)』가 있으며, 조항의 단계적 삭제가 보여 보다 실천적 항목만을 남기려는 시도가 행해졌다.101) 이 재아(在阿)는 실내에서 사용하도록 종이에 착색한 운중내영도(雲中來迎圖) 한 폭을 그려 넣고 있어서 임종에 대한 의식이 높았음을 알 수 있다.

　나아가 연보(延寶) 2년(1674년)에 정자옥육병위(丁字屋六兵衛)에 의해 찬자 불명의 『임종요의략(臨終要義略)』이 개판되었는데, 이는 임종행의의 근거가 될 만한 요의를 첨병사(瞻病事)·의료사(醫療事)·무상당(無常堂)·두북면서(頭北面西) 등의 12개 항목으로 나누어, 중요한 경전류에서 추출한 일종의 경록집(經錄集)이라 할 수 있다. 천화(天和) 2년(1682) 통공(洞空)이 선도의 『임종정념결』을 주해한 『임종요결찬해(臨終要訣纂解)』를 지었고, 정향(貞享) 3년(1686) 자공(慈空)에 의한 『임종절요(臨終節要)』가 영전장병위(永田長兵衛)에 의하여 개판되었으며, 정향(貞享) 4년(1687) 「낙하서원(洛下書院)」, 엄적(嚴的)의 『임종요결고취(臨終要訣鼓吹)』 6권, 원록(元祿) 원년(1688) 지족(知足)의 『임종략요초(臨終略要鈔)』 1권, 안영(安永) 9년(1780) 가원(可圓)의 『임종용심(臨終用心)』 1권 등 다수의 비슷한 책들이 찬술되었다.

　또한 문정(文政) 6년(1823) 륭원찬(隆圓撰) 『길수사병결(吉水瀉缾訣)』 권2 「제삼밀실분(第三密室分)」 9 기식(氣息)에는 임종시의 호흡 맞춤이 기록되어

---

101) 拙稿 「寛文7年版 『臨終用心鈔』について」, (『佛教論叢』 35).

있어서, 병구완의 문제는 전법 중에도 무시할 수 없는 것이었음을 엿볼 수 있다.102)

이러한 각각의 자료 이외에 진언계에서는 장송에 연속하는 『이권초(二卷抄)』의 정비, 『복전식종찬요(福田殖種纂要)』, 그리고 고야산(高野山)에서의 임종비전서(臨終秘傳書)의 찬술(『임종정념작법(臨終正念作法)』, 뢰유(賴瑜)의 『임종용심사(臨終用心事)』와 『임종대사(臨終大事)』, 진전(眞專)의 『임종대사(臨終大事)』 등), 일련계에서는 『임종일심초(臨終一心抄) 진연상인(日蓮上人)』의 개판(開版), 『효양집(孝養集)』과 『천대견초(千代見草)』의 중판에 의한 보급이 확인된다.

---

102) 拙稿「臨終行儀における『いきあわせ』について」.(佛敎論叢』35)
*본서는 졸고「日本佛敎における臨終行儀」(『佛敎論叢』31),「臨終における別所について」(『大正大學院硏究論集』15)를 바탕으로 새롭게 기술한 것이다.

제2절 본서 수록 자료의 해제

1. 정토계 임종행의

1) 임종정념결(臨終正念訣) 1권 선도(善導)

정업 화상(淨業和尙=선도, 613~681년)이 지귀자(知歸子)의 질문에 답하였다.

① 임종시의 마음가짐은 어떻게 하면 좋습니까.
② 의약을 사용하면 어떻습니까.
③ 하늘과 땅의 신들에게 화와 복을 기원하는 것은 어떻습니까.
④ 평생 염불을 행하지 않은 사람이 임종시에 처음으로 염불을 하는 것은 옳은 일입니까, 아닙니까.

이 네 가지 질문에 대한 답으로 되어 있다.

700자가 채 되지 않으나 임사자(臨死者) 및 간병자의 양쪽에서, 임종시의 마음가짐을 한 권으로 독립시킨 최초의 책이라고 한다.

본서에는 임종정념결(臨終正念訣)·임종요결(臨終要訣)·선도화상임종정념결(善導和尙臨終正念訣)·선도대사임종요결(善導大師臨終要訣) 등의 다른 명칭이 있으며, 중국에서 8종의 이본이 확인되었다.

임종정념결(臨終正念訣)은 도경(道鏡)과의 공저(共著) 『구서방정토염불경(求西方淨土念佛鏡)』의 책 말미에 수록되어 있어서, 선도의 원작이라고 하는 것을 의심하게 하기도 한다.

일본에서는 근세의 임종행의서에 자주 언급되고 있으며, 임종시 독경경전으로서의 성격도 띤다.

2) 왕생예찬(往生禮讚) 선도

선도의 저작 5부(五部) 9권(九卷) 중의 하나이며, 왕생예찬게(往生禮讚偈) · 육시예찬게(六時禮讚偈)라고도 한다.

일몰(日沒) · 초야(初夜) · 중야(中夜) · 아침(朝) · 낮(日中)의 6시(六時)에 각각 게주(偈呪)를 보이고, 아미타불에 대하여 예배 · 찬탄 · 공양하는 것을 설한 실천서이다.

아미타불의 정토에 태어나는 발원을 하고, 극락왕생한 후에 완전한 깨달음을 얻어, 다시 이 세계에 돌아와서 미혹한 중생을 구하고자 하는 것을 평소부터 표명하고 감득하기 위한 행의서라고 할 수 있다. 『왕생예찬』에서 일몰의 끝 부분은 정토종에서는 발원문으로서 일상의 근행에 단독으로 사용하고 있는데, 임종을 향한 선도의 엄숙한 태도를 알 수 있다.

3) 관념법문(觀念法門) 1권 선도

선도의 저작 5부(五部) 9권(九卷) 중의 하나이며, 바르게는 『관념아미타불상해삼매공덕법문(觀念阿彌陀佛相海三昧功德法門)』이라고 한다. 전반은 『관무량수경』에 의한 관불삼매, 『반주삼매경』에 의한 염불삼매, 입도량염불삼매법(入道場念佛三昧法), 도량내참회발원법(道場內懺悔發願法)을 상세히 설하고 후반은 오종증상연(五種增上緣), 신방득실(信謗得失), 멸죄인연(滅罪因緣)을 설하고 있다.

전반은 입도(入道) 및 간병인의 법용(法用)과 함께 특히 환자 주위에 대한 배려가 규정되어 환자가 말하는 것을 듣는 것과 술과 육류, 오신채의 금기가 설해져 있다. 그리고 술과 고기, 오신채의 금기는 광홍명집(廣弘明集) 제26권 「단주육문(斷酒肉文)」의 「불경중구경설부단일체육주지자사자, 역부허식(佛經中究竟說不斷一切肉酒至自死者 亦不許食 : 부처님의 말씀 가운데 일체의 술과 고기를 끊지 아니하면 구경에 스스로 죽음에 이르나니, 또한 이를 허락하지 않는다.)」 항목에서 임종행의로서의 원류를 볼 수 있다.

4) 왕생요집(往生要集) 3권 원신(源信)

황천(橫川)·혜심승도원신(惠心僧都源信)이 찬술하였다.

원신은 천경(天慶) 5년(942년) 대화국(大和國) 갈성도당마향(葛城都?麻鄕)에서 태어나 9세 때 히예산(比叡山)에 올라 양원(良源)에게 사사하고, 13세에 득도하였다. 천연원년(天延元年, 973년) 32세에 광학수의[廣學竪義, 연력사(延曆寺) 법회의 최고인]가 되었으나, 후에 황천혜심원(橫川惠心院)에 은거하였다.

『왕생요집』은 영관(永觀) 2년(984년) 11월에 기안을 시작해서 관화원년(寬和元年) 4월 횡천수능엄원(橫川首楞嚴院)에서 40세 때에 완성하였다. 이후 일본의 문학과 미술 등에 막대한 영향을 끼쳤다.

본서는 왕생극락을 위한 행법에 염불이 최상이라는 것을 많은 경과 논을 인용해서 거듭 권장한 것이다. 예전에는 경론사석(經論師釋) 121부 617문이라고 전하여 왔으나, 실제는 약 950의 인용문을 헤아린다.

가장 오래된 사본으로 원신(源信, 겐신)이 55세로 살아 있을 당시인 장덕(長德) 2년(998년) 법륭사에 소장한 것 가운데 중권만이 현존하며, 완본·잔결본 등 몇 종이 전해지고 있으며 간본의 종류도 많다. 이러한 여러 본에는 중국에 전해진 「유송본(遺宋本, 遺唐本)」, 일본에 전해진 「유화본(留和本)」의

2계열이 있으며, 고래로 논의되고 있다.

전체를 (1)염리예토(厭離穢土) (2)흔구정토(欣求淨土) (3)극락증거(極樂證據) (4)정수염불(正修念佛) (5)조염방법(助念方法) (6)별시염불(別時念佛) (7)염불이익(念佛利益) (8)염불증거(念佛證據) (9)명왕생제업(明往生諸業) (10)문답료간(問答料簡)의 열 가지 질문(十門)으로 분류하고, (4)와 (5)에 중심과제를 두었다.

이 가운데 중권의 말미, 대문제육별시염불(大文第六別時念佛) 제2에 임종행의를 기술하고 있다. 이 임종행의는 나아가 행사(行事)와 권념(勸念)의 두 가지로 나뉘며, 행사(行事)에 대해서는 『사분율초(四分律鈔)』 첨병송종편(瞻病送終篇) 중국본전(中國本傳), 『권념법문(觀念法門)』을 인용해서 임종행의의 실천적 측면을 규정하고, 권념(勸念)에 대해서는 임종시의 심리적인 면을 열 가지로 나누어 환자·간병인 양쪽의 내적 심경에 주의할 것을 기술하여 임종행의에 만전을 기하고 있다. 열 가지 항목 각각의 중심이 되는 심정을 들어 요약하면 다음과 같다.

① 대승의 가르침에 귀의하며, 삼보에 귀의한다.
② 이 세계를 싫어하고 멀리한다.
③ 정토를 간절히 기원한다.
④ 왕생을 위한 행(業)을 행할 필요가 있다.
⑤ 깨달음을 구하는 마음을 내고 염불한다.
⑥ 한결같이 아미타불을 염하고, 수행을 열심히 행한다.
⑦ 아미타불의 신체에서 한 가지의 상(相)을 생각하고, 마음을 그 한 점에 집중한다.

⑧ 아미타불의 대비광명이 반드시 비춰주실 것을 안다.

⑨ 아미타불이 반드시 대광명을 놓고, 보살성중과 함께 맞이하고, 옹호해 줄 것임을 안다.

⑩ 일심으로 아미타불을 염하면 반드시 서방극락에 왕생한다.

이 가운데 ⑧과 ⑨조를 더욱 중요시하고, 아미타불의 관상과 임종내영(臨終來迎)의 지각(知覺)이 왕생에 반드시 갖추어야 할 조건으로, 궁극에는 왕생의 상서로움을 희구하는 것을 알 수 있다.

5) 횡천수능엄원이십오삼매회기청(橫川首楞嚴院二十五三昧會起請) 원신

원신은 『왕생요집』을 찬술한 후 1년 정도 지난 관화(寬和) 2년(986년) 5월 23일, 비예산(比叡山) 횡천(橫川)의 수능엄원(首楞嚴院)에서 근본결사대중 25인과 원신을 포함한 결연대중 19인과 함께 이십오삼매회를 창설하였다. 이는 극락왕생을 기원하는 도반들이 매월 15일에 모여 염불삼매를 행하며 임종에 이르기까지 함께 도와가는 동행의 결사적 성격을 지닌 조직이었다.

『수능엄원이십오삼매근본결중연서발원문(首楞嚴院二十五三昧根本結衆連書發願文)』을 보면 이 모임이 임종행의의 기능을 가진 조직이었다는 것을 알 수 있으며, 『이십오삼매식(二十五三昧式)』은 발원문의 유무 등 이본이 많기는 하나, 차정(差定)을 보면 육도(지옥・아귀・축생・수라・사람・하늘)의 해탈을 목적으로 하고 있는 것을 알 수 있다. 육도의 설명은 『왕생요집』에 대응하고, 해탈의 방법으로는 독경과 염불을 들고 있다. 즉 『왕생요집』에서 이론을 분명히 한 것을 『이십오삼매식』으로 실천방법을 구체화하였다. 그 가운데는 실제 수행의 마음가짐과 주의할 점 등은 살펴볼 수 없으나, 이십

오삼매회를 창설한 후 별도로 규정된 『횡천수능엄원이십오삼매회기청』에서 실제 수행의 마음가짐과 주의할 점 등을 볼 수 있다.

『횡천수능엄원이십오삼매회기청』은 「기청팔개조(起請八箇條)」와 「정기청(定起請)」 12조로 되어 있다. 그 가운데 「기청팔개조」는 「관화이년구월십오일(寬和二年九月十五日) 경보윤초초(慶保胤草草)」라고 되어 있으며, 그 2년 후 영연(永延) 2년(988년) 6월 15일 원신이 「기청팔개조」에 새롭게 증보개정하여 12조의 「정기청」이 기초되었다.(본서 제3장에는 「정기청」 12조만을 수록)

이러한 것을 통해서 보윤(保胤)·원신 관계 및 역할과 모임의 성격은 종래부터 논의되어 왔다. 『이십오삼매근본결연중과거장(二十五三昧根本結緣衆過去帳)』을 보면 창설 당초에는 일부 한정된 승려의 결사대중이었던 것이 후대에 이르러 승속이 함께 이십오삼매회에 참여하게 되며, 이에 수반되어 임종행의의 일반사회로의 침투가 촉진되었다.

6) 정토종요집(淨土宗要集) 6권 성광(聖光)

성광(진서~1238년)은 법연 65세 때의 제자로, 그 시기에 법연은 빈번히 임종행의를 설하였던 흔적이 있다.

『정토종요집』은 『서종요(西宗要)』, 『진서종요(鎭西宗要)』라고 불리며 법연에게서 전수된 정토종의 교의를 80항목의 문답을 통해 자세히 설한 것이다.

원래 비망록으로 철저하고 비밀스럽게 감추어졌던 것을 가정(嘉禎) 3년(1237년) 양충(良忠) 등 문도의 간절한 부탁에 의해서 강술되어진 것을 양충이 성광의 허락을 받아서 집록하였다. 따라서 문장에 수식이 없고, 방언과

속된 말이 많이 섞여 있다. 『원공제중생(願共諸衆生)』 등에서 성광의 독자적인 생각도 엿볼 수 있으며, 이전부터 진서류(鎭西流)의 전서로 되어 있다.

이 가운데 제4권 제50 「임종행의사(臨終行儀事)」, 제51 「본존본경가안치사(本尊本經可安置事)」에 임종행의가 설해져 있다. 한편 『정토종전서(淨土宗全書)』에 나오는 것은 천보판(天保版)을 번각(翻刻)한 것이다.

7) 염불명의집(念佛名義集) 3권 성광

본서는 법연이 입적한 후에 일념의(一念義) 등 여러 가지 이의가 분출되어 온 것에 대해서 정토종의(淨土宗義)를 뚜렷이 알리기 위해서 관희년간(寬喜年間, 1229~1232년)에 찬술된 것이다.

상권에는 옹종정행(五種正行), 중권에 삼심(三心), 하권에 사수(四修)·오념문(五念門)·삼종행의(三種行儀)을 평이하게 설하고, 하권의 삼종행의의 부분에서 임종행의를 설명하고 있다.

『정토종전서』의 것은 관문판(寬文版)의 번각이다.

8) 간병어용심(看病於用心) 1권 양충(良忠)

양충(?~1287년)은 『왕생요집권중의기(往生要集卷中義記)』와 『정토대의(淨土大意)』에서 『왕생요집(往生要集)』의 임종행의를 설하고 있다. 『간병어용심』은 양혜(良慧)의 『연아상인전(然阿上人傳)』 등의 저술 목록에서 볼 수는 없으나 많은 선덕(先德)에 의한 진찬(眞撰)인 것이 증명되어 임종행의의 실천서로서 높게 평가되고 있다. 가장 오래된 사본에 ①『간병어용심』 1권 히라가나(일본어의 음성 표기 문자) 섞임, 자하현정엄원소장(滋賀懸淨嚴院所藏) 횡천영산원융소서사본(橫川靈山院隆堯書寫本), 권말에 「안오진사상인작야(案悟眞寺上人作也)」, ②『간병용심초(看病用心鈔)』 1권 히라가나 섞임, 경도우치상락사소장(京都宇治常樂寺所藏), 권말에 「본전겸창상인어작사운연아미타불 양충야(本傳鎌倉上人御作私云然阿彌陀佛 良忠也)」의 이본이 존재하나, 다소의 문자에 상이함이 있을 뿐으로 동일한 것이다.

①은 이등진철(伊藤眞徹)에 의해서 소개·검토가 행해졌고, 「안오진사상인작야(案悟眞寺上人作也)」라고 하는 것은 옥산성원(玉山成元)에 의해 양충의 것이라는 사실이 증명되었다. 나아가 ②에 대해서는 취미교도(鷲尾教導)가 양충찬 『정토대의(淨土大意)』와 비교해서 내용적으로 자매관계에 있는 것을 논하고 있다. 또한 임생태순(壬生台舜)도 본서의 중요성을 지적하고 있다.

상락사본(常樂寺本)의 서명(奧書)에는 "정치 2(貞治二, 계묘癸卯) 구월 이십육일 서사필(書寫畢) 노안필부도행지간경수일자야(老眼筆不道行之間經數日者也) 사본자(寫本者), 거문화이년(去文和二年) 이월구일강엄대승도어정화원소서지본야(二月九日綱嚴大僧都於淨華院所書之本也) 상문(桑門, 花押) 칠십구세(七十四歲)"라 되어 있는 것으로 보아 정화원강엄서사(淨華院綱嚴書寫)의 것을 재각[在覺 = 상문(桑門)]이 전사한 것을 알 수 있다. 그리고 후세에 상문양충(桑門良忠)이라고 써 있는 점이나 히라가나가 혼재되어 있는 점 등으로 보아 상락사본(常樂寺本)의 계열을 이끌고 있다고 생각된다.

그런데 근세의 임종행의 제본에 결집된 내용은 엄정원(淨嚴院)·상락사본(常樂寺本)과 아주 같다고 하는 것은 아니다. 정엄원(淨嚴院)·상락사본(常樂寺本)이 서문·본문 19조·발(跋)·서명(奧書)인 것에 대해서 관문7년판소수(寬文七年版所收)의 것은 구성적으로는 서문·용심(用心)의 18개 조를 열거하고, 발 최후에 「유인전(有人云)」의 일조를 더하고 있으며, 정엄원

(淨嚴院)·상락사본(常樂寺本)과 재아정정(在阿訂正)의 것과의 중간에 위치한다고 할 수 있다. 이 경우 관문십년(寬文十年)의 것은 히라가나가 혼재되어 있어도 거의 관문7년판(寬文七年版) 이후의 것과 동일하다는 것을 알 수 있다. 이러한 것은 다소 문자의 상이함은 인정되어도, 13조까지는 같은 조목이다. 제13조 이후는 문법(聞法)의 부분, 그 외에 이동(異動)이 있으며 정엄원·상락사본의 15조는 관문7년판 이후는 삭제되어 있다. 이러한 사실은 근세의 간병어용심(看病御用心)을 보다 잘 알 수 있게 정리하기 위한 과정이며, 항목의 단계적 삭제에 의해서 실천적 항목만을 남긴 것을 알 수 있다.

9) 임종절요(臨終節要) 1권 자공(慈空)

자공(慈空 ?~1717년)은 자(字)는 통서(通西)이며 서산안양원(西山安養院) 용공(龍空)의 제자로, 정음상인일류서곡류(淨音上人一流西谷流)에서 심초(深草)에게 옮겨 서산(西山)의 중흥이라고 불린다.

본서는《화엄경》〈현수품〉, 선도의 『임종정념결(臨終正念訣)』을 인용하여 각각에 주석을 더하고,「임종용의(臨終用意)」로서 (1)장엄도량(莊嚴道場), (2)불상을 안치함, (3)정욕정의(淨浴淨衣), (4)소향산화(燒香散華), (5)상등상촉(上燈上燭), (6)불상의 오색실을 잡음, (7)무상경(無常磬)을 울림 등 7개조로 알기 쉽게 정리되어 있다. 또한 "7건 있음을 알아야만 한다."고 하여 (1)인명무상(人命無常), (2)최후망념(最後妄念), (3)주육오신(酒肉五辛), (4)병자주변(病者周邊), (5)두북면서(頭北面西)·인접(引接)의 상(相), (6)병실내(病室內), (7)식절후(息絶後)의 것 등을 기록하고 있다. 이어서 지사기(知死期)로서 사기(死期)에 관한 과정을 기록하고 있다. 다음에 불조요어(佛祖要語)로서 병인용심(病人用心: 23항목), 간병용심(看病用心: 5항목), 임종시의 삼의(三疑) · 단말마(斷末魔) · 임종시의 마연(魔緣) 등을 들어 부록(12항목)의 3절부터 임종자 자신 및 간병인이 실제로 사용할 수 있는 것이 수록되어 본서의 반을 차지한다. 거기에 인증된 선덕의 말씀은 각종 계파에 영향을 미치고 있다.

임종시의 사용을 전제로 간병인과 임종자 서로의 마음가짐과 시행법을 처한 상황과 주제별로 알기 쉽게 분류하고, 특히 자공(慈空)의 암자인 통서(通西)를 『왕생요집』에 있는 무상원을 모방하여 사용하고, 거기에서 사용하는 임종행의의 교재로서 이것을 찬술하였다.

본서를 처음 간행한 정향(貞享 3년, 1686년) 이후 명치(明治)까지 6종 8본 이상이 확인되고, 삼존내영도(三尊來迎圖)를 게재한 것이나 내영화찬(來迎和讚)이 부가되어 임종시에 실제로 화찬(和讚,[1] 역자주 : 일본어로 된 불가)의 사용을 권하는 것 등 다양한 간행이 계속되었다. 실제로 임종행의의 시행이 가능하도록 배려하였으며, 그 간편함으로 인해 판간이 반복되어 민간에서 시행되는 수준에까지 발전하였다.

본서 제3장은 관정(寬政) 8년 화천옥신팔간(和泉屋新八刊)을 저본(底本)으로 하고 있다.

10) 임종용심(臨終用心) 1권 가원(可圓)

안영(安永) 9년(1780년) 2월 택전길좌위문(澤田吉左衛門) 및 적정장병위(赤井長兵衛)에 의해 개판되어 명치(明治) 18년(1882년)까지 4회 정도 중판되었다.

---

1) 역자 주 : 불교의 교의나 불보살, 혹은 고승의 덕을 일본어로 찬양한 것. 7,5조의 4구 혹은 그 이상을 1절로 하고 곡조를 붙여서 부르는 노래로서 헤이안시대 중기부터 유행하였다.

가원(1693~1780년)은 혜공(慧恭)·대우(大愚)라고도 하며, 신주서교사(新州西教寺)를 사직한 후 관통(關通)에 초청되어 미장 원성사 지율삼세(尾張圓成寺 持律三世)가 된다. 각 지역을 순방하고 율원을 건립하여, 그곳에서 보살계를 준 사람이 1만여 명이며, 일과로 염불을 서약한 사람이 24만 명을 헤아렸다고 한다.

본서의 개판은 가원의 임종(安永 9년 6월 26일)에 가까워서 임종에 대한 절실한 생각을 읽을 수 있다.

순 일본어체의 전13조로 되어 있고, 환자와 간병인의 마음가짐이 간결하게 정리되어 있으며, 장송에 이르기까지 언급하고 있다. 종래의 임종행의를 답습하는 것이지만, 민간습속과의 접점에 있는 행의를 주의 깊게 고치고 있다. 본서의 제3장은 영안(永安) 9년 택전길좌위문간(澤田吉左衛門刊)을 저본(底本)으로 하고 있다.

2. 진언계 임종행의

1) 일기대요비밀집(一期大要秘密集) 1권 각반(覺鑁)

홍교대사각반(興教大師覺鑁?~1143년)은 진의진언종(眞義眞言宗)의 개조이며 대전법원(大傳法院)을 건립하는 등 고야산(高野山)의 부흥에 온 힘을 기울였다. 보연(保延) 6년(1140년) 고야산과의 마찰로 인하여 근래산(根來山)으로 피신하여 원명사(圓明寺)를 건립하고 생애를 마쳤다. 옛 그림을 보면 근래산(根來山)에 각반이 임종한 도량이라고 여겨지는 당우(堂宇)가 있다.

각반의 저술은 『일기대요비밀집(一期大要秘密集)』, 『오륜구자비밀석(五輪九字秘密釋)』, 『아미타비밀석(阿彌陀秘釋)』 등 다수가 존재하며, 정토사상

(淨土思想)을 밀교(密敎)로 전개한 비밀염불(秘密念佛) 사상을 주장하였다.

『일기대요비밀집』은 임종정념을 얻기 위한 모든 주의(主意)와 그것을 위한 행법을 임종행의로 하여 구문(九門)으로 서술한 것으로, 이 가운데 제5문(第五門)은 범사의운(範師意云)이라 하여 실범(實範)의『병중수행기(病中修行記)』제4항목의 전문을 대부분 인용하고 있어서 그의 영향을 받았음을 알 수 있다. 그러나 "오역죄인(五逆罪人)도 선지식을 만나면 왕생극락할 수 있다."고 하여, 임종에 있어서 선지식의 중요성과 악인왕생에 새로운 국면을 열고 있다.

각반은 제6문(第六門)에 아자관(阿字觀)을 제시하고, 제8(第八) 결정왕생문에서는 임종행의 하나하나의 마음가짐을 설하여, 임종시의 호흡 모음을 실천할 것을 궁극적으로 구하고 있다. 그러나 그것이 얼마나 어려운 것인가를 말미에 기록하고 제9문(第九門)의 장송(葬送)으로 연결시키고 있는 것은 매우 흥미롭다. 왕생에 대한 끝없는 바람과 성실한 배려를 지닌 구성으로 받아들여진다.

2) 효양집(孝養集) 3권 각반

각반이 연로한 어머니를 위하여 삼인의 성인의 힘을 빌려 불법을 알기 쉽게 저술하였다.

상권은 선악을 밝힘에 관한 12조, 중권은 실제의 도를 나타냄에 관한 15조, 하권은 임종정념 극락왕생(臨終正念極樂往生)의 뜻을 밝힘에 관한 10조 등 합계 37조로 되어 있으며, 선악응보의 도리, 불도의 신앙, 임종의 마음가짐 등을 기술하고 있다.

종래부터 진위에 대한 논란이 있었고, 특히 즐전양홍(櫛田良洪)·중야달

혜(中野達慧)·귀정종충(龜井宗忠) 등은 이러한 논점을 정리하고 있다. 그러나 오래중(五來重)이 가마쿠라시기(鎌倉期)에 성립되어 있던 민속의 임종행의라고 지적하는 것과 같이, 일반에서의 보급을 알 수 있는 중요한 책자이다.

이 가운데 하권이 임종행의에 상당하는데, 제1조·제4조·제7조에는 십여 권의 임종행의를 참조한 취지가 기록되어 있으며, 종전의 임종행의에서 중요한 부분을 취사해서 저술한 것을 알 수 있다.

그러나 위찬설의 근거로도 되고 있으며, 『효양집(孝養集)』 가운데 아미타사상은 서방의 아미타불 국토를 인정하는 등 현교적이며, 나아가 『일기대요비밀집』에서 전개한 비밀석(秘密釋)적인 부분은 없고, 각반의 사상이 십여 권에 들어 있는지 의문시 된다.

다만 임종시의 호흡모음은 답습되어, 혹시 '나무아미타불' 여섯 글자를 부를 수 없다면 '아(阿)'의 일자를 부르는 것만으로도 좋다고 하고 있어서, 이를 임종에 있어서 궁극의 일념이라 할 수 있겠다. 그것도 사람이 죽을 때의 자연스러운 모습임을 암시하고, 임종행의 보급의 단계에서 본서의 상세하고 빈틈이 없는 자세를 나타내고 있다.

3) 임종행의주기(臨終行儀注記) 1권 담수(湛秀)

남도법상종(南都法相宗)의 학장 담수(湛秀)가 『왕생요집』 등에 촉발되어, 법상종의 입장에서 임종행의를 정리한 것이다.

본서는 실해소지본(實海所之本)으로서 『이십오삼매기청(二十五三昧起請)』과 합본으로 나라(奈良)의 중성원(中性院)에 소장되어 있던 것으로, 석정교도(石井敎道)가 이것을 발견하고 저자도 담수(湛秀)라고 단정하고 있다. 담수(湛秀)의 계보는 그 후, 복부영형(服部英淳)·대곡욱웅(大谷旭雄) 등에 의해서 분명해졌으며, 실범에게 사사한 것으로 알려져 있다.

전 13조로 임종행의를 상세히 설명하고 있는데, 제1조에는 보리심을 일으키는 것은 임종정념을 위한 것이라고 극언하며 불도와 임종행의·임종정념의 관계가 흥미롭다. 나아가 임종행의시에는 선지식 등 보조할 사람이 필요하다고 하여, 불교의 조직적 병구완의 구체성을 알 수 있다.

또한 제3·11·12조에서는 당나라 현장삼장(玄奘三藏)의 예를 기술하고, 제10조에서는 도솔상생을 기원하며 미륵보살에 대한 신앙을 표하였다. 제13조에서는 임종정념(臨終正念)을 위해서는 불보살(佛菩薩)을 모셔야 한다고 하여, 임종에 귀의하여야 할 12부처를 나타내고 있다. 담수 자신은 원신의 영향을 받았으면서도 아미타불 한 부처에게만 귀의하는 것이 아니라 법상종적 입장에서 임종행의를 전개·선양하려고 한 것이다.

본래라면 미륵보살에 대한 신앙을 특징으로 하는 남도계(南都系) 임종행의로서 독립시켰을 서적이지만, 같은 시기에 흥복사(興福寺)에서 실범과 관계한 점이나 임종행의를 『일기대요(一期大要)』로 단정한 어구(語句)를 권두에 사용하고 있는 점 등에서 아주 미미하게나마 각반의 영향도 있었다고 미루어 생각하여, 여기에서는 진언계 임종행의로서 정리하였다.

4) 임종용의사(臨終用意事) 1권 정경(貞慶)

정경(1155~1213년)은 11세에 흥복사에 입산하여 득도하였으며, 학덕이 높고, 38세에 립치사(笠置寺)에 은둔하여 원구(元久) 2년(1205년)에 흥복사 진상구개상(奏狀九箇狀)을 기초하고 있다. 만년에 해주산사(海住山寺)로 옮겨 59세에 입적하는데, 생전에 계율의 부흥에 힘을 쏟았으며 일본법상중흥(日本法相中興), 계율중흥(戒律中興)의 조사로 불리고, 해탈상인(解脫上人)의

시호를 받았다.

『임종용의사』는 평이한 문장의 일본어 문체로, 여섯 항목으로 나누어 임종행의를 설명하고 있다. 원신의 것을 답습한 형태이나 아미타불에게만 한정한 것이 아니라, 원신다운 신주(神呪)・보호(寶号)・지관(止觀) 등을 권하며 호흡 모음에 대하여 설하고 있다.

본서(『진언종안심전집(眞言宗安心全集)』 권하소수본卷下所收本)는, 이외에 『임종지용의(臨終之用意)』『일본대장경(日本大藏經)』 삼삼소수三三所收)]가 번각(飜刻)되어 있으나 우성소지본(祐成所持本)『립치상인작(笠置上人作)』 동대사도서관장(東大寺圖書館藏), 113함(函) 345호(号) 권말에 수록된 「립치상인 왈(笠置上人曰)」, 문구(文久) 2년 사본『임종대사용의(臨終大事用意)』에 수록된『임종용의사(臨終用意事)』〔경도대학장(京都大學藏) 607년)보다 오래된 형태를 남기고 있음이 지적되고 있다. 특히 경도대학(京都大學)에 소장된 것은 정경(貞慶)의 것에 '재가(在家)'라고 권두에 기록되어 있어서, 이것이 일반에 전파된 한 형태임을 알 수 있으며, 본서가 실제로 승속에서 함께 사용되었음을 보여 주고 있다.

5) 성불시심(成佛示心) 1권 정공(淨空)

정공(淨空, 1693~1775년)은 선범(宣範)・실전(實詮)・해정(海淨) 등에게 사사(師事)하고, 각각 보은원류(報恩院流)・안상사류(安祥寺流)를 전수받고, 보력(寶曆) 9년(1759) 막부의 명령으로 지적원(智積院) 제20세가 되어 많은 학승을 지도하였다.

본서는 자필 서명에 의하여, 지적원(智積院) 등단(登壇) 후 기주(紀州) 황문공(黃門公)과 아자(阿字)의 담의(談義) 등을 상기하면서 명화(明和) 3년

(1766년) 이후에 찬술된 것임을 알 수 있다.

일본어 문체의 평이한 문장으로 아자(阿字)의 공덕 및 관법 등을 설하고, 본문 전반에 임종정념과 호흡 모음을 기술하고 있다. 권말의 훈의(訓義)와 합함으로써 미세한 점까지 임종시의 마음가짐이 기술되어 있으며, 승속이 함께하는 아자(阿字)에 의한 임종행의의 실천을 보이고 있다.

3. 일련계 임종행의

1) 천대견초(千大見草) 2권 일원(日遠)

본서는 신연산(身延山) 구원사(九遠寺) 중흥 삼사(三師)의 한 사람인 심성원(心性院) 일원(日遠, 1572~1642년)의 찬술로 전해지고 있다. 그러나 진위에 이론이 있고, 이미 등정학(藤井學)이 "전차(煎茶)의 유포(流布)나 웅야비구니(熊野比丘尼)의 이야기 등 일원이 활약하던 시기부터 조금 내려가 정보(正保)에서 만치(万治) 경(1644~1660년)을 상한으로 하는 서민사회의 현상이 본문의 도처에 보인다."고 하여, 후세에 일원에 가탁해서 쓰여진 것이라고 추측하고 있다. 그 어느 것이라도 신연계 수불시파(受不施派)의 교설을 내재하고, 무상관·임종행의·사체처리·장송·추선법회에 이르기까지 간절하고 고구정녕하게 기술하고 있어서 일련계 임종행의의 집대성이라고 할 수 있으며, 근세 일련계 임종행의의 실제를 여실히 알 수 있다.

찬술연도는 분명하지 않으나 보영(寶永) 7년(1710년) 9월의 간기(刊記)가 있는 간본이 가장 빠른 것으로 확인되었다. 전부 98정(丁)의 장부(長部)이다. 그것은 『근세불교집설(近世佛敎集說)』(국서간행회 國書刊行會), 『국문동방불교총서(國文東方佛敎叢書)』 제2집 법어부하(法語部下), 『일본사상체계

(日本思想體系)』57로 번각(飜刻)되어 동일한 판목을 사용한 중판본의 영인본이 소화(昭和) 55년(1980년)에 일원상인(日遠上人) 간행회(刊行會)에서 출판되었다.

본서는 임종의 마음가짐을 겸하여 해야 할 것이라고 해서, 처음에 "우선 열 가지 크게 잘못된 것을 충분히 고쳐야 한다."고 하여, (1)살생, (2)도둑질, (3)사음, (4)망어, (5)술을 마시는 것, (6)사부대중의 허물과 죄악을 설하는 것, (7)자기를 칭찬하고 남을 헐뜯는 것, (8)간탐, (9)성냄, (10)삼보를 비방하는 것 등 10개 항목의 잘못된 것을 평소부터 고치는 것을 으뜸으로 하고, 그 방법으로 죄장소멸을 위하여 《법화경》의 제목을 되풀이하여 외울 것 등 《법화경》의 수지와 제목을 외우는 것이 중요하다고 하고, 평상시의 삶에서부터 임종에 이르기까지의 계속된 행의를 설하고 있다.

이어서 "가르쳐 이르되, 임종시에는 무엇을 생각하고 무엇을 외워야 잘 시봉하는 것인가."라는 임종행의의 실제를 문답형식으로 설명하고 있다. 그리고 제목을 권하는 자야 말로 선지식이라고 규정하고, 임종시에는 일심으로 《묘법연화경》의 제목을 염불하는 것이 중요하다고 하여, 일련계의 임종행의를 극언하고 있다. 나아가 실천방법으로는 호흡 모음을 제시하고 있다.

또한 도내법(道內法)의 규정에 준하는 형태로서, 약의 처방 등 간병에 대해서는 구체적 요법에까지 이르고 있다. 다만 이러한 형태의 의료는 일상의 간호적 측면이 강하며, 임종행의와의 관련을 생각하는 점에서도 흥미롭다.

에도시대 초기부터 사회가 안정적으로 되어감에 따라 사청단가제도(寺請檀家制度)에 의해 사단관계(寺檀關係)가 성립하고, 죽음에 임해서 단나사

(檀那寺)로부터 검사(檢死)·인도(引導)가 '아종문음미지사(邪宗門吟味之事), 어조자종문단나청합지정(於條自宗門檀那請合之掟)의 규정에 의해서 의무화되고, 필연적으로 임종에 입회하는 기회가 많아짐으로써 그와 함께 상세한 해설서가 간절하게 필요해짐에 따라 이와 같은 의료의 측면까지 언급한 임종행의가 찬술되었던 것이다.

4. 선계 임종행의

1) 선원청규(禪苑淸規) 10권 종원(宗願)

북송(北宋)의 운문하육세(雲門下六世), 장로산(長蘆山) 숭복원(崇福院)의 종색이 숭녕(崇寧) 2년(1103년)에 편집한 것으로 현존하는 청규 가운데 가장 오래된 것이다. 약 300년 전에 찬술된 당나라 백장 회해의 『백장청규』(고청규 古淸規)가 흩어져 없어졌기 때문에 77항으로 나누어 새롭게 제정한 것이다. 숭녕청규(崇寧淸規)라고도 한다. 수계(受戒)·상당(上堂)·감원(監院)·지객(知客)·대소변리(大小便利)·백장규승송(百丈規繩頌) 등 선림(禪林)에서의 상세한 규정을 서술하고 있다. 송(宋) 가태(嘉泰) 2년(1202년) 우상(虞翔)의 간행 이래, 중국·일본에서 수차례 출간되어 현재까지 선림에서의 기본적 청규로 되어 있다.

제4권의 「연수당주정두(延壽堂主淨頭)」에 연수당에서의 간병법을 기록하여, 중병인만을 수용하는 중병각(重病閣)을 언급하고 있다. 또한 제7권의 「망승(亡僧)」에는 병승전념송(病僧前念誦)을 설하여 임종에 가까운 병든 승려(病僧)를 위하여 아미타불을 열 번 염할 것과 아미타불의 명호를 긴 소리로 염하여 회향할 것을 설명하고 있으며, 같은 7권에 존숙천화(尊宿遷化)와 같은 장송을 규정하고 있다.

2) 영평소청규익(永平小淸規翼) 1권 무착(無著)

황천무착(黃泉無著, 1775~1838년)은 근세 미장(尾張)[2] 조동종(曹洞宗) 만송사(万松寺)의 선승으로, 무장국(武藏國)·섭진(攝津) 등을 유학(遊學)하고, 문정(文政) 11년(1828) 막부의 명령에 의해 나가사끼(長崎) 호태사(晧台寺)의 주지가 된다.『영평소청규익(永平小淸規翼)』은 이 즈음의 저술로서 천보년간(天保年間, 1830~1844년)에 판화(版化)되었다.

일본의 선계에 있어서 당초부터 임종행의를 언급한 예는 적다. 도원(道元, 1200~1253년)은『영평대청규(永平大淸規)』를 찬술하였으나 병승(病僧)이나 연수당에 대해서는 언급하지 않았고,『영산화상청규(瑩山和尙淸規)』,『제회향청규식(諸廻向淸規式)』,『소총림략청규(小叢林略淸規)』등의 청규 가운데서도 장송의례를 언급한 것은 있어도 병승이나 임종을 규정한 것은 없다. 그러나 근세에 들어서 도원(隱元, 1592~1673년)의『황벽청규(黃蘗淸規)』나 종호(宗胡, 1619~1698년)의『창수림청규(椙樹林淸規)』등에 임종행의에 관계되는 기록이 있으며, 현투(玄透, 729~1807년)는『영평청규(永平淸規)』와『황벽청규(黃蘗淸規)』를 대조하여『영평소청규(永平小淸規)』1권을 찬술하였다.

무착은 수학 중 영평사 현투(玄透)의 휘하에서『정법안장(正法安藏)』을 서사(書寫)하였다.『영평소청규익(永平小淸規翼)』은 현투의 고규부흥(古規復興)에 촉발되어 찬술한 것으로 생각되며, 하권「섭양간병(攝養看病)」,「병승해석(病僧解釋)」,「간병구사(病僧口詞)」에서 간병·임종행의를 설하고 있다.

---

2) 역자 주 : 옛 지명, 현재의 아이치현(愛知縣) 서부에 해당된다.

또한 하권의 「승진송(僧津送)」, 「대야염송(大夜念誦)」, 「송망의종(送亡儀從)」, 「병거도곽(秉炬度钁)」 「창고의법(唱估依法)」에 장송의례를 기록하고 있다. 「승진송(僧津送)」에는 포오조대혈맥(布五條帶血脈)이라고 혈맥보(血脈譜)를 두타대(頭陀袋)에 넣는 것이 처음으로 규정되어, 임종에 준비된 혈맥(血脈)을 장송(葬送)에 사용한다고 하는, 임종행의 → 장송의 연속을 알 수 있다.

그 외에 근세의 선계에서는 임제 백은혜학(白隱慧鶴)의 『원라천부(遠羅川釜)』 3권 가운데 중권에 병승에 대한 주의점 등을 기술하고 있어서 이것이 널리 세간에서 읽혀졌다고 한다.

제3장
임종행의의 현대어 번역

제1절 정토계(천태 포함)

임종정념결(臨終正念訣) 선도(善導)

첫 번째 질문, 지귀자(知歸子)라는 사람이 정업(淨業) 스님에게 다음과 같은 질문을 하였다.

이 세상에서 큰 문제라고 한다면 생사문제 외에는 없습니다. 숨이 멎으면 죽음을 맞이합니다. 그때 마음가짐을 잘못하면 영원히 윤회를 벗어날 수 없습니다. 저는 지금까지 이따금씩 가르침을 받은 덕에 염불왕생법을 알고 있으나 실제로 병이 나서 죽음에 임하였을 때에는 마음과 의식이 산란하지 않을까 두렵습니다. 게다가 가족이 마음을 잃고 정인(淨因)을 잃지는 않을까 두렵습니다. 간절히 부탁하오니 정토에 왕생하는 길을 다시 가르쳐 주셔서 미혹된 괴로움으로부터 벗어나게 하여 주시옵소서.

스승인 정업 스님이 다음과 같이 답하였다.

분명히 이 질문은 대단히 중요한 것이다. 대부분의 인간이 목숨을 마칠 때에 임해서 정토에 왕생하기를 생각한다면, 무엇보다도 마음의 준비가 중요하다. 즉 죽음을 두려워하거나 사는 것에 집착하지 않아야 한다. 항상 나의 현재의 몸에는 다종다양한 고통이 있어서 부정한 악업이 가지가지로 쌓여 있다고 스스로 생각해야 한다. 만약 이 더러운 몸을 버릴 수 있다면 바로 정토에 왕생함을 얻어 헤아릴 수 없는 기쁨으로 부처님을 친견하고, 고통을 여의고 해탈할 수 있을 것이다. 이것은 참으로 마음으로 바라던 것이다. 가령, 오래되어 냄새나고 더러워진 옷을 벗고 훌륭한 옷으로 갈아입는 것과 같으니, 몸과 마음을 개방하고 보기 흉한 구애되는 마음을 가져서는 안 된다.

모름지기 환자가 몸의 형편이 좋지 않다면 그 질병의 가볍고 더함에 관계하지 말아야 한다. 즉 무상을 염하고, 일심으로 죽음을 기다려야만 한다. 마땅히 가족이나 간병인이나 환자를 위해 위문하러 온 사람은 그저 환자를 위해 염불하고, 눈앞의 잡된 일이나 별것도 아닌 것들, 환자 집의 이익이나 손해 등을 화제로 삼지 않도록 해야 한다. 또한 환자는 경박한 위로나 축하 등 일시적으로 안심시키는 말에는 귀를 기울이지 않도록 해야 한다. 이러한 것은 모두 헛되고 부질없는 것으로, 재앙의 원인이 되기 때문이다.

그리고 마침내 병이 중하게 되어 목숨을 마치려고 할 때 가족·친지들이 앞에 와서 눈물을 흘리며 슬피 울고, 비탄이 가득한 음성으로 병든 사람의 마음을 미혹하게 하거나 환자의 정념을 잃게 하는 것은 좋지 않다. 일심으로 부처님의 가르침과 아미타부처님을 생각하고, 함께 높은 소리로 환자를 위하여 염불을 계속하며 최후까지 곁에서 지켜야 한다. 그리고 마침내 숨을 거두었을 때에는 눈물을 흘리며 슬퍼해야 한다.

나아가 가능하면 분명하게 정토를 이해하는 선지식을 초청하고, 가능한 한 환자에게 염불을 책려할 수 있도록 가르치는 것이 좋다. 만일 그와 같이 할 수 있는 사람은 반드시 왕생할 수 있다. 절대로 의심해서는 안 된다. 이러한 것이 가장 중요한 점이니 참으로 믿고 행해야만 한다.

두 번째 질문, 의사를 구하고 약을 복용하는 것은 어떻습니까?

답하여 이르되, 이것은 주의만 해 두고자 한다. 그 약이나 의료를 환자 스스로가 구하는 것은 막지 않는다. 그러나 약은 그저 병을 치료하는 것으로, 어떻게 수명 자체를 이롭게 하겠는가. 수명이 만약 다하였을 때에는 약이 도대체 무슨 소용이 있겠는가.

세 번째 질문, 신들께 화와 복을 기대하고 기도하는 것은 어떠합니까?

답하여 이르되, 사람 수명의 길고 짧음은 태어날 때 이미 정해져 있다. 어찌 귀신의 힘을 빌려 목숨을 연장할 수 있겠는가. 세상 사람들은 판단력을 잃고 헤매어 오히려 잘못을 범하고 있다. 가령 산 생명을 죽여서 제물로 삼아 귀신에게 제사하는 것 등은 그저 죄업을 증장하는 것으로 점점 원한과 과보를 받게 되어 도리어 자신의 목숨을 손상할 따름이다. 목숨이 다하였을 때 소귀(小鬼)는 그 힘으로 구제할 수 없으니, 헛되이 스스로 두려움을 자초할 따름이다. 간절히 이것을 삼가도록 하여야 한다. 이것을 기록한 벽보를 집 앞이나 식사하는 장소 및 도로의 사람들이 왕래하는 곳에 놓아, 이 벽보를 보고 마음으로 명심하게 하여 위기에 직면해서도 잊어버리는 일이 없도록 해야 한다.

네 번째 질문, 일상의 생활 가운데 지금까지 염불을 하지 않았던 사람도 이 정토왕생의 법을 적용할 수 있습니까?

답하여 이르되, 이 법은 승려이거나 일반인이거나 염불을 한 적이 없다고 하더라도 정토왕생의 법을 써서 모두가 정토에 왕생할 수 있는 것은 틀림없다. 내가 생각하건대, 세상의 많은 사람들을 보고 있으면 평소에 별일이 없을 때에는 모두 염불하고 예불하고 왕생을 발원하지만, 병이 나서 마침내 임종의 단계가 되면 그저 죽음을 두려워하여 중요한 정토왕생을 위한 염불을 하지 못한다. 목숨이 다할 때가 되어 모습이 변하고 숨이 끊어져 의식이 저세상(冥界)으로 옮겨지고 나서 비로소 처음으로 염불하고 종을 울리는 것은, 마치 도둑을 맞고 나서 문의 빗장을 거는 것과 같다. 그렇게 하면서 무엇을 구원받으려고 할 것인가. 게다가 생사의 일대사는 큰 문제이다.

부디 스스로 적절하게 대처해야만 한다. 한 생각 잘못하면 영겁의 고통을 받게 된다. 그 시기에 임박하여 아우성을 쳐도 누가 대신해 줄 수 있을 것인가. 부디 이러한 사실을 잊지 말고 자신의 것으로 잘 생각해야 한다.[1]

왕생예찬(往生禮讚) 선도(善導)

우리들은 마음에서 다음과 같게 해 달라고 기원한다. 생명이 끝날 때에 임해서 마음이 전도되거나 산란해지거나 마음을 잃지 않게 하며, 또한 신체적으로 정신적으로 고통 없이 몸과 마음이 함께 즐겁고, 선정에 들어가는 것과 같이 있게 해 달라고 하는 것이다. 그리고 많은 성자들도 그러한 자세를 보여 주기를 기원한다. 부디 아미타불 본원의 힘에 의해서 아미타불의 정토에 최상의 왕생을 하게 해달라고 기원한다.

정토에 왕생할 수 있다면 그 왕생한 것에 의해서 육종의 신통력을 얻고 시방에 자유자재로 드나들어, 끝없이 괴로움을 받고 있는 사람들을 구제하겠다고 기원한다. 나의 기원은 이와 같은 것이다.

이상의 것을 발원하고 오로지 아미타불에게 귀의한다.[2]

관념법문(觀念法門) 선도(善導)

정토에 왕생하기를 발원하고 수행하고 있는 자들이여 만약 병이 들어 있거나 그렇지 않거나, 생명이 끝난다고 생각이 드는 때에는 일심으로 염

---

1) 『淨土宗全書』 四, 震旦祖釋部.
2) 『眞宗聖教全書』 一, 三經七祖部.

불삼매의 방법을 통해서 몸과 마음의 일체를 경주해서 다음과 같이 해야 한다. 즉 얼굴은 서방정토를 향하고 일념으로 아미타불을 생각할 수 있도록 노력해야 한다. 그리고 잡념을 섞지 말고 끊임없이 염불하여 반드시 정토에 왕생한다고 하는 증거로서, 연꽃 위에 앉은 많은 성자들이 정토로 이끌어 주는 자세를 상기하도록 한다.

환자는 만일 그와 같이 성자들이 마중하는 모습을 보았다면 간호하는 자에게 그러한 것을 설명해야 한다. 간병인은 그 설명이 끝나면 설명한 대로 기록을 해야 한다. 또한 환자가 만일 설명을 할 수 없을 때에는 간병에 임한 사람은 환자에게 어떠한 모습을 보았는가에 대하여 반드시 물어야 한다. 그때에 환자가 만약 죄상(죄의 과보를 받아 괴로워하는가)이 보였다고 설명하였다면 간병인은 곧 환자를 위하여 염불을 하고, 함께 지은 죄를 참회하고, 반드시 그 죄를 멸하도록 해야 한다. 혹시라도 죄를 멸하게 되어 연꽃 위에 앉은 성자들이 발원에 응해서 눈앞에 나타났다고 한다면 앞에서와 같은 요령으로 기록을 해야 한다.

또한 정토왕생을 발원하는 행자들의 권속이나 육친이 와서 혹시 간병을 하겠다고 하여도 술을 마시는 사람이나 고기나 오신채를 먹는 사람은 사양해야 한다. 만약 그러한 사람이 있다면 반드시 환자 옆에 가까이 하지 않도록 주의해야 한다. (만약 그러한 사람이 가까이 한다면) 환자는 바른 생각을 잊고 귀신이 하라는 대로 해서 환자의 마음이 혼란하게 되고, 결과적으로 미쳐 죽게 되어 지옥·아귀·축생의 삼악도에 떨어질 것이다.

바라건대 수행자들이여, 스스로 삼가고 나아가 적극적으로 불교를 받들어 부처님과 만날 수 있는 인연을 짓도록 하라.[3]

---

3) 上同.

왕생요집(往生要集) 원신(源信)

둘째로 임종행의란 먼저 행사(行事)를 설명하고, 다음에 관념(觀念)을 설명한다. 처음에 행사라고 하는 것은 『사분율초(四分律鈔)』 첨병송종(瞻病送終 : 간병과 장송)편의 『중국본전(中國本傳)』을 인용하여 다음과 같이 말하고 있다.

"기원정사 서북방면 모서리의 태양이 지는 곳에 무상원이이라는 건물을 지었다. 만약 환자가 있으면 거기에서 쉬고 잠자게 하였다. 탐욕심을 내는 사람은 승방 안의 의복이나 식기류, 혹은 여러 가지 도구를 보면 대개가 집착을 일으키고, 마음에 생을 혐오(嫌惡)하는 바가 없는 까닭에 다른 장소에 옮기는 것을 제도로 정한 것이다. 이 집을 무상원이라고 부르는데, 들어오는 사람은 지극히 많으나 돌아가는 사람은 한둘이다. 일을 당하여(병이 들고, 무상원에 들어옴에 따라) 일심으로 법(法)을 염(念)한다. 무상원 안에는 불상 한 분을 모시고, 불상은 금박을 바르고 안면을 서방으로 향하게 한다. 불상의 오른손은 들고, 왼손에는 오색의 실을 늘어뜨린다. 그리고 환자를 안심시키기 위하여 불상 뒤에 눕히고, 왼손에는 오색실의 끝을 잡게 하여, 부처님을 따라 정토에 왕생하는 마음을 내게 한다. 간병인은 향을 피우고 꽃을 뿌려 환자를 장엄한다. 그리고 만일 대소변·구토·침을 뱉을 경우에는 곧 그것을 치우도록 한다."

혹은(법원주림法苑珠林 卷九五意) "불상을 동으로 향하게 하고, 환자를 그 앞에 둔다."고 설하기도 한다. 나의 생각으로는 혹 별처(別處 : 특별히 무상원과 같은 장소)가 없는 경우에는 다만 환자의 얼굴을 서쪽으로 향하게 하고, 향을 피우고 꽃을 뿌리며, 염불을 권하거나 혹은 단정하고 장엄한 불상을 예배하게 하면 된다.

선도 화상이 말하기를 [선도의 관념법문(觀念法門) 참조(동일 인용)][4] "횡천수능엄원이십오삼매기청(橫川首楞嚴院二十五三昧起請) 겐신(源信)"이라 하였다. 이 염불삼매는 왕생극락을 위하여 오늘부터 시작하여 매월 15일 밤에 각자가 그 목숨이 다할 때까지 모두 끊임없는 염불을 행하는 것이다. 그렇게 하룻밤 동안 진실한 선근을 쌓음으로써 만월과 같이 청량한 깨달음의 진수에 도달하고자 하는 것이다.

그러한 까닭에 여기에 참가하는 사람들의 이름을 적고, 함께 상담하고 의논한 바를 다음과 같이 기록하는 것이다.

서약[(起請)]을 정하다.

① 매월 15일 밤을 정해 끊이지 않고 염불을 행해야 한다.

이 규칙에 대하여 다음과 같이 정한다. 육재일(六齋日 : 매월 8, 14, 15, 23, 29, 30일은 팔계를 지키고 선한 일을 행하는 정진일)은 유정의 무리를 제도하는 날이다. 15일 밤도 또한 육재일의 하나이며 무량수불, 즉 아미타부처님을 생각하기에 적당한 밤이다. 그날 밤에 염불하고 강독하는 것은 왕생극락의 업이라고 할 만하며, 나아가 직지도량(直至道場)의 인이 아니고 무엇이겠는가.

이와 같이 함으로써 우리들 동료는 오경(五更, 새벽)의 꿈을 깨고 염불삼매를 시작하여, 한밤의 잠을 떨치고 금생과 내생의 선근을 심는 것이다. 미시(未時 : 오후 1~3시)에 모두 모여서 신시(申時 : 오후 3~5시)에 경전을 강설

---

4) 上同.

하고, 이것을 회향한 후에 기청문(起請文)을 읽는다. 유시(酉時 : 오후 7시)가 끝날 즈음에 염불을 시작하여, 진시(辰時 : 오전 7시)가 시작될 때 결원(結願)을 하고 마친다. 이와 같이 하여 12권의 경문을 읽고, 함께 2천 편 남짓 아미타불의 명호를 염한다. 한 경문을 읽고 마칠 때마다 회향을 해야 한다. 회향한 후에 다시 예반(禮盤, 부처님을 예배하기 위해 오르는 자리 : 역자 주)에 나아가 모두 백팔 편의 염불을 외우도록 한다. 이는 십만억토의 피안으로 가는 매개가 될 것이다. 그러한 후에 모두 오체투지를 하고 아미타여래를 예배한다. 또한 목숨을 마칠 때에는 틀림없이 왕생극락할 것을 발원하는 예배를 올리도록 한다. 만약 이들 가운데 부득이 이와 같은 행을 할 수 없는 사정이 있는 사람이 있을 때에는 함께 상담하고 협의하여 시기에 따라 결사대중에서 제외하도록 한다.

② 매월 15일 정오 이후에는 염불을 하고, 그 이전에는 《법화경》을 강독한다.
　이 규칙에 대하여 다음과 같이 정한다. 법을 듣는 것이 중요한 것은 그 공덕이 한량없기 때문이다. (중략) 그러므로 매월 15일에 염불을 행하기 전에 학식과 식견이 출중한 승려에게 《법화경》의 이치를 설하여 주도록 청해서, 공부가 부족한 사람이 있다고 하더라고 신속히 여래의 지견을 열고 보여서 깨달음의 경지에 들도록 하기 위함이다. 따라서 《법화경》의 강의를 기쁜 마음으로 듣도록 한다.

③ 15일 밤에 참가하는 사람 가운데에서 순번을 정하여 부처님께 등명(燈明)을 올리도록 한다.
　이 규칙은 다음과 같다. 부처님께서는 음식의 맛이 있고 없음에 관심이

없으시다. 그러므로 그러한 물건들로 빈바과5)와 같은 부처님의 입을 즐겁게 할 수 없다. (중략) 이 도량에서도 부처님께 공양을 올리는 것은 당연하다. 따라서 매월 한 사람씩 순번을 정하여 공양을 올리는 것으로 한다. 다만 제멋대로 해서는 안 되며, 부처님께 올리는 공양물은 세 가지, 등유는 한 되만으로 정해 둔다.

④ 광명진언으로 기도한 토사(土砂)로 망자의 유해를 묻어야 한다.

이 규칙은 다음과 같다. 염불한 후에는 다른 도사(導師)를 예반에 오도록 하여 5대원(五大願)6)을 세우고, 그 다음에 광명진언으로 토사를 기도하도록 한다. (중략)

이 이십오삼매에 결연 참가한 사람들 가운데서 먼저 죽은 자가 있을 경우, 유해를 이 토사 가운데 묻고 불국토에 태어나기를 기원하기 위한 것이다. 유해를 누르고 때리며 혹은 유해를 예배한다면 도저히 윤회의 미로를 벗어날 수 없다. 그러면서도 한편에서는 달을 타고 꽃을 밟아 극락 구품의 정토에 왕생하고 싶다고 생각한다.

그래서 토사를 기도한 후에 오단(五段)의 예배를 행하여야 한다. 오단의 예배란 "귀명정례대일교주석가여래(歸命頂禮大日教主釋迦如來), 나무극락화주미타여래(南無極樂化主彌陀如來), 나무대비관세음보살(南無大悲觀世音菩

---

5) 역자 주 : 불전에 나오는 빈바(頻婆)라는 나무의 과실. 사과를 닮아서 색이 붉기 때문에 불전에서는 부처나 여성의 입술을 표현할 때 사용된다.
6) 역자 주 : 대일여래의 본원 또는 제불보살의 총원인 ① 한없는 중생을 제도하리라, ② 한없는 福智를 모으리라, ③ 한없는 법문을 배우리다, ④ 한없는 부처님을 섬기리라, ⑤ 위없는 보리를 얻으리라고 하는 5종의 큰 서원을 말한다.

薩), 나무득대세지보살(南無得大勢菩薩), 나무묘법연화경(南無妙法蓮華經)"이라고 부르며 행하는 예배이다.

⑤ 이십오삼매에 결연 참가한 사람들은 서로를 영원한 부모형제와 같이 생각해야 한다.

이 규칙은 다음과 같다. 생사윤회하는 미혹한 삼계는 차(車)와 같다. 누가 어머니이고 누가 아버지인지 정해져 있지 않다. 육도는 둥근 공과 같아서 육도를 윤회하는 우리들은 누가 형이고, 아우인지 알 수 없다. 하물며 우리들은 양친의 집을 떠나 삼존(三尊)[7]의 길에 들고, 사은(四恩)의 경계를 버리고 오승(五乘 : 사람人 · 하늘干 · 성문聲聞 · 연각緣覺 · 보살菩薩의 각 승乘)[8]의 문을 열고 불도에 들어섰다. 참으로 이제 모두 함께 전단림의 향을 찾고, 함께 제호의 가르침을 받고 있다. 그 뜻을 공경하고 따라야 한다.

차안과 피안의 양 언덕에 무성한 갈대는 구품정토에 피는 연꽃을 보지 못한다. 어찌하여 이 부모형제의 결연을 맺어 정토에 오르려 하지 않는가. 마침내 이 세상에서 부모의 은혜를 갚지 못한 것을 잘 생각해서 살아 있는 듯이 공경하고 조심하여, 자신들의 사후에 함께 진실의 길에 들어가고자 한다. 이것을 잊어서는 안 되니, 조심하고 신중해야 한다.

⑥ 이십오삼매에 결연 참가한 대중은 발원을 한 후에 각자가 신 · 구 · 의 삼업을 잘 지켜야 한다.

---

7) **역자 주** : 세 사람의 존경할 사람, 즉 왕과 부모와 스승.
8) **역자 주** : 중생이 이 세상에서 받는 네 가지 은혜. 《심지관경》에 따르면 부모, 국왕, 중생, 삼보의 은혜를 말한다.

(전략) 각자가 몸과 입과 뜻의 삼업을 지켜 육정(六情)9)을 삼가야 한다. 무릇 열 가지 나쁜 업은 하나라도 범해서는 안 되는 것이니 노력하고 조심해야 한다.

⑦ 이십오삼매에 결연 참가한 대중 가운데서 환자가 생겼을 때는 모두 주의를 기울여야 한다.

이 규칙은 다음과 같다. 백팔번뇌는 항상 사람 몸에 침투하며, 십이인연의 이치는 마침내 천명을 빼앗는다. 이슬이 아침 해에 증발하는 것과 같이 우리네 생명도 지키기 어렵다. 저녁 구름이 바람에 흩어지는 것과 같이 인간의 일생이라는 배도 기울기 쉽다.

이와 같은 이치로 우리들이 혹여 병이 났을 때에는 각각의 도반에게 알리고, 나아가 병이 중하게 되었을 때에는 간병인[僮僕]에게 다음과 같이 일러 주어야 한다.

"나는 이미 병이 중하여 죽음을 의심하지 못하는 상태이다. 내가 평생 동안 생각해 온 것을 이제 자네가 이루어 주었으면 좋겠다. 즉 불법을 홍성하게 하겠다는 서원과 죄장을 참회하겠다는 선심, 부모에게 효도를 다하겠다는 충성스런 마음, 사람을 구원하고 보시의 업을 행하겠다는 서원은 참으로 이제 죽음에 직면한 때에 신속하게 우선 이루었으면 하는 것이다. 역으로 자네가 생각하는 것이 있다면 그것을 내게 이야기해 주었으면 좋겠다. 평생 동안 생각해 온 것을 감추지 말고 서로 이야기하였으면 좋겠다. 그리고 이제부터 목숨을 마치는 때까지 나는 아무것도 아닌 세간의 이런 저

---

9) **역자 주** : 喜, 怒, 哀, 樂, 愛, 惡 등의 여섯 가지 감정.

런 이야기는 듣고 싶지 않다. 원하는 것은 나를 무루지(無漏智)의 경지에 왕생시켜 주었으면 한다. 그러므로 간병인은 소리를 내어 염불하여 주는 것이 좋겠다."

⑧ 이십오삼매에 결연한 대중 가운데 환자가 생겼을 때는 순번으로 간병하고 서로 방문하여 위로해 주어야 한다.

이 규칙은 다음과 같다. 사람의 생명은 무상하다. 아침의 연기와 같아서 바로 하늘에 날아가는 것이다. 사람의 수명은 각기 정해짐이 없이 밤의 등불과 같아서 불면 사라지고 마는 존재에 불과하다. (중략) 이 이십오삼매에 결연 참가한 대중은 이미 이러한 것을 알고 있다. 그러기에 서로 환자를 간호하지 않을 수 없다.

그저 두려운 것은 생전에 한 가지도 선근을 쌓은 것이 없어서, 무엇보다도 사후에 삼악도(지옥, 아귀, 축생도)에 떨어지는 것을 면하여 구제를 받을 수 있을까 하는 것이다. 얼마나 쓸쓸한 일인가. 게다가 번뇌의 마음을 맴도는 이 화택에서 마침내는 지옥에 떨어져 염라대왕의 손에 들어가는 것이다.

그러하니 저녁나절이 되면 모두 환자가 있는 곳으로 가서, 함께 서로 염불하고 그 소리를 들려 주는 것이 중요하다. 간절하게 모두 한마음으로 염불한다면 극락에 왕생할 것이다.

이렇게 돌보는 작법은 부모에게 하는 것과 같이 행해야 한다. 다만 이틀을 하나로 하여 두 사람이 숙직하면서 함께 이 환자를 돌봐야 한다. 그때 항상 염불을 하여 왕생을 권하지 않으면 안 된다. 두 사람 가운데 한 사람은 주의를 기울여 환자의 상태를 지켜보고, 급변하였다면 옆의 사람에게 일러 주어야 한다. 자신을 절제하고 용기를 내어 돌보되 급하게 해서는 안 된다.

무엇보다도 잠들어서는 안 된다.

⑨ 건물을 한 채 지어서 왕생원이라고 이름하고, 환자를 옮겨야 한다.

이 규칙은 다음과 같다. 사람은 금속이나 돌이 아니다. 따라서 언젠가는 늙고 병들고 죽음에 이르는 몸을 걱정한다. 그리고 한 채의 건물을 짓는 것은 그와 같은 환자가 생겼을 때 사용하기 위함이며, 이는 기원정사의 무상원의 풍습을 따르기 위함이다.

이곳을 방문하려고 생각하는 이십오삼매에 결연 참가한 대중에게도 피할 수 없는 병이라는 것이 있다.

대저 여기에 참여한 대중들은 혹은 자신의 집도 없거나, 혹은 겨우 움막을 지니고 있는 정도이거나, 혹은 극단적으로 말하면 가축의 옷을 입고 쥐조차도 먹어야 하는 일상을 보내고 있다. 그러한 동료가 병이 나서 누웠을 때, 도대체 누가 찾아와 보살펴 줄 것인가. (중략) 어떤 사람이 잠시 동안이라도 방문해서 친절하고 공손히 마음을 다해 병구완을 할 것인가. 진실로 왕생을 바라고 합의하여 약속한 사람이라고 하더라도 자칫 죽어가는 사람에 대해서 소홀하게 할 수가 있다. 따라서 우리 동료는 힘을 모아 한 채의 초막을 짓고, 그 가운데 아미타여래를 모시고, 우리 모두의 종언을 고하는 자리로 삼아야 하지 않겠는가. 그리고 또한 삼애(三愛 : 임종에 임해서 일어나는 자체애自體愛 · 경계애境界愛 · 당생애當生愛의 집착심)를 일으키지 않도록 그 방법과 수단을 생각해야 할 것이다. 게다가 방위라든가 일시의 길흉을 논하지 말고 모두 이 왕생원으로 옮겨, 함께 환자를 보살피고 병구완을 해야 한다.

또한 논(論)에서 말하는 바와 같이 불상은 서방을 향하여 모시고 환자는 그 뒤를 따르게 하여, 불상의 오른손 안에 오색의 번을 잡게 하고 그 번의 끝을 환자의 왼손에 쥐게 하여, 진실로 부처님을 따라 정토에 왕생하게 한다는 생각을 하게 해야 한다. 대개 향을 피우거나 꽃을 뿌리는 것은 환자를 장엄하기 위함이며, 또는 음식의 맛을 내거나 선택을 하는 것은 환자를 돌보기 위한 마음의 배려로 행하는 것이다. 그리고 관을 하나 마련하여 화장의 준비를 해 두어야 한다.

⑩ 미리 경관이 수려한 땅을 확보하여 안양묘(安養墓)라고 이름하고, 탑 1기를 세워 모두의 묘소로 삼아야 한다.

이 규칙은 다음과 같다. 인간의 일생은 지나기 쉽고 죽음은 피할 수 없는 것이다. 우리들 범부의 목숨은 어느 때라도 마치 파초의 잎에 머무는 이슬과 같은 것이다. (중략) 그러하기 때문에 미리 경관이 수려한 땅을 확보하고 탑을 세워서 안양묘라고 이름하고, 우리들의 영원한 묘소로 한다. 다만 대법사를 초청하고, 그 장소를 정해서 인(印)을 결하여 분지(分地)하고, 나아가 진언을 하여 그 장소를 평정하지 않으면 안 된다. 그러기 위해서는 가령 사방의 신이 원하는 대로 그 토지를 막거나 땅의 신이 있다고 하여도, 부처님의 보살핌에 의해서 분지한 토지이므로 신들이 위광을 가지고 재앙을 가져오는 것은 있을 수 없다. 따라서 우리 가운데 죽는 사람이 있을 때에는 3일을 넘기지 않는 동안에 날의 좋고 나쁨을 가리지 말고 이 묘소에 묻어야 한다.

⑪ 이십오삼매에 결연 참가한 대중 가운데 사자가 나왔을 때에는 장의를 행하고 염불을 해야 한다.

이 규칙은 다음과 같다. 우리들은 원래 궁전에서 태어나 자란 것은 아니다. (중략) 종복의 수도 적고, 친척 권속도 또한 많지 않다. 이 임종의 때에 이르러 도대체 병고 가운데 방문해 줄 사람이 있을까 말까 하는 정도이다. 따라서 우리 동료는 모두가 다 모여서 안양묘에 가서 염불을 하고 사자를 정토에 인도하지 않으면 안 된다. 염불을 마친 후에 오체투지하고, 각자가 부처님의 명호를 부르며 극락왕생하도록 인도한다. 이것을 이십일편 행하도록 한다. 그리고 아미타여래, 관세음보살, 대세지보살에 대해서도 7일 안에 그 왕생한 장소를 보여 주시도록 우러러 기원한다. 또한 그 왕생한 장소의 선악에 따라서 그 후의 뜻을 선한 곳이라면 소홀히 하여도, 나쁜 곳이라면 정성을 다하지 않으면 안 된다.

⑫ 서약에 따르지 않고 게으른 자는 우리들의 모임에서 배제해야 한다.

이 규칙은 다음과 같다. (중략) 혹시 죽고 나면 언제가 되어야 불성을 나타낼 수 있는 것일까. 혹시 지옥에 떨어진다면 언제가 되어야 부처님을 우러러 뵈올 수 있을까. 이러한 까닭에 지금 보리심을 발해서 정토왕생의 행을 닦고자 하는 것이다. 함께 간절히 정성을 다해서 수행하지 않으면 안 된다. 어찌 소홀히 할 수 있겠는가. 대중 가운데에 만일 염불, 강경을 세 번 쉰다거나 간병이나 장의에 나가는 것을 한 번이라도 약속을 어기는 게으른 자가 있다면 동지에서 제외하지 않으면 안 된다. 이 외의 서약에 대해서도 모두 지키지 않으면 안 된다. 조심하고 부지런하지 않으면 안 된다. 잊는 일이 없도록 해야 한다. 어기는 일이 없도록 하라.[10]

---

10) 『惠心僧都全集』 一.

정토종요집(淨土宗要集) 성광(聖光)

　선지식이란 극락왕생의 가르침에 잘 통하고, 아미타불 본원의 뛰어난 공덕을 충분히 안 후에, 더욱 환자의 용태에 관한 모든 것을 잘 변별할 줄 아는 사람이다. 선지식이 근심하고 이르기를 "이 환자의 목숨은 오늘 하루에 다하지는 않는다. 또는 하루 이내의 진시(辰時)에 면회한 사람이라면 신유시(辛酉時)에 죽거나 또는 밤이 되면 죽을 것이다. 혹은 한 시간이나 두 시간 후에는 죽을 것이라고 생각되는 사람에 대해서는 정토왕생의 가르침이나 염불 공덕의 수승함을 설하여 듣게 하여야 한다."고 하였다. 혹은 그저 지금이 마지막 시기라고 생각될 때에는, 선지식은 환자의 양손을 합장시켜 아미타불이 계시는 서방을 향하게 하여 절을 시키고, "바로 지금, 부처님께서 맞이하러 오셨다고 생각하시오."라고 지시하며, "모든 것을 내버리고 나무아미타불을 염불하시오."라고 가르치고, 염불 1편에 종을 한 번씩 울리도록 한다. 또한 바로 지금이 아니고 목숨을 마칠 때까지 두세 시간 정도가 있다고 생각될 때에는 "서방극락정토에 계신 아미타불은 염불하는 모든 사람들을 빠짐없이 구제할 것이라고 하는 큰 서원을 일으키셨다. 그리고 만일 자신이 극락에 왕생하길 원한다면 나무아미타불, 나무아미타불하고 열 편의 염불을 하라고 이르셨다. 마음의 결심을 하고 열 편의 염불을 하시오."라고 가르치고, 더하여 "관세음보살은 왼쪽에, 대세지보살은 오른쪽에 각각 서 계시며, 아미타불은 그 가운데 서 계신다고 생각하라."고 일러 주도록 하라. 그리고 "관세음보살의 연화대에 올라 아미타불의 뒤를 따라서 정토에 이른다고 생각하고, 나무아미타불이라고 염불하라."고 들려주도록 하라. 이와 같이 하여 극락세계 아미타불의 경사스럽고 기품있는 자세를 관념하도록 일러도 관념할 수 없다고 하면 "그저 일념으로 나무아미타불이라고 염불하시오."라고 말하도록 한다.[11]

염불명의집(念佛名義集) 성광(聖光)

임종행의는 일생에 한 번의 대사로, 이 이상의 큰일은 없다고 하여도 좋을 정도이다. 세간 사람이 왕생하였다거나 악도에 떨어졌다고 하는 것은 이 임종의 모습에 의해서 알려진 것이다. 임종시의 모습이 좋은 사람은 왕생하였다고 알려졌으며, 임종시의 모습이 나쁜 사람은 악도에 떨어졌다고 알려졌다.

임종의 모습이 좋다고 하는 것은 보통 악화된 병상도 회복되고, 괴로운 것 없이 마음도 평안하게 되고, 합장하고 잠든 것과 같이 편안한 상태로, 마지막에는 나무아미타불이라 염불하고 숨을 거두는 것이다. 또는 상서로운 구름 등이 길게 뻗치고, 광명을 보고 화불(化佛)을 눈앞에서 참배하는 것이 있으니, 그것은 최상품의 임종의 모습이다. 이와 같이 죽음을 맞이하거나 잠이 든 채로 잠에 빠져드는 것과 같이 염불을 하면서 죽음에 이르는 것도 왕생이다. 이것은 모두 임종시 좋은 모습의 경우이다.

또한 임종시의 모습이 나쁘다고 하는 것은 병상에 엎어지고, 피를 토하고, 미친 듯이 죽음에 이르는 것이다. 또는 아무 것도 말하지 않은 채 죽는 사람도 있다. 또는 서쪽을 동쪽이라고 말하며, 흰 것을 붉다고 말하는 것과 같이 마음이 혼미하고 사물을 바르지 못하게 말하는 사람도 있다. 이것은

---

11) 『淨土宗全書』 十.

모두 삼악도(지옥·아귀·축생의 세계)에 떨어진 사람이다. 다만 요즈음 행해지고 있는 염불의 한 종파 가운데는 임종을 아무렇게나 해도 왕생한다고 칭하는 무리가 있다고 들었다. 이것은 잘못된 염불 무리의 말이다. 피를 토하고 죽은 사람이나, 사물을 제대로 판단하지 못하고 미친 듯이 죽음을 맞이한 사람을 무슨 연고로 왕생하였다고 할 수 있겠는가. 불법의 이치도 모르는, 너무나도 잘못된 지나친 이야기이다.

임종행의라고 하는 것은 다음과 같이 행하는 것을 말한다. 도량에 깃발〔幡〕을 달고, 불을 밝히며, 좋은 향을 사르고, 본존을 동쪽으로 향하게 하여 안치한다. 그리고 선지식을 환자의 곁으로 모셔, 하나하나 선지식의 가르침을 따르도록 한다. 그리고 생선이나 조류, 부추, 마늘, 생강과 같은 냄새나는 물건을 환자의 옆에 가까이 두어서는 안 된다. 또한 일상을 생각나게 하는 처자식이나 남편, 손자와 같이 애착심을 두텁게 만드는 것은 그 모습조차 보여서도 안 된다. 또한 과도한 소리를 듣게 해서는 안 된다. 선지식은 조용히 염불하고 종을 울린다. 그리고 그저 정토왕생의 가르침의 존귀함과 경사스러운 것을 환자에게 설명하여 들려 주도록 한다. 가령 아주 작은 것이라도 재산이나 세간의 일 등을 환자의 귀에 들어가게 해서는 안 된다. 혹시 환자가 이 세상의 속된 일들을 듣는다면 마음을 그 방향으로 빼앗겨 오랫동안 왕생을 구하는 마음을 잃고, 생사에서 헤매는 세계에 머물러 악도에 떨어질 것이다. 그러한 까닭에 이상에서 기술한 것을 임종행의라고 한다.[12]

---

12) 上同.

간병어용심(看病於用心) 양충(良忠)

존경하는 선지식·간병인에게 아뢰옵니다. 인간이 극락왕생하는 것은 진실로 인생에 있어서 일대사의 인연입니다. 만일 선지식의 자비심에 의한 염불 권유가 없다면 어찌 이 일대사를 이룰 수 있겠습니까. 도저히 할 수 없을 것입니다. 그러한 까닭에 환자는 선지식에 대하여 부처님을 예배하는 것과 같이 생각하고, 선지식도 또한 환자에 대하여 자비로운 마음을 가지고 나의 자식을 대하는 것과 같이 하라고 말합니다. 그러므로 여기에서는 환자가 마음속으로 생각하는 것을 파악하고, 병상에 누운 그때부터 죽음에 이르기까지 간병인으로서 주의해야 할 것들을 기록하고 알려 드립니다.

1) 우선 도량(환자의 침소)을 청결하게 정리하고 부처님을 모셔서 그 부처님의 손에 오색의 번을 걸어 환자의 손까지 이끌리도록 설치하십시오. 불상을 안치하는 높이는 환자가 누운 채로도 충분히 불상을 우러러볼 수 있는 위치가 좋다고 생각합니다. 불상과 환자와의 거리는 임종에 임해서는 조금이라도 가까운 쪽이 좋다고 생각합니다. 환자의 침소(도량)는 보통 때 거처하는 방과는 다른 장소에 설치하는 것이 좋다고 생각합니다. 만약 그때 적당한 장소가 없을 경우에는 자신의 절이라면 부처님께 가깝게 병상을 설치하고, 보통 사용하고 있는 거처하는 방으로부터 기분이 바뀌는 장소로 옮기는 것이 적절하다고 생각합니다.

2) 환자의 가까이에는 눈에 띄기 쉽고 마음을 산란하게 할 만한 물건은 결코 놓아서는 안 됩니다. 실내에는 향을 사르고 꽃을 뿌려 항상 병실을 장

식하는 것이 좋습니다. 또한 때때로 향을 사르어 적당한 시기를 가늠하고, 간병인도 교대로 휴식을 취하게 하는 것이 좋습니다. 병환이 가볍다고 생각되어도 안심해서는 안 됩니다. 사람이 목숨을 마치는 것은 한순간의 일입니다. 결코 환자로부터 눈을 떼어서는 안 됩니다. 또한 간병인을 휴식시켜야 되겠다고 생각할 때에도 환자의 옆에서 너무 멀지 않게 하여 숨소리가 들릴 수 있는 정도의 곳에서 쉬게 해야 합니다. 또한 날이 저물면 불을 밝게 하여 불상의 모습이 확실하게 보이도록 하고, 더욱 환자의 모습을 잘 살필 수 있도록 하는 것이 좋다고 생각됩니다. 병상의 일상이라고 하여도 밤에는 반드시 병세가 나빠지기 때문입니다.

3) 주류, 육류, 향신료 등 냄새나고 부정한 물건을 먹은 사람은 환자의 가까이에 다가가서는 결코 안 됩니다. 만일 이와 같은 것을 먹은 사람을 환자의 옆에 있게 하면 악마가 난입하여 환자는 미쳐 죽어 삼악도에 빠진다고 선도화상께서는 이르고 계십니다. 이것은 성스러운 가르침이며, 지금도 많은 증거가 있으므로 부디 삼가야 합니다. 병상에 관여하는 모든 간병인은 선지식·간병인 두세 명으로 하고, 그 외에는 친한 사람이나 그리 친하지 않은 사람이나 관계없이 가까이하지 않게 하는 것이 좋다고 생각합니다. 하물며 처자 등은 결코 가깝게 하지 않는 편이 좋다고 생각됩니다.

4) 선지식은 세 사람 정도가 가장 좋다고 생각합니다. 한 사람은 환자의 머리 맡에서 종을 치고 염불을 권하며, 또 한 사람은 곁에서 잡무를 담당하게 해야 합니다. 사람이 많아 번잡하게 되어서는 안 됩니다. 다만 병이 길어져 상태가 어려울 때에는 네 다섯 사람이 곁에 있는 것이 좋으며, 혹시 선지식이 한 사람뿐이라면 항상 환자 눈의 색, 호흡을 관찰하고 눈을 떼지 않도

록 하며, 징을 치고 염불을 권하는 것이 좋습니다. 또한 정토왕생의 가르침을 설하고, 환자의 마음이 안정되게 해야 합니다. 염불소리의 높이는 너무 높지도 너무 낮지도 않게 환자의 귀에 들릴 정도로 하고, 환자의 호흡에 맞추어서 염불을 하도록 하십시오. 또한 선지식 외의 두 사람은 간병의 작법을 습득한 사람이라면 누구라도 좋습니다. 작법을 습득하지 못한 사람이라면 결코 가까이하게 해서는 안 됩니다. 삼업(신업·구업·의업)을 몰래 지으며, 버릇이 없고 번거롭게 하지 않도록 주의해야 합니다. 부디 지금 말한 세 사람 이외에 다른 사람을 곁에 두어 악연을 가까이하지 않도록 하는 것이 좋습니다. 병문안을 하러 오는 사람이 있다고 하여도 면회를 사절하고, 다른 장소에서 상대하여 돌아가도록 하며, 실내에 들어서는 안 됩니다. 환자가 병으로 괴로워서 만나기 싫다고 하였다고 이유를 대면 좋을 것입니다.

5) 신이나 부처님께 기도를 하거나 죄나 부정, 재난을 없애달라고 하는 행위를 해서는 더욱 안 됩니다. 치료나 뜸을 뜨는 등의 것으로 목숨을 연장할 수 없습니다. (이러한 것은) 다만 병고를 제하는 것뿐입니다. 그러므로 고통을 그치고 염불을 하게 하기 위해서는 스스로 이용하라고 하지만, 이것도 강하게 시켜서는 안 됩니다. 그 이유로는 대부분 살아 있는 사람의 이 세계에 대한 집착은 내 몸을 사랑하고 목숨을 아끼는 마음에 바탕을 둔 것이므로, 왕생에 방해가 되는 생을 탐착하고 죽음을 겁내게 하는 것의 근원이 되기 때문입니다. 그러므로 병을 치료하는 것은 몸의 고통을 제거하기 위한 것이 되기는 하여도, 실제로는 목숨을 아까워하는 심정에서 구하는 것이라고 할 수 있습니다. 그러므로 어쨌든 강하게 그와 같은 것(치료·뜸·기도·제사도 포함)을 희망하고 명령하는 것은 하지 않는 것이 좋습니다. 대부

분 그와 같은 경우에 몸을 처신하는 방법은 선도화상의 『임종요결』의 뜻에 기초하여 충분하게 주의해야 합니다. 또한 그 책을 환자에게 읽어 주고, 임종에 임한 마음의 준비를 시키는 것이 좋다고 생각됩니다. 또한 가령 병이 가볍다고 생각될 때에도 이 병으로는 결코 죽지 않으며 특별한 일은 없을 것이라고, 선지식도 생각해서는 안 됩니다. 또한 환자에게도 그와 같은 이야기를 들려 주거나 해서는 안 됩니다. 그저 일념으로 이번 병으로 왕생의 시기가 도래하였다고 기쁘게 받아들이고, 일심으로 죽음을 기다려 아미타 부처님의 내영(來迎)을 바라는 심경이 되도록 권하는 편이 좋다고 생각합니다.

6) 중병을 얻어 어떠한 어려운 지경에서 죽게 되었다고 하여도 그것을 싫어하거나 그것을 슬퍼하고 망념을 일으켜서는 안 됩니다. 또한 어떻게 임종을 맞이하고 싶다고 생각하여, 이러이러하게 하였으면 좋겠다고 하는 망념이 있어서도 결코 안 됩니다. 죽음은 인간의 일생의 마침이며, 현재의 과보는 과거의 인연에 의한 것이므로 미리 생각을 정해 두어서는 안 됩니다. 일반적으로 중생의 업인은 여러 가지이며, 죽음의 연 또한 한 모양이 아닙니다. 어떤 사람은 검에 찔려 살해되거나 창에 맞아 죽으며, 어떤 사람은 불에 타 죽거나 물에 빠져 죽습니다. 그와 같이 비통하게 죽거나 급사를 해도 그 사람이 생전에 착실하게 염불 수행을 쌓으며 산 경우에는, 평생에 쌓이고 거듭된 훈습(행위의 축적)에 의한 염불 공덕의 가호에 의해서 임종시에는 정념의 자리에 도달해서 염불왕생을 이룰 수 있다고 설하고 있습니다. 하물며 중병으로 고통을 참기 어려운 지경이라 하여도 이미 예기한 죽음의 인연입니다. 어찌 염불을 하지 않고 있을 수 있겠습니까. 가령 뼈를 부수고

골수가 마르는 정도의 고통을 수반한다고 해도 헤아릴 수 없이 긴 지옥의 괴로움을 면하기 위해서는 어찌 임종의 염불을 권하지 않을 수 있겠습니까. 또한 목숨을 마치는 때에 임해서는 아미타부처님 자비에 의한 가호의 힘에 의해서 정념왕생하는 것을 의심해서는 안 됩니다. 그러한 까닭에 이 병에 의해서 극락왕생의 뛰어난 연이 얻어졌다고 기뻐하고, 우리의 간병인을 최후의 부처님 연을 이어 주는 선지식이라고 의지해야 할 것입니다.

헤아릴 수 없는 생사의 괴로움은 목숨이 다하는 것을 최후로 하며, 영원히 물러날 수 없는 즐거움은 극락정토의 연화대에 오르는 것을 그 시작이라고 합니다. 염불하고 목숨을 마쳐서 스물다섯 보살님의 맞이하심을 받아 극락에 왕생할 때, 아미타불의 수기(성불의 약속을 받는 것)를 받을 것입니다. 사려 깊이 이 생각에 이르러, 어쨌든 이 세상을 이슬의 티끌 만큼이라도 마음에 두지 않도록 권하여야 합니다. 병이 그리 중하지 않아 정념에 머물 수 있을 때부터 이 이치를 충분히 설하고 들려 주어, 임종시에는 일념으로 성중내영(聖衆來迎)을 기다리는 심경이 되도록 권하는 것이 중요합니다.

7) 환자가 음식을 구하여, 가령 깊이 생각하고 강하게 찾는 음식물이 생선과 같은 것이라 하더라도 그것을 주어야 하겠습니까. "이는 평소에도 삼가고 경계해야 하는 것입니다. 하물며 임종에 임해서는 더욱 부처님이 금지하고 있는 것입니다."라고 하는 등의 말을 하고 정신을 차리게 하여, 그 욕심을 고치게 하는 것이 좋습니다. 이와 같은 모든 것은 환자가 말한 것이라 하여도 그것을 제어할 수 있어야 함을 말하는 것이니, 그와 같이 배려하는 마음이 있어야 합니다. 하물며 생각 없이 환자에게 무엇인가 먹고 싶은 것은 없는지, 갖고 싶은 것은 없는지 일부러 물어서는 안 됩니다. 그 이유는

사람이 말을 하고 물으면 이유도 없이 갖고 싶은 생각이 들어 마음이 혼란스러워지기 때문입니다. 대부분 환자의 주위에서 세간의 일에 대해서 선하게도 말하고 악하게도 말하는데, 결코 이렇게 이야기하지 않는 것이 좋다고 생각합니다. 반드시 이것에 의해서 마음이 혼란스럽게 되기 때문입니다. 부디 이것을 지금 삼가는 것이 좋습니다.

오로지 어떠한 방법으로든 오염된 이 세상을 싫어하고 정토를 기쁘게 원하는 마음을 내어 일념으로 염불을 하도록 격려하고 권하는 것이 좋다고 생각합니다.

8) 사후의 것에 대해서는 이미 기록해 두었으므로, 그와 같이 하였으면 좋겠습니다. 그러나 또한 이것은 어떠한 결과로 마쳐도 좋다고 하겠습니다. 결국은 마지막에 염불 왕생하는 것이 중요하기 때문입니다. 다만 병세가 안정되어 염불하는 것이 정상일 때에는 무엇인가 기억에 남는 것, 말해 두고 싶은 것이 있는지 조금이라도 물어 보아야만 합니다. 또한 환자가 말하는 것은 그때뿐입니다. 죽음이 가깝다고 생각되는 사람에게 심중에서 생각나는 것을 재촉해서 물어보는 것은 결코 좋지 않습니다. 그 이유는 무엇보다도 이 세상의 것을 잊어버리게 하고, 오로지 정토를 기쁘게 구하는 것만을 생각하게 하여, 성중내영을 기대하는 심경에 다다르게 하기 위함입니다.

9) 결코 환자를 괴롭히면 안 됩니다. 대소변은 일어나서 보도록 해야 하지만 괴로워하면 누워서 일을 보게 하여도 좋습니다. 하물며 일어날 수 없는 데도 굳이 일으켜 눕지 못하게 하는 것은 아무리 생각해도 이해할 수 없습니다. 다만 기저귀를 두껍게 깔고 항상 자주 갈아서, 냄새가 나거나 더러

워지면 그것을 제거하도록 하십시오. 또한 코를 풀거나 가래를 뱉을 때에는 잘 주의해서 이것을 치우고, 언제나 병상을 청결하게 하는 것이 중요합니다.

10) 병풍, 가리개 등의 물건을 사용하여 대소변을 볼 때에는 그 부정한 것과 부처님과의 사이를 가리도록 해야 합니다. 더욱 병세가 급변해서 죽음이 아주 가깝다고 생각되는 경우에는 이와 같은 것들도 염려하지 말고 본존과 환자와의 사이를 멀어지지 않게 하여 본존을 예배할 수 있도록 해주어야 합니다. 또한 항상 종이에 물을 묻혀서 목을 적시게 하여 염불을 할 수 있도록 권유하십시오.

11) 대부분의 사람들은 원래 화내기 쉽고 성격도 비뚤어진 혼미한 모습입니다. 하물며 병에 걸린 사람의 습관이란 화를 잘 내고 절제가 결여됩니다. 그러므로 간병인은 대자대비한 마음을 일으켜 환자를 가르치고 인도하도록 하십시오. 환자에 대해서 친절하게 생각하는 마음을 전하여, 좋든 싫든 늘 환자의 기분에 따르는 자세를 보여 주십시오. 그것은 결국 환자의 마음을 붙잡아 이쪽의 권유에 따르도록 하게 하기 위함입니다. 또한 일러 주십시오. 우리의 마음은 솔직합니다. 그 자신의 마음조차 마음대로 할 수 없는 것이므로, 당신이 친절하게 열심히 하였다고 해도 생각대로 되지 않는 것이 반드시 있을 것입니다. 이러한 것은 이 세상에 항상 있는 것이라고 이해하고, 결코 사람을 원망하는 일이 있어서는 안 됩니다. 만약 사람으로서의 마음가짐에 결함이 있다고 하면 정념을 잃는 원인이 됩니다. 그러한 까닭에 이것을 삼가는 것이 좋습니다.

사람을 원망하고 사람에게 화를 내는 것은 생애를 통해서 굳게 경계해야만 합니다. 하물며 최후의 임종에 이르러, 의지함이 되지 않는 것에 의해서 망념을 일으켜 재차 생사의 미혹한 세계에 다시 돌아오는 것은 아무리 생각해도 어리석다고 할 수밖에 없습니다. 어쨌든 더욱 이 예토를 싫어하고 정토를 기뻐하도록 권유하여, 부처님께서 사람들을 구제한다고 하는 서원을 의지하고 염불을 하게 하십시오. 그렇게 해서 신속히 이 예토의 경계에 있는 고뇌의 몸을 버리고 빨리 무위상락(無爲常樂)의 정토에 태어나고 싶다고 발원하고, 일심으로 목숨을 버리는 것을 바라며, 일심으로 아미타 부처님께서 맞이하기를 기다리고 받아들여 달라고 말입니다. 이와 같은 심경에 이르도록 유도해야만 합니다.

12) 환자는 꿈속에서도, 눈을 감고 있는 동안에도 무엇인가 느꼈거나 본 것이 있다면 간병하는 선지식에게 이것을 이야기로 보고해야 합니다. 만일 환자가 생각에 잠겨 이야기하지 않을 경우 선지식은 "무엇이 보였습니까?" 하고 항상 묻는 것이 좋다고 생각합니다. 만일 죄상이 보였다고 하는 경우 선지식은 환자와 함께 진심으로 참회하고 염불하여 그 죄를 멸하여야 합니다. 만일 좋은 상이 보였다고 하는 경우에는 환자에 대해서 점점 염불에 전념하도록 권유하십시오. 선악의 두 상에 대해서는 선지식도 결코 이것을 타인에게 누설해서는 안 됩니다.

13) 문법(聞法 : 불법을 청문하는 것)에 관해서는 항상 『임종강식(臨終講式)』과 『왕생요집』에 있는 「십락(十樂)」(서방정토에서 받는 열 가지의 즐거움)을 읽어 주도록 하는 것이 좋습니다. 「십락」 가운데서도 특히 제2단을 항상 읽

어 주도록 하십시오. 또한 선도 화상이 말씀하시기를 "대개 사람이 임종에 임해서 정토에 왕생하고 싶다고 생각한다면 우선 그 마음가짐을 삼가고 신중히 해야 하며, 죽음을 두려워하고 생을 탐착하는 것과 같은 것을 마음속에서 없애도록 하십시오. 항상 스스로 다음과 같은 바람을 가져야 합니다. 현재의 내 몸은 여러 사람들과 같이 괴롭고, 들볶이고, 부정함과 악업이 가지가지로 교차한 것입니다. 만일 이 더러운 몸을 버리고 곧바로 정토에 왕생할 수 있다면, 헤아릴 수 없는 쾌락을 얻어 견불문법(見佛聞法)이고 해탈(離苦解脫)을 얻을 것입니다."라고 하였습니다. 즉 이것이 염불의 본뜻입니다.

그것은 정말, 냄새나고 더러운 의복을 벗고, 진귀하고 훌륭한 옷으로 갈아입는 것과 같습니다. 몸과 마음을 벗어 던지고, 집착하는 마음을 내지 않도록 하십시오. 조금이라도 병환이 있다면 그 덜하고 더함을 논하지 말고, 곧바로 무상한 목숨인 것을 명심해서 일심으로 죽음을 기다려야만 합니다. 일념으로 아미타불의 내영을 염하고 그 마음과 칭명을 하나로 하여, 염불하는 소리를 끊이게 해서도 안 됩니다. 그렇게 하면 반드시 극락정토의 연화대에서 성중이 강림하시고, 염불 행자를 맞이하여 주신다고 생각해야 합니다.

이상은 『정토종략초(淨土宗略抄)』에서 볼 수 있습니다. 이 한 구절을 항상 환자에게 읽어 주도록 하십시오. 또한 조용히 염불하고, 내영의 노래를 불러 들려주는 것이 좋다고 생각합니다. 또한 말하듯이 "중생이 칭념하면 바로 다겁의 죄를 없애고, 목숨을 마치려고 할 때 부처님과 보살님들께서 몸소 함께 오셔서 영접하십니다." 또는 "일체의 선악 범부가 태어나는 것을 얻으면.", 또는 "저 부처님께서 지금 세상에 계셔서 성불하셨다.", 또는 "광명은 시방세계를 두루 비추시고." 등 이러한 게송을 독송해서 염불을 권하도록 하는 것이 좋다고 생각합니다.

14) 설법의 취지는 앞에서 이미 간략하게 기술하였습니다. 또한 모든 염리예토 흔구정토(厭離穢土欣求淨土 : 이 더러워진 세계를 싫어하고 멀리하며, 정토를 기쁘게 구하는 것)의 이치와 본원의 접인(引接 : 아미타부처님이 내영하셔서 정토로 이끌어 주는 것)은 이 임종시에 있는 것입니다. 대저 다함이 없는 생사번뇌의 세계를 버리고 물러남이 없는 정토에 다다르는 것, 참으로 이때인 것입니다. 결코 정토왕생의 본원을 잊어서는 안 되며, 부디 조심하는 마음을 게을리해서는 안 됩니다. 평생에 걸친 염불은 임종시에 아미타부처님의 내영을 기약하는 것이며, 아미타부처님의 본원에 의한 정토로의 인도는 수명이 다할 때를 기다리는 것입니다.

《무량수경》제19권에는 "내가 비록 부처가 될지라도 보리심을 내어 여러 공덕을 쌓는 시방의 중생들이 지심으로 나의 나라에 태어나고자 하여 임종을 맞았을 때, 가령 대중들과 함께 그 앞에 나타나지 않는다면 정각을 이룬 것이 아닐 것이다."라고 하였듯이 아미타부처님이 세운 서원은 이렇게 깊이가 있습니다. 목숨을 마칠 때 내영을 받는다고 하는 것을 의심해서는 안 됩니다. 참으로 평소부터 다겁에 걸쳐 게으름 없이 근면하게 수행해 온 염불인데, 임종시 잠깐 사이의 염불을 어찌 권하지 않을 수 있겠습니까. 가령 백 가지의 괴로움이 덮쳐 온다고 하여도 일심으로 염불하는 마음을 산란하게 할 수는 없을 것입니다. 아미타삼존(미타 · 관음 · 세지)의 내영을 이때야말로 예배하는 것입니다. 구품연대(九品蓮台 : 극락정토의 연꽃잎을 말하는데, 이것에 아홉 가지의 다름이 있다고 한다.)에 오르는 것은 의심할 것이 없습니다. 이러한 까닭에 반드시 정념을 산란하게 함이 없이 소리를 내어 염불을 계속하며, 생명이 마치는 것을 기다려 성중의 내영을 기대해야 합니다. 이 취지를 환자에게 권하는 것은 매우 중요합니다.

15) 환자(某人)가 지녀야 할 임종에 임하는 마음가짐의 취지는 깊이 아미타불의 현기인전(現其人前)이란 서원을 의지하고, 자비에 의한 구원을 우러러 원하는 것입니다. 그러한 까닭에 평소의 염불 공덕으로 인해서 임종 시에 아미타부처님이 내영하시는 것입니다. 또한 부처님의 내영을 받들어 예배하고, 미타·성중께서 자신을 수호해 주신다고 하는 믿음의 힘을 받아 정념에 머물러 염불하고, 평소부터 품고 있는 왕생의 기원을 이룰 수 있다고 알고 있습니다. 그렇기 때문에 평상시부터 목숨이 다하는 마지막의 일념에 이르기까지 그저 부처님께서 도와주실 것이라고 믿는 마음이 중요하며, 항상 이 생각을 잊어서는 안 된다고 하는 것입니다. 대저 우리들 범부의 왕생이라고 하는 것은, 아미타부처님께서 모든 사람들을 구제하고야 말겠다고 하는 대원의 힘에 의한 것이 아니면 몇 번이나 다시 태어나거나 끝이 없는 긴 시간에 걸쳐서도 희망을 이룰 수 없습니다.

부처님은 크신 서원을 세워 사람들을 정토로 이끌어 구원해 주시므로 우리들은 깊이 부처님의 서원을 의지해서 내영을 기다리는 것입니다. 그런 까닭에 환자는 그저 일심으로 '구원하시는 아미타부처님' 생각으로 염불을 하도록 격려하십시오. 또한 이것을 환자가 지녀야 할 아주 중요한 마음가짐으로 권하도록 하십시오. 만약 혹시라도 염불을 잊어서는 안 되므로 항상 염불을 하여 들려 주며, 어떠한 경우에라도 환자의 의식을 환기시켜 염불을 하도록 권하는 것이 좋다고 생각합니다.

16) 혹시라도 악업에 의해 따라온 장해로 인해 고통이 가중되어 혼란한 마음이 되고 그 모습도 나쁘게 보이면 '미타신색여금산(彌陀身色如金山)' 운운(云云), '관음정재관중주(觀音頂戴冠中住)' 운운, '문문부동팔만사(門門不同八万四)' 운운 등 세 개의 글을 항상 독송해서 큰 소리로 염불을 하십시오. 그 가운데서도 문문부동(門門不同)의 글은 잘 읽어서 들려 주고, 환자의 귀에 대고 큰 소리로 외우며, 그 소리를 듣고 염불을 하도록 시키십시오. 만약에 환자가 극도의 고통으로 인해서 의식을 잃고 염불을 할 수 없는 상태가 되었다고 하여도, 일심으로 환자가 들을 수 있도록 큰 소리로 염불해 주어야만 합니다. 결국 왕생의 인이 될 만한 행업이나 임종의 수승한 연이 되는 것은 염불보다 더 좋은 것이 없습니다.

17) 고통으로 뒹굴어 마음이 산란하고, 의식을 잃어 사물을 판단할 수 없게 되었다고 하여, 이젠 어쩔 수 없다고 생각하며 환자를 포기해 버리는 일은 결코 있어서는 안 됩니다. 실제로 오역죄(부모나 아라한을 죽이는 등의 오종의 죄악)에 상당하는 사람들일지라도 처음으로 선지식을 만나 열 편의 염불 공덕으로 인해 참으로 왕생을 이룰 수 있거늘, 하물며 다년간 계속 생각해온 왕생이며 익숙한 염불입니다. 가령, 꿈을 꾸는 듯한 기분이라 할지라도 본심이 자연스럽게 샘솟아 나올 때에는 반드시 마음을 돌려 염불을 해야 합니다. 선지식이 권하는 염불의 극치와 환자가 조심하는 마음의 극한은 단지 이때입니다. 그렇기 때문에 오로지 자비심을 가지고 환자를 구호해야만 하는 것입니다. "어찌 당신은 최후의 때를 맞이한 것을 모르는가."라고 옆에서 주의를 주고 반드시 염불을 권하며, 또는 염불을 해서라도 들려 주려고 하십시오. 한 사람 한 사람이 왕생을 이룰 수 있다면 그 이익은

광대한 것입니다. 오래 지녀온 바람, 최후의 은혜는 마침내 이때에 있다고 말해도 좋을 것입니다.

18) 사람의 목숨이 참으로 다하는 순간을 함께하는 것은 대단히 큰일입니다. 진정으로 조심하는 마음을 느슨하게 해서는 안 됩니다. 병의 습성이란 쾌차함을 향하는 것같이 보이다가 죽는 수가 있습니다. 또한 임종시 전혀 고통없이 죽는 수도 있으며, 호흡이 빨라지거나 혹은 점차로 느슨하게 되어 목숨을 마치는 경우도 있습니다. 이와 같이 사람의 최후의 모습이 한결같지 않으므로 환자로부터 눈을 떼어서는 안 됩니다. 그 가운데서도 좋은 곳(하늘, 사람의 두 세계)에 태어나 극락왕생을 이룰 수 있는 사람이라면 목숨을 마치는 때도 보고 듣는 것이 한층 명료해지며, 정념도 분명한 것이 됩니다.

또한 목숨을 마치는 것이 가까워진 사람이 이야기를 잘하게 될 수도 있습니다. "지금은 정말 죽지 않는다."라고 환자 스스로가 말하는 경우도 있습니다. 이것은 무엇보다도 생사의 미혹한 세계를 버리고 가는 마침이며, 깨달음에 이르는 시작이 이 순간에 있기 때문입니다. 정말로 한 번의 호흡을 마쳤다고 하면, 즉 사후세계에 속하는 것이 되어 혹시 한 편의 염불이라도 틀리고 만다면 윤회(미혹한 세계에 다시 태어나고 죽는 것)의 세계에 떨어진다고 할 수 있습니다. 이 얼마나 슬픈 일입니까. 어떻게 하면 좋을까요. 원하노니 선지식 되는 분은 대자비심으로 환자를 연민히 생각하고 구호하며, 그 사람의 수명이 다하여 숨을 돌리는 최후의 순간을 지켜 줄 수 있도록 마음을 써 주십시오. 그렇게 하면 지극히 긴 세월에 걸쳐 받아야만 하는 고통에서 벗어나 곧 무위상락의 경지에 이를 수 있을 것입니다.

19) 환자가 지금 참으로 목숨을 마치려고 할 때에는 가령, 환자의 신체가 어느 곳을 향하고 있으며, 어떠한 상태에 있다고 하더라도 결코 그 신체를 바르게 하려고 방향을 바꾸거나 신체를 만져 움직여서는 안 됩니다. 최후의 시기에는 조그마한 것이라도 번뇌가 되어서 환자의 마음을 산란하게 하는 결과가 됩니다. 다만 환자의 귀에 들릴 수 있도록 큰 소리로 염불하십시오. 환자가 스스로 염불을 할 수는 없다고 하여도 귀에 들리는 염불로 인해서 의식이 이상하게 되지 않기 때문입니다.

또한 마침내 호흡이 끊어져 목숨을 마쳤다고 해도 환자에 대해서 어수선하게 하는 일이 있어서는 결코 안 됩니다. 그저 일심으로 마음을 정결하게 하고 염불을 계속해서 두 시간에서 네 시간 정도를 보내게 하는 것이 좋다고 생각합니다. 또 하나는 이 염불의 공덕에 의해서 죽은 자가 중유(中有), 즉 현세로부터 다음 세상의 생을 받기까지의 사이에 정토에 왕생할 수 있도록 마음을 다해 염불해야만 합니다.

이상의 각 조항에 대해서는 병에 걸린 당초부터 미리 그 취지를 충분하게 마음에 새겨두어야 합니다. 그 준비를 위해서 대략 기술하여 두었습니다. 이 한 편의 글을 대략의 지침으로 하고, 그 외의 것은 때에 따라서 적절하게 처리해야만 합니다. 이와 같은 것들을 생각한 후에는 일념으로 임종염불 한 가지에만 전념하고, 한결같이 현세를 싫어하고 정토를 원하도록 권하여 칭명염불을 격려하고, 목숨이 마칠 때를 기다려 아미타불의 내영을 기원하도록 하십시오. 그 외의 것은 때에 따라서 다소 변하는 것이 있더라도 '부처님 도와주십시오.', '신속히 정토로 인도하여 주십시오.' 라는 생각을 병이 든 때부터 목숨을 마칠 때까지 권하는 것이 무엇보다 중요합니다.

그러한 가운데서도 최후에는 많은 말보다 요점을 모아 '원하건대, 부처님
께서 빨리 맞이하여 주십시오.'라고 염원하면서 염불을 하도록 권하는 것
이 좋다고 생각합니다. 부디 삼가고 삼가야 합니다.[13]

임종절요(臨終節要) 자공(慈空)

임종시에 주의해야 할 일곱 가지

① 도량을 장엄할 것. 즉 인도 기원정사의 관습에 준해서 평소에 거주하던 곳에서 별실로 옮긴다. 만약 별실이 없는 경우에는 불전에 가까이해서 형편이 좋도록 방을 정리한다. 장엄은 보개(寶蓋), 옥번(玉幡) 등 각각의 가능한 범위에서 하도록 한다.

② 불상을 안치할 것. 즉 불상은 입상을 안치하고, 만약 없을 때에는 그 장소에 적합한 불상이면 된다. 또는 탱화라도 밝고 명확하게 그려져 있으면 좋다. 불상을 안치하는 높이는 환자가 누워서라도 예배를 잘 할 수 있는 정도로 한다.

③ 정욕(淨浴)·정의(淨衣)여야 한다. 즉 향탕을 사용하여 목욕재계하고, 새롭게 정화된 옷으로 갈아입힌다. 만약 환자가 그 옷을 견딜 수 있는 체력이 없다면 그럴 필요는 없다.

④ 소향(燒香)·산화(散華)할 것. 즉 많은 명향을 피우고, 꽃을 뿌려 부처

---

13) 伊藤眞徹 『日本淨土敎文化史硏究』.

님을 공양하라. 세간에서 말하듯 향은 부처님의 사신(使臣)과 같고, 꽃이나 과일이 많으면 부처님께서 나투신다고 한다.

⑤ 상등(上燈)·상촉(上燭)할 것. 즉, 불단 사방의 모서리에 불을 켜서 밝게 하라. 세간에서는 부처님께 등불을 공양하면 목숨을 마친 후에 광명을 볼 것이라고 한다.

⑥ 오색실을 걸 것. 즉 본존의 왼쪽 집게손가락에 오색실을 걸어, 행자(환자)의 오른쪽 집게손가락에 걸어 줄 것이다. 이른바 열 손가락(十指)으로 십바라밀(十波羅蜜)의 각각에 맞추어 오른쪽 집게손가락을 펴서 왼쪽 집게손가락을 역지(力指)로 한다. 그것은 모든 사람을 구제하는 원력의 강함을 기원하고, 행자(환자)가 정토에 왕생하도록 용기를 북돋아 주는 자세를 나타내는 것이다.

⑦ 무상의 종을 울리도록 하라. 즉 적당하고 듣기 좋은 소리를 내어 이상한 소리가 되지 않도록 주의하라. 그 소리는 중국의 천태지의 대사가 말씀하신 "대저 사람은 임종에 즈음해서 종경(鐘磬)을 들으면 정념의 마음이 많아지므로 가능한 긴 시간 동안 그 소리가 끊어지지 않게 해서 목숨을 마치는 때까지 한다."고 하는 것이다.

또한 7건(件)이라고 하는 것이 있으니, 당연히 알아 두어야 한다.
① 사람의 목숨은 무상하다. 평생 건강하다고 하더라도 언제 어떻게 될지 알 수 없는데, 하물며 병이 들었을 때에는 어떠하겠는가. 그러한 까닭에

염불을 함께 하는 사람이나 간병인 등과 함께 힘을 모아서 항상 마음을 놓지 말고 임종시의 정념을 기도하도록 마음을 써야 한다.

② 죽음이 가까운 때에 망념이 생기는 것은 사후 악도에 떨어지는 근원이 된다. 모든 세속적인 것 중에서도 특히 환자의 집착을 더하게 하는 것, 분노를 일으키게 하는 것은 환자에게 이야기하지 않으며, 간병인들 사이에서도 이야기하지 않는 것이 좋다. 집안에서도 사물의 소리를 높게 해서는 안 된다. 한편 환자 쪽에서 물어볼 경우에는 환자의 마음이 괴롭지 않도록 이야기해야 한다. 이야기를 마쳤을 때에는 "그 어떤 것도 모두 망상입니다. 그저 계속해서 염불하고 정토에 왕생하는 것을 기다릴 뿐입니다."라고 환자의 모습을 살펴보면서 염불하기를 권하라. 또한 환자의 마음에 집착을 일으킬 만한 물건이나 재물 및 사랑하는 처자 등을 가깝게 하지 마라. 또한 환자의 마음에 어긋나는 사람은 결코 대면하게 해서는 안 된다. 모든 방문자의 출입에 대해서 낱낱이 환자에게 알리는 것도 쓸데없는 일이다.

③ 술·고기·오신채를 먹은 사람은 아무리 환자와 가까운 사이라고 해도 집안에 들여서는 안 된다. 임의로 집에 들였다고 하더라도 결코 환자의 곁에 가깝게 해서는 안 된다. 천마 귀신이 그 좋지 않은 냄새를 의지하고 다가와서 환자가 미처 죽게하여 삼악도에 떨어지기 때문이다. 이 점은 우리 정토종의 고조(高祖)이신 선도화상이 엄하신 어조로, 그리고 정녕하게 경계한 것이므로 부디 삼가야 한다. 감히 이것을 소홀히 하는 일이 있어서는 안 된다.(선도 화상의 『관념법문(觀念法門)』이라고 하는 책에 기록되어 있다.)

④ 환자의 곁에는 세 사람(그 가운데 한 사람은 선지식이며, 반드시 오직 자비심을 가지고 부처님을 향해 환자를 대신하여 소향·산화하고, 일심으로 염불해야 한다. 밤이든 낮이든 죽을 때[死期]에 이르렀음을 알게 되면 환자에게 충고해서 부처님의 손에 있는 오색실을 끌어 부처님께 귀명하고 인접하게 한다는 생각을 가지고 한 번씩 몇 번이라도 염불을 시키도록 한다. 참으로 이 인접의 원을 품게 해야 한다. 여래의 본원은 잘못된 것이 조금도 없다. "원하노니, 부처님께서는 우리들을 인접하시옵소서."라고 열 번 염불하고 나서 종성을 울리게 하라. 남은 두 사람 중에 한 사람은 병상 옆에서 환자의 안색이나 호흡 등을 살피면서 조용하게 환자를 위하여 염불해야 한다. 다른 한 사람은 환자가 부탁하기 쉬운 장소에 있으면서 용건을 듣고 다른 사람에게 연락을 취해야 한다.), 또는 네다섯 사람을 넘어서는 안 된다. 사람이 많아 시끄러우면 환자의 마음이 산란하게 되기 쉽기 때문이다.

만약 간병이 길어지게 되면 교체하여 쉬게 하라. 간병인이 환자의 곁에서 잠들어 버리게 해서는 안 되기 때문이다. 다만 이 세 사람 내지 다섯 사람에 대해서는 충분히 사람을 골라야 한다. 즉 후세(내세왕생)의 뜻이 깊은 사람, 노력가이고 용기가 있는 사람, 온화하며 분노를 표면에 나타내지 않는 사람, 수면에 빠지지 않는 사람이어야 한다. 가령 환자의 자식이라도 보리심(불도를 구하는 마음)이 있으며 환자에게 도움이 될 만한 사람이라면 예외적으로 채용해도 좋다.

다만 여성은 신심이 있어도 간병인으로 일체 써서는 안 된다. 환자가 이 세상에 대한 애착심을 재촉하는 근원이 되기 때문이다.(옛날에 덕이 있는 사람이 다섯 지식의 이상적인 모습을 설하고 있지만, 지금 여기서는 전수염불(專修念佛) 행자의 경우이므로 그것은 생략한다.)

⑤ 모든 환자는 두북면서(頭北面西)로 눕고, 결정왕생(決定往生 : 정토에 왕생하는 것이 확실한 것)의 생각 또는 귀명인접(歸命引接 : 아미타에게 모든 것을 맡기고 정토에 인도되는 것)의 생각을 품고 일심으로 염불하라. 만일 그 외의 생각을 품고 있다고 보일 경우에는 관상(觀相 : 깊은 생각을 일으키는 것)·억념(憶念 : 마음에 생각하고 있는 것) 등 각각 환자의 희망에 따라서 권하라. 또한 때때로 환자에 대해서『왕생강식(往生講式)』과『왕생요집』에서 설하는 십락(十樂 : 서방정토에서 받는다고 하는 열 가지 즐거움) 등을 들려 주고, 점점 이 세상을 싫어하고 정토를 기쁘게 구하는 뜻을 재촉시켜야 한다.

또한 근래에 그 사람이 지은 선근(안락한 과보를 부를 만한 선인)이나 염불의 횟수도 기록해 두어 공덕이 큰 것을 찬탄하라. 또한 반드시 환자에게 꿈에서도 현실에서도 어떠한 것을 보았느냐고 물어보아야 한다. 만약 그 답이 좋은 모습이라고 하면 그것을 마음으로부터 감사한 것이라고 느끼고 기록하고, 만약 대답이 나쁜 모습이라고 하면 그 환자를 위하여 염불하고 함께 참회하며 반드시 그 사람이 지은 죄를 멸하도록 하여야 한다. 모든 선악의 어느 상에 대해서도 함부로 다른 이에게 말해서는 안 된다. 만약 대소변이나 토한 것, 가래 등 더러운 것이 있으면 그때그때 치워서 병상은 항상 청결하도록 마음을 써야 한다.

⑥ 목숨을 마치는 것이 참으로 지금이라고 생각될 때에는 실내를 정숙하게 하고, 좋은 향을 사르며, 등을 밝히고, 선지식이 되는 사람은 몸을 기울여 환자의 귀에 대고 말을 걸어야 한다. "아무개여[某], 연래(年來)의 희망은 지금이다. 부처님께서 나를 정토로 인접해 주신다. 결정왕생을 의심하지 않는다.(이때의 말은 사람에 따라서, 때에 따라서 적절히 한다. 다만, 많은 것을

말할 필요는 없다.)" 나무아미타불(무상의 종을 한 번 친다), 나무아미타불, 열 편, 백 편, 천 편의 염불도 또한 이와 같이 하며, 높지도 않고 낮지도 않게 환자의 귀에 들릴 정도로, 빠르지도 않고 느리지도 않게 환자의 호흡에 맞추어 염불하도록 한다.(다만 입을 환자의 귀에 대고 큰 소리로 염불하여 들려 주거나, 종을 환자의 귀에 대고 강하게 쳐서 울리게 하며, 대종을 베개의 위쪽에서 강하게 치는 것 등은 충분히 생각해서 해야 한다. 그러한 것은 환자의 오체를 울려 그 고통은 참기 어렵고 오히려 정념을 잃게 하는 결과가 되기 때문이라고, 압장명(鴨長明)이 『발심집(發心集)』에 기록하고 있다. 혹시 급사의 사람이나 기를 잃은 사람은 고성으로 귀에 대고 염불하는 것이 좋을지도 모른다. 이 점을 잘 구분해야 한다.)

선도 화상이 이르기를 "당신은 평생염불을 닦은 자이므로 열 편 내지 세 편, 다섯 편의 염불에 이르기까지 부처님은 내영하신다."고 하였으며, 또한 "임종의 일념(一遍 염불)은 평생 백 년의 행위보다 수승하다."고 하였다. 얼마나 용감한 일인가. 만약 환자가 입으로 염불을 할 수 없을 경우에는 서방에 부처님이 계시다고 믿고 왕생한다고 하는 생각을 가지라고 말해 준다. 그것으로도 또한 왕생을 얻는다고 《대법고경(大法鼓經)》에는 나온다.

잘 믿어야만 되지 않겠는가. 이미 목숨을 마친 후에도 한 시간 정도는 사자의 귀에 들리도록 염불을 계속하라. 겉으로는 죽은 듯이 보여도 당사자의 내면 깊은 곳에는 아주 작은 식(인식하는 마음)이 남아 있다. 또한 사자의 영혼이 가지 않고 사해(死骸) 옆에 있을 때에는 염불의 연에 맡김으로써, 가령 악도에 떨어져야만 하는 사람이라도 그대로 정토에 왕생하는 것이다.

⑦ 이미 숨이 끊어진 후에는 우선 밀교 수법의 하나인 광명진언을 송하고, 기도한 백토(白砂)를 죽은 자의 입속에 넣어서 사해(死骸)를 조금이라도

움직이게 해서는 안 된다.(토사는 아주 적은 네다섯 알을 입속에 넣으면 사체는 움직이지 않게 되고, 줄어든다거나 경직되는 일이 없이 관에 넣을 수 있다. 하물며 후세에 나쁜 경계에 떨어지지 않는다고 하니, 그 공덕은 불가사의하다고 말하지 않을 수 없다.) 다음으로 부처님 앞을 병풍, 미닫이 또는 막 등으로 가려서 사해(死骸)의 부정한 것으로부터 막는다. 요즈음은 사해(死骸)를 부처님 앞에 올리는 공양물과 같이 취급하니 크게 잘못된 것이다. 다음으로 사해(死骸) 곁에서는 향을 피우지 않고 하루 낮 하루 밤 정도 그대로의 상태로 두어야 한다. 또는 24시간(이틀)이라고 하는 설도 있으나 그때의 상황에 따르도록 한다. 다만, 사자(死者)의 의복은 얇게 해서 온기가 없어지도록 배려하고, 때때로 주의해서 사체의 상태를 살펴야 한다. 기가 빠지지 않은 동안은 제8식(아뢰야식 : 인간 존재의 근저를 이루는 의식)이 아직 체내에 있으므로, 만약 그 신체를 상하게 하면 살생행위가 된다.

즉 어버이라면 어버이를 살해하는 죄가 되므로 크게 삼가야 한다. 하물며 분명하게 의식이 있을 때에는 간병인 등이 환자에게 강하게 접촉하거나, 끌어 일으키거나, 구부리는 등의 행위는 말할 것도 없다. 단말마(斷末魔)라고 하는 바람(죽음에 임해 부는 바람)이 몸속에서 일어날 때에는 뼈와 살이 분리된다. 이 죽을 때의 고통을 비교한다면, 가령 손끝이라 해도 몸에 강하게 접촉하면 큰 바위를 놓은 것과 같이 느껴지는 것이다. 환자는 힘이 약해져 있으므로 겉으로 보기에는 잘 모르지만 내면의 고통은 말로 다 할 수 없을 정도이다. 아아, 일생 동안의 친절이라고 한다면 이때에 한해서이다. 선지식이나 간병인이라 하여도 제발 대자비심, 측은한 마음을 다해서 조금이라도 소홀하게 하는 일이 있어서는 안 된다. 또한 임종시에는 목이나 입술이 마르므로 기도한 토사(土砂)를 깨끗한 물에 섞어 그 위쪽의 물을 종이에 묻혀서 때때로 조금씩 환자의 목과 입술을 적시도록 하라. 요즈음 사람들 가운데는 곧잘 '말기의 물'이라고 칭해서 공덕도 없는 물을 사용하고, 게다가 이것은 아무개의 물이라고 하는 등 각각 자신의 이름을 붙여 거칠게 다량의 물을 주입시키는 사람이 있다고 하는데, 실제로 이것은 천마의 소행이며 윤회를 끊는 일이 전혀 될 수 없다고 한다. 무서운 일이며 더욱 삼가야만 한다.

또한 사람을 집 밖에 배치해서 방문객을 응대하고 돌아가도록 해야 한다. 슬퍼하거나 슬퍼하지 않거나 간에, 예의라고 해서 친한 사람과 잘 모르는 사람이 다수 모여 오면 환자의 마음은 산란해지고 왕생을 방해하는 것이 된다. 옛날 덕있는 분들은 일반적으로 환자는 불상 이외의 것을 보지 못하게 하며 독경이나 염불 이외의 음성을 듣게 해서는 안 된다고 하여 깊이 경계하였으며, 결코 이것을 등한시해서는 안 된다. 이상의 주의할 것에 대해서도 만일 위급한 병이나 갑작스런 죽음과 같은 경우에는 자운 대사의 『임종약식(臨終略式)』에 따르라. 책머리에 기술한 대로이다.

지사기(知死期 : 음양도에서 달의 출입과 조수간만의 시각으로부터 예지되는 사람이 죽는 시각)

상순(上旬 : 전반의 10일)
一二九十 子(한밤중의 12시경), 午(한낮의 12시), 卯(오전 6시경), 酉(오후 6시경)
三四五 丑(오전 2시경), 未(오후 2시경), 辰(오전 8시경), 戌(오후 8시경)
六七八 寅(오전 4시경), 申(오후 4시경), 巳(오전 10시경), 亥(오후 10시경)

중순(中旬 : 중반의 10일)
一二九十　丑(오전 2시경), 未(오후 2시경), 辰(오전 8시경), 戌(오후 8시경)
三四五　寅(오전 4시경), 申(오후 4시경), 巳(오전 10시경), 亥(오후 10시경)
六七八　子(한밤중의 12시경), 午(한낮의 12시), 卯(오전 6시경), 酉(오후 6시경)

하순(下旬 : 후반의 10일)
一二九十　寅(오전 4시경), 申(오후 4시경), 巳(오전 10시경), 亥(오후 10시경)
三四五　子(한밤중의 12시경), 午(한낮의 12시), 卯(오전 6시경), 酉(오후 6시경)
六七八　丑(오전 2시경), 未(오후 2시경), 辰(오전 8시경), 戌(오후 8시경)

지사기에 이를 때마다 선지식, 간병인 등은 특히 환자의 용태에 대하여 주의하지 않으면 안 된다. 대부분 숨이 끊어지고 목숨이 다하는 것은 이 시기에 해당한다. 또한 때때로 이 시기에 관계하지 않는 것도 있다. 그러한 까닭에 임종은 머리카락을 끊는 것과 같은 순식간의 일과 같다고 한다. 결코 마음을 놓아서는 안 된다. 자세한 것은 위에서 기술한 것과 같으므로 잘 판단해야 한다.

불조(佛祖)의 요어(要語)
●환자의 마음가짐
부처님이 입멸하실 때 이렇게 이르셨다. 마땅히 알아라, 세상은 모두 무상하다. 만나는 자와는 반드시 이별한다. 근심과 번뇌를 품지 마라. 세상은 이와 같다. 마땅히 수행 정진하여 일찍이 해탈을 구하라. 지혜의 밝음으로 모든 어리석음을 멸하라. 세상은 모두 위험하다. 강건한 자는 없다. 우리가 지금 멸하는 것은 악병을 없애는 것과 같다. 이것은 정녕 버려야 한다. 죄악의 근본, 이것을 임시로 이름 붙여 몸이라고 한다. 생로병사의 대해에 빠진다. 다만 지혜 있는 자는 이를 제멸할 수 있으니 원수나 적을 멸하는 것과 같으며, 나아가 환희를 얻게 된다.

수수(守遂) 법사가 이르셨다. 몸은 고통의 근본이며, 모든 고통이 다가오는 곳이다. 사람들은 이유도 없이 이 세상에 집착해서 정말로 세간을 떠나는 경지를 구하려고 하지 않는다. 부처님은 생과 사가 모두 헛된 것이라고 하는 것을 잘 아시며, 생사의 무상함을 보여 주셔서 사람들을 감화시킨다.

운서(雲棲) 선사가 이르셨다. 몸이 건강한 것을 생각하면 기뻐서 이것을 싫어할 수 없다. 그러한 까닭에 생을 탐한다. 몸이 쇠약해져 가는 것을 보면 슬퍼서 기쁨이 없다. 그러한 까닭에 죽음을 두려워한다. 이것은 어리석은 증거로, 지혜로운 자는 그 반대이다.

영관(永觀) 율사가 이르셨다. 병은 선지식이다. 그 까닭은 우리는 병고를 얻음으로써 나아가 일체의 사물에 몰두하게 되기 때문이다.

운서 선사가 이르셨다. 병은 사람들의 좋은 약이다. 나는 큰 병에 걸려 죽음에 이르렀던 적이 세 번이나 된다. 그때마다 자신의 잘못을 참회하는 마음을 일으켜, 오늘날까지도 참으로 정진하는 것에 몰두하게 되었다.

천관(千觀) 법사가 이르셨다. 임종의 삼애는 미리 주의해야 한다. 즉 반드시 죽는다는 생각을 가지게 되면 사랑하는 처자 등에 대해서 깊은 애착심을 갖기 마련이다. 이것을 경계애(境界愛)라고 하여 제1로 한다. 다음에 심신이 점차로 쇠약해져서 목숨이 참으로 위급한 상태가 되었을 때, 앞의 처자 등에 대한 사랑하는 마음을 버리고 그저 자신의 육체를 사랑하고 스스로의 신명을 아낀다. 이것을 자체애(自體愛)라고 하여 제2로 한다. 그 다음에 바야흐로 목숨을 마칠 때, 중유(中有 : 사람이 죽어서 다음 생을 받기까지의 사이)의 모습이 눈앞에 나타는 것을 보고 미래에 태어날 곳에 대하여 애착심을 불러일으킨다. 이것을 당생애(當生愛)라고 하여 제3이라고 한다. 평소에 오욕(五欲 : 재욕, 색욕, 음식욕, 명예욕, 수면욕)에 집착하고, 몸과 목숨을 깊이 아끼는 사람은 임종시에 반드시 이 삼종의 애착심을 일으킨다. 만일 모든 현상이 무상한 것을 알아차리고 항상 자기 몸을 싫어한다면 반드시 삼애를 일으키지 않을 것이다. 가령, 일어난다고 해도 사랑하고 집착함[愛執]은 훨씬 가벼운 것이 된다. 따라서 이러한 것은 항상 주의해야 한다.

성광(聖光) 스님이 또한 이르셨다. 대부분 왕생을 원하는 사람은 항상 오로지 애집(愛執)을 싫어하고, 가능한 한 집착하는 마음을 여의려고 하기 마련이다. 그렇지 않으면 임종시에 삼애를 일으켜 세 가지 고통을 받는다.

첫째는 전도고(顚倒苦), 둘째는 착란고(錯亂苦), 셋째는 실념고(失念苦)이다. 이렇게 말하는 삼애(三愛)의 첫째는 경계애이다. 즉 처자, 권속, 재보, 집 등 모든 경계에 애착심을 가져서 떠날 수 없다. 가령, 쇠로 만든 끈으로 몸을 묶으면 풀 수도 자를 수도 없는 것과 같다. 둘째는 자체애이다. 즉 복이 있는 사람은 복을 좋아하고, 관직에 있는 사람은 관직을 좋아하고, 재능이 있는 사람은 재능을 사랑하는 등 모두 자기 몸에 대하여 애집(愛執)을 일으켜 악도에 떨어진다. 예를 들면, 돌을 안고 깊은 못에 들어가는 것과 같다. 셋째는 당생애이다. 즉 여성은 미래의 여신(女身)을 사랑하고 황후·황비가 되는 것을 원하고, 남성은 미래의 남신(男身)을 좋아하여 국왕・대신을 원하는 등 모두 현재 행위의 과보로써 미래의 모습에 애착심을 일으키고 정토왕생의 발원을 끊는다. 그것은 감옥에서 나온 자가 다시 감옥으로 들어가기를 바라는 것과 같은 것이니, 참으로 슬픈 일이다.

법연(法然) 스님이 또한 이르셨다. 삼종의 애심이 일어날 때는 마의 연[魔緣]이 움직여 정념을 잃는다. 이 애심은 선지식의 힘만으로는 제거하기가 어렵다. 아미타불의 힘에 의해서 제거하도록 하라. 제사업계(諸邪業繫), 무능의자(無能礙者)의 말씀을 미덥게 생각하고, 이제 한 번이라도 염불 하여 임종시에는 아미타불의 내영을 받아 삼종의 애심을 제거하고 정념을 가다듬어 극락에 왕생하고 싶다고 염원해야만 한다.

해탈(解脫) 정애(貞慶)스님이 이르셨다. 세간을 벗어나는 것에 세 가지 장애가 있다. 하나는 몸에 익숙하여 벗어날 수 없는 애장품이니 경문(經文)이나 본존에 이르기까지가 그것이다. 둘은 일신을 아끼는 것이요, 셋은 선지식의 가르침에 따르지 않는 것이 그것이다.

아연(然阿) 양충(良忠) 스님이 이르기를, 선지식을 만나는 것은 큰 인연이라고 하였다. 그러한 까닭에 환자는 선지식을 부처님과 같이 생각하고 그 가르침에 따라야 한다. 또한 선지식은 환자를 자기 자식과 같이 생각하여 자비롭고 연민한 마음으로 병구완에 힘써야 한다.

어떤 사람이 말하기를, 환자가 간병인의 말을 듣지 않고 간병인도 또한 환자의 뜻에 따르지 않는다면 이 모두가 길라죄(吉羅罪, 돌길라죄突吉羅罪라고도 하며 가장 가벼운 죄)가 된다고 『비니모론(毘尼母論)』에 설해져 있다. 삼가야 하지 않겠는가.

어떤 사람이 말하기를, 행기 대사(行基大士)는 정토가 아니라면 뜻에 따를 사람이 없다, 운운 하였다. 환자는 질병에 걸렸을 때부터 이 뜻을 명심하고, 간병 등에 대해서 조금도 불만을 품어서는 안 된다. 내 몸조차도 생각대로 되지 않는데, 하물며 다른 사람이 생각대로 되지 않는 것은 당연하다고 생각한다. 또한 허무하게 들판에 버려져야 할 이 부정한 몸을 동행의 인연으로 이와 같이 간병해 주고 이것저것 돌봄을 받는 것은 대단히 고맙고 과분한 배려라고 생각하여 기쁜 표정을 나타내고 감사한 마음을 전하도록 한다. 간병인 등이 이것을 들었을 때에는 마음이 기뻐서 반드시 수고로움을 잊을 것이다. 이것은 환자가 미리 미리 마음에 새겨 둘 것이다.

또한 말하였다. 어떠한 어려운 장소에서 어떠한 난병에 걸려 어떠한 죽음의 모습을 취한다고 하여도 그것을 한스럽다거나 증오하여 망념을 일으키는 일이 있어서는 안 된다. 현재의 과보는 모두 숙업(宿業 : 현세의 과보의 원인인 전세의 행위)에서 오는 것이다. 대부분 사람들의 숙업은 헤아릴 수 없는 것으로, 죽음의 인연도 또한 하나가 아니다. 가령 칼에 잘리며, 화살에 맞고, 불에 타며, 물에 빠지고, 또는 중병에 쓰러져 늘 생각했던 대로 되지 않으며, 대소변에 뒤범벅이 되어 죽는다 하더라도 그저 일념으로 염불한다면 의심할 여지없이 정토에 왕생한다고 마음을 다잡아야 한다. 나는 어디에서 어떻게 죽고 싶다고 생각했는데, 하는 등의 망념을 결코 일으켜서는 안 된다.

또한 말하기를, 더할 나위 없이 열이 나는 병이라고 해도 팔열지옥(열에 의해 고통을 받는 여덟 가지 종류의 지옥)의 고통을 상상하고, 더할 나위 없이 추운 병이라고 해도 팔한지옥(추위와 얼음으로 고통 받는 여덟 가지 종류의 지옥)의 고통을 상상하고, 또한 고통을 참기 힘들고 사람을 원망하게 되더라도 마침내는 악도를 싫어하고 극락을 원해야 한다. 극락에는 영구히 삼도팔난(지옥·아귀·축생의 삼악과 여덟 가지의 재난)의 두려움이 없으며, 사고팔고(생·로·병·사의 네 가지 고통에 사고를 더한 인생의 고통의 총칭)의 근심도 없다. 왜냐 하면 오로지 즐거움만을 받는 곳이기 때문이다.

어떤 사람이 말하였다. 법연 화상이 이르기를 "한량없이 먼 과거로부터 몇 번이라고 할 것도 없이 지옥·아귀의 큰 고통조차도 전세의 행위에 의한 과보로서 참고 견디어 왔으므로, 이번에 긴 기간의 육도윤회(지옥·아귀·축생·수라·인간·천상의 여섯 가지 미혹한 세계를 반복하여 태어나 죽음에 이른다.)에서 해탈하여 극락세계에 태어나기 위해서는 어떠한 대병고(大病苦)와 대사고(大死苦)를 받는다 해도 결코 염불을 소홀히 해서는 안 된다. 병고는 모두 전세의 행위의 과보이다. 이 과보에 이끌려서 염불을 게을리 한다면 그것은 참으로 얕은 신심이라고 말하지 않을 수 없다."고 하였다.

어떤 사람이 말하였다. 무사는 허망한 세간의 명리를 위한 것이라고 할지라도 적진을 향하여 한눈팔지 않고 돌진하여 화려하게 물리치고 죽어간다. 정토에 태어나는 것은 오랜 기간 번뇌의 대적을 무찔러 물리치고, 마군(魔軍)을 벗어나 생사의 미혹함을 여의려고 하는 일대사로, 결코 마음이 약해서는 이룰 수 없는 것이다. 그저 한결같이 마음을 부처님의 상호에 집중하고 한눈팔지 말며, 마침내 입으로 염불을 끊이지 않게 하고 필사(必死)를 원하여 목숨을 돌아보지 않음을 왕생의 대용력(大勇力)이라고 한다. 눈으로는 부처님의 상호 이외에는 보아서는 안 되고, 입으로는 부처님의 명호인 나무아미타불 이외에는 읊조리지 않는다. 즉 왕생을 위한 것 이외에는 모든 것을 잊어야만 한다.

또한 말하였다. 가령, 평소의 행함이나 원력이 약하였다고 해도 임종에 있어서 용맹하다면 일편의 염불로도 상품(최상)의 극락에 왕생한다고 선도의 『관무량수경소』에 기록되어 있다. 결코 기를 약하게 가져서 하품세계를 원해서는 안 된다.

또한 말하였다. 환자에게 때때로 종을 쳐서 들려 주면 멍하니 있을 때에 기운을 차리는 데에도 좋다. 그 소리를 들을 때마다 반드시 염불을 할 수 있을 것이다.

어떤 사람이 말하였다. 환자가 염불을 잊었을 때 누군가가 염불을 권한다면 고맙게 생각하고 염불을 해야 한다. 또한 잊지 않았더라도 어떤 사람한테서 염불을 권유받으면 더욱 고마운 것이라고 생각해야 한다. 자신은 잊지 않고 염불을 하고 있었다고 생각하면 화가 나기 때문이다. 잊지 않고 있거늘 권유를 받는 것은 부처님의 자비로운 보살핌을 얻는 것이라는 마음가짐으로 더욱 신심을 굳게 해야 한다.

적원방(寂願房)이 병이 났을 때 말하기를, 이전에는 후세의 것을 이것저

것 생각해서 배우기도 하였으나 이제 이렇게 병상의 몸이 되니 다른 생각이 없이 일념으로 염불해서 빨리 왕생하고 싶다는 생각뿐이라고 하였다.

현성방(顯性房)이 이르기를, 죽음을 재촉하는 마음가짐은 후세(후세에 극락에 태어나는 것)의 으뜸가는 도움이라고 하였다.

어떤 사람이 말하기를, 죽는 것은 마음대로 되지 않으니 그저 태어나는 것만을 생각하라고 하였다.

어떤 사람이 임종시에 다시금 간병인 선지식에게 약속하여 이르기를 "나는 염불을 쉬지 않고 계속해서 왕생하고 싶다고 원하고 있다. 그저 두려운 것은 퇴굴심이 일어나는 것이다. 그러므로 이제 하나의 방편을 세웠다. 즉 내 마음이 염불을 해야 한다는 쪽으로 기울여지면 나무아미타라고 할 터이니 여러분들도 이것을 도와서 나무아미타라고 대답해 주십시오. 이렇게 하는 사이에 내가 퇴굴심이 있어났을 때에는 불(佛)이라고 덧붙일 것이니, 그때는 여러분도 쉬도록 하십시오. 만일 나의 염불이 조금이라도 끊어지는 일이 있을 때에는 여러분들께서 나무아미타라고 염불해 주십시오. 저도 또한 함께 염불하겠습니다. 천 편, 백 편, 내지 열 편, 다섯 편, 세 편이라도 불(佛)이라고 덧붙여 주실 때 숫자가 모자라거나 없거나, 행이 많거나 적거나를 묻지 않고 반드시 멈추도록 해 주십시오. 또한 막혀서 염불이 잘 되지 않을 때나, 바야흐로 목숨을 마치려고 할 때, 그리고 나의 염불 소리가 이미 그친 후에도 여러분은 같은 소리로 한결같이 나를 위해서 염불을 거들어서 왕생하도록 하여 주십시오."라고 하였다. 과연 그 사람이 목숨을 마치는 모습은 훌륭한 것이었다.

　법연 스님이 이르셨다. 염불은 자신이 행하는 것이고, 왕생은 아미타부처님이 행하시는 것이다. 왕생은 부처님의 재량에 의해서 이루어 주시는 것이므로, 이것저것 스스로 이루려고 생각할 것이 아니다. 그저 해야 할 것은 염불하고 칭명(稱名)한 후 내영(불·보살이 맞이하러 오는 것)을 기다리는 것이다.
　"새벽을 기다리는 상인은 닭의 울음소리에 놀라 크게 기뻐하며, 정토를 구하는 행인(行人)은 병환을 얻어 그저 즐긴다."(原漢文)
　극락은 매일매일 가깝게 다가오니 이 얼마나 아름다운 노년의 꿈인가.

　●간병의 마음가짐
　어떤 사람이 말하였다. 병을 치료하려고 할 때는 방편을 잘 알아야 한다. 부정하게 몸을 두는 경우에도 싫어해서는 안 된다. 병이 중한가 가벼운가, 음식과 약이 독이 되는가 아닌가를 충분하게 분별해야만 한다. 만약 병상이 악화되었을 때 환자가 음식과 약을 찾을 때에는 방편을 잘 써서 말하여 납득시켜야 한다. 그냥 없다고만 해서는 안 된다. 그렇게 말하면 얼마간 고통을 더하게 될 것이다. 그저 가르치고 이끌어서 삼보께 귀의시키도록 해야 한다. 또한 환자가 화를 내고, 나쁜 말을 하고, 욕을 퍼부어도 말대꾸를 해서는 안 되며, 무시하는 것도 좋지 않다. 간병한다고 하여 은혜를 재촉해서도 안 된다고 하는 것은 《선생경(善生經)》에서 설하고 있는 그대로이다. 또한 이르기를, 우리들이 공양하기를 원한다면 참으로 환자를 공양하여야만 한다. 나아가서 간병에 임하고, 부처님의 교법에 따라서 환자를 편안하도록 해 준다면 큰 공덕을 얻어 모든 부처님의 칭찬을 받는다고 하는 것은 〈사분율〉에서 설하고 있는 그대로이다. 또한 이르기를, 팔복전 가운데서 간병이 제일 복전이라고 하는데, 이것은 《법망경》에서 설하는 그대로이다. 이와 같이 삼가고 감히 이것을 소홀히 해서는 안 된다.

또한 이르기를, 《증일아함》 가운데 간병의 다섯 가지 실책을 설하고 있다. 첫째는 양약을 분별할 줄 모른다. 둘째는 게을러서 용맹한 마음이 없다. 셋째는 항상 성내는 것을 좋아하고, 또한 잠자기를 좋아한다. 넷째는 한결같이 의식을 얻기 위해서 간병한다. 다섯째는 불법에 바탕을 둔 공양을 하지 않는 것이다. 부디 삼가지 않으면 안 된다.

각반 스님이 이르셨다. 간병인은 만사를 제쳐두고 환자를 측은하게 여겨야 한다. 환자의 습성이란 자칫하면 성내는 마음이 생기기 쉬우나 간병인은 결코 이것을 불만스럽게 생각해서는 안 된다. 한결같이 자비로운 마음을 내어 더욱 환자를 측은하게 여겨야만 한다.

어떤 사람이 말하였다. 간병인은 환자를 간호하고 있을 때 임시로 퇴굴심이 생겼다 하더라도 빨리 왕생시키려는 생각을 해서는 안 된다. 인생의 일대사 장면이므로 언제까지라도 간병에 임하는 것이 당연하다고 자신의 마음에 들려 주며, 또한 환자에 대해서도 위로해 주어야 한다. 만약 빨리 왕생하였으면 하는 생각을 하면 살생의 과보를 느끼는 것이 되므로 삼가지 않으면 안 된다.

연아(然阿) 스님이 이르셨다. 대부분 성의를 가지고 사람의 임종을 돌보는 것은 대단히 중요한 것이다. 조심스러운 마음을 게을리해서는 안 된다. 환자에게 흔히 일어나는 일로 점점 회복을 향하고 있는 듯하다가 죽는 경우도 있으며, 처음부터 마지막까지 고통없이 죽는 사람도 있다. 또한 호흡이 거칠어져서 목숨을 마치는 경우도 있으며, 점차로 호흡이 느려지다가 목숨을 마치는 경우도 있다. 그러므로 일념으로 환자에게서 눈을 떼지 말고 주의 깊게 돌보는 것이 좋다.

그 가운데서도 사후에 좋은 곳에 태어나는 사람은 죽어가는 모습도 좋고, 보고 듣는 것도 확실히 하고 있어서 정념에 숨을 멈추는 것이다. 또한 죽음이 가까워진 사람이 말수가 많아졌다고 해서 설마 죽지는 않을 것이라는 생각을 해서는 안 된다. 자칫하면 이와 같은 것에 속아서 도리어 참된 죽음을 놓치게 되는 일이 많다. 참으로 생사의 고통을 마침과 깨달음에 도달하는 처음이 그저 이 한순간에 있다. 그러므로 "내쉰 숨이 되돌아오지 않으면 후세에 속하며, 일념이 자칫 잘못되면 윤회에 떨어진다."고 말한다. 원하노니, 선지식 및 간병에 임하는 사람들은 대자비의 마음으로 환자를 구호하고, 성의를 다해서 숨이 끊어지는 최후까지 잘 보살펴야 한다.

부록(雜附)

고덕(古德)이 이르셨다. 염불을 닦는 자는 임종시의 세 가지 의심을 미리 마음에 새겨두어야 한다. 즉 나는 태어나서 오늘에 이르기까지 악업을 많이 짓고 수행한 날이 적다. 어쩌면 왕생할 수 없을 것이라고 의심하는 것이 하나이다. 또한 나는 사람에게서 재물을 빌리고 지금까지도 갚지 않았다. 마음에 원하는 것이 있으나 지금까지 성취하지 못하였다. 더하여 탐·진·치의 번뇌는 지금까지 그치지 않는다. 어쩌면 왕생할 수 없을 것이라고 의심하는 것이 두 번째이다. 또한 나는 지금 염불을 하고 있다고는 하여도 지금까지 부처님을 뵌 적이 없다. 어쩌면 부처님의 내영은 허망하다고 의심하는 것이 세 번째이다. 이 세 가지 의심이 방해가 되어 정념을 잃고, 나아가 왕생할 수 없는 것이다. 도대체 《무량수경》에 "목숨을 마칠 때에 임해서 그 사람의 앞에 현전한다면 정각을 얻는다."고 설하고 있으며, 또한 《관무량수경》에 "일심으로 염불한다면 일성에 팔십억 겁 생사의 중죄를 제거한다."고 하는 말씀을 모른단 말인가. 그 위에 염불을 수행하는 자에게 있어서 가장 중요한 것은 미혹함이 없이 부처님의 말씀을 믿는 것이다. 만약 잘 믿는다면 의심의 길은 끊어지고, 반드시 왕생을 얻을 수 있다.

또한 이르셨다. 보통사람은 부처님을 믿고 염불을 닦는다고 하여도 병에 걸려 자리에 누워 고통을 받는다. 이것은 숙업, 즉 과거에 지은 선악의 여러 가지 행위의 결과로서 생기는 것으로, 본래 지옥에 떨어져야 할 몸이지만 염불 공덕에 의해서 중한 과보를 받기 마련인 것이 가벼운 과보로 바뀐 것이므로, 부디 이것을 견디고 더욱더 염불에 힘써야 한다. 또한 병고에 괴로움을 겪더라도 스스로 지금까지의 것이 나빴다고 깨닫고 후회하는 마음을 내어, 이 몸을 싫어하고 정토를 기뻐하는 것이다. 지혜가 없는 사람은 이렇게 큰 이익을 알지 못하므로, 자신은 염불을 닦고 있음에도 불구하고 도리어 병고를 받는다고 말하며, 부처님을 원망하고 불법을 비난한다. 그리고 그 죄에 의해서 왕생을 얻지 못하는 것이다. 이와 같은 것을 사람들은 미리미리 마음에 새겨 두어야 할 것이다.

연아(然阿) 스님이 이르기를, 염불을 닦고 있는 자가 죽을 때 의식불명이 되는 것은 왕생이 정해져 있지 않다고 생각해야 하는가. 이에 선도화상의 제일 높은 제자인 회감 법사(懷感法師)가 『군의론(群疑論)』에서 이르기를, "임종에 임해서 염불한 후에 의식불명이 되어 많은 날이 경과되어도 악심이 일어나지 않으면, 그 이전의 염불공덕에 의해서 왕생할 수 있다."고 설하고 있다. 누가 이것에 대하여 의심을 품을 수 있겠는가.

법연 스님이 이르셨다. 죽을 때(단말마)의 고통이란 팔만의 진로(마음을 피곤하게 하는 마음의 때, 번뇌의 뜻)문에서 헤아릴 수 없는 병이 몸을 둘러싸는 것, 백 내지 천 개의 바늘이나 검으로 몸을 찌르고 자르는 것과 같다. 보고 싶은 것조차 볼 수 없으며, 설근이 움츠러들어 말하고자 하여도 말할 수 없다. 그것은 인간의 여덟 가지 고통 가운데 사고(死苦)에 해당하므로, 본원을 믿고 왕생을 원하는 수행자도 죽음을 피할 수 없는 것이니, 몹시 괴로워하고 기절하지만 숨이 끊어지는 순간에는 아미타불의 힘에 의해서 정념에 머물러 왕생을 이룰 수 있다. 임종은 머리카락을 끊는 정도의 한순간의 것이므로 사람의 지혜로는 미치지 못하며, 보통사람의 임종은 정하기가 어렵다. 그저 부처님과 행자의 마음의 감응에 응해서 알 수 있는 것이다.

어떤 사람이 말하기를, 타인을 비난하고 성실하지 않으며 사람의 마음에 상처를 준다면, 그 과보로서 죽음에 임해서 괴로움을 받는다고 『현수론(顯守論)』에 설하고 있다. 삼가야 하지 않겠는가.

어떤 사람이 이르기를, 대체로 사람의 임종시에는 마연(魔緣 : 악마가 방해하는 것)이 있다고 하는 것을 어떻게 해석하면 좋은가. 이것을 증명하는 경문을 들려 주도록 하라. 대답하여 이르되, 《지장경》 하권의 〈염라왕중찬탄품〉에 "선을 행하는 사람조차도 임종시를 지켜보면 수많은 악도 귀신이와 있으며, 또한 변해서 부모 내지는 모든 권속의 모습을 나타내고, 망인을 이끌어서 악도에 떨어지게 한다. 하물며 본래부터 악을 지은 자야, 운운." 이라고 설하고 있다. 그러므로 옛적에 대화(大和 : 지금의 나라 지방)에 사는 이국인인 효신(堯信)이라고 하는 자가 일러 말하기를, 내 제자 중에 신통력 있는 삼백 남짓한 사람이 있어 사람이 죽는 모습을 엿보고 망자들을 혼란시켜 손상시켰다고 하였다. 이것은 『원형석서(元亨釋書)』 제12권에 보인다. 마음에 새겨서 삼가야 하며, 또한 두려워해야 하지 않겠는가.

각반 스님이 이르셨다. 선지식은 미리 환자에게 말해 주어야 한다. 대부분의 마연은 반드시 사람이 염불하지 않을 때를 노리고 있는 것이다. 즉 마음이 산란해져 있을 때, 목욕하고 있을 때, 어떤 것을 먹고 있을 때, 배가 고파 있을 때, 혼자 있을 때, 사람을 상대하고 있을 때 등이다. 그러므로 이와 같은 때라도 부처님을 멀리하는 일이 없이 열심히 부처님을 생각하라. 또한 잠에서 깨어났을 때에도, 잠자리에 들 적에도 들려 주어야 한다. "이제, 마음을 산란하게 해서는 안 된다."고. 내가 이르노니, 염불을 하면서 일어나고 염불을 하면서 자리에 눕도록 하라.

연아(然阿) 스님이 이르기를, 만약 스스로의 악업이 가져온 장애에 의해서 고통에 쌓이고 광기어린 언동이 있다면 선지식이 행해야 하는 것으로서 "문문부동팔만사(門門不同八万四), 위멸무명과업인(爲滅無明課業因), 이검즉시미타호(利劍卽時彌陀号), 일성칭념죄개제(一聲稱念罪皆除)"의 글을 읽어 주고, 고성으로 염불해야 한다. "중생이 칭념하면 곧 다겁의 죄를 없앤다. 모든 삿되게 얽힌 업이 능히 장애를 일으키지 않으리라."고. 아, 이 얼마나 의지가 되는 일인가.

어떤 사람이 물었다. 임종시에 다른 사람이 환자를 위하여 염불을 한다면 환자가 공덕을 얻는다고 하는 것은 참된 말입니까. 또한 그것을 증명하는 경문에는 어떠한 것이 있습니까. 답하여 이르노니,《지장본원경》하권의〈칭불명호품〉에 "만일 임종에 임하는 일이 있어서 집안의 권속 내지는 한 사람이 환자를 위하여 고성으로 부처의 명호를 염한다면 임종하는 사람은 오종의 무간지옥의 죄를 멸하고, 나머지 업보 등도 모두 소멸할 수가 있다.

이 다섯 가지의 죄가 지극히 중하여서 자칫하면 억 겁을 지나더라도 마침내 구제될 수 없다고 하더라도, 이 목숨을 마칠 때에 다른 사람이 그 사람을 위해서 부처님 명호를 염불하는 것에 힘입어 그 죄가 점차 소멸한다.

하물며 중생이나 본인이 칭명을 한다면 복을 얻는 것이 무량하고, 무량의 죄를 멸할 것이다, 운운."이라고 하였다. 그러므로 옛날 중국에 집유나(集維那)라고 하는 승려가 있었는데, 이 승려는 이렇다할 정도의 정업(淨業 : 정토에 왕생하기 위한 수행)은 없었지만 임종시에 많은 승려가 그를 위하여 염불을 하였으므로 그 공덕에 의해서 곧장 정토에 왕생하였다고 하는 것이『낙방문류(樂邦文類)』제4에 상세하게 기록되어 있다. 구태여 의심을 일으키는 일 없이 일심으로 환자를 위하여 잘 염불하여야 한다.

도작(道綽) 선사가 이르셨다. 도풍(刀風 : 목숨이 마지막에 다다를 때 부는 바람)이 한 번 불면 백 가지 고통이 모인다. 만약 평소부터 준비하는 마음이 없었다면 마음속을 어찌 다 말할 수 있겠는가. 각각 적당하게 동지 셋 내지 다섯 사람으로 미리 말의 요점을 요약해 두고, 임종시에 서로 이야기를 해 주어 알게 하고, 함께 미타의 명호를 외워 안락국(극락)에 왕생할 수 있도록 원하도록 하라. 한 번 정정취(반드시 왕생하는 것이 정해져 있는 위)에 이르면 그 밖에 무엇을 근심하겠는가. 각자 이 큰 이익을 헤아리고 미리미리 충분히 준비하도록 하라.

　법연 스님이 이르셨다. 미리 임종정념을 기도하도록 하라. 평소에 대단한 염불 공덕을 쌓았다고 하여도 임종시에 악연을 만나 악심이 생긴다면 죽은 후에 왕생을 이룰 수 없으며, 한 번도 아니고 두 번이나 거듭 태어나서 생사유전에 괴로워하는 것은 무엇보다도 제일 분하지 않은가. 그러므로 선도화상은 "원제자등(願弟子等), 임명종시(臨命終時), 내지상품왕생(乃至上品往生), 아미타불국(阿彌陀佛國)"이라고 권하지 않았던가. 참으로 임종시의 정념이야말로 기도하고 또 바라야 할 것이다. 임종을 위해 기도하는 것이 미타의 본원을 의지하지 않는 자의 소행이라고 말하는 자는 도대체 선도화상보다도 얼마만큼 수승한 학생이라고 (스스로를) 생각하고 있는 것인가. 매우 천박하고 두려울 따름이다.

　서산(西山) 증공(証空) 스님도 또한 이르셨다. 평소가 임종이므로 굳이 임종정념을 기도할 필요가 없으며, 기원할 만한 것도 아니다. 원래 임종염불조차도 권해서는 안 된다고 하는 이야기가 들리는 것은 두렵고 많이 틀린 견해이다. 그저 일념으로 평소가 임종이라고 인정하고 항상 염불에 힘써야 한다. 날숨 후에 다시 들숨이 있다고 약속된 것도 아니므로 그와 같은 마음으로 힘써야 한다. 결코 확실한 이유도 모르면서 이것저것 말하는 사람들에게 속임을 당해서 선하지 못한 마음을 일으켜서는 안 된다.

　법연 스님이 이르셨다. 무엇보다도 악을 참고 염불 공덕을 쌓아야만 한다. 그 습관이 이전부터 없으면 임종정념도 어렵다. 항상 임종을 생각하는 마음을 갖고, 취침할 적에 열 편의 염불을 하라. 그렇게 하면 자면서도, 깨어서도 염불을 잊지 않는다.

임종용심(臨終用心) 가원(可圓)

① 간병인은 환자의 마음에 어긋나게 해서는 안 된다.

진서(鎭西) 성광(聖光) 스님은 "환자는 선지식을 대하기를 부처님과 같이 생각해야 한다. 또한 간병인은 환자를 하나 밖에 없는 자식과 같이 생각해야 한다."라고 이르고 있다. 선지식이란 승려뿐만 아니라 임종시에 염불을 권유하는 사람을 말한다. 따라서 대개의 경우는 간병인이 곧 선지식이 된다. 대체로 간병인은 큰 자비심을 가지고 병든 사람에 대해서 진실을 다하여야 한다.

간병을 하는 데에는 다음의 다섯 가지 규칙이 있다. 첫째는 더러운 것 등 부정한 물건들을 치우는 것이나 그러한 장소에 있는 것을 싫어해서는 안 된다. 둘째는 환자가 몸에 좋지 않은 것을 원할 때에는 잘 이야기해서 알아듣도록 해야 한다. 그저 없다고만 하면 환자의 고통을 가중시킬 가능성도 있기 때문이다. 셋째는 환자를 일심으로 삼보에 귀의시켜야 한다. 넷째는 가령 환자가 귀에 거슬리는 말을 해도 말대꾸를 해서는 안 된다. 또한 이를 무시해서도 안 된다. 다섯째는 환자의 병환이 길어져도 싫어한다거나 환자가 빨리 죽기를 바라서는 안 된다. 그러한 생각을 내면 그것은 살생죄가 된다. 죽음이란 일생의 이별을 고하는 장면이므로 환자를 소중히 대하여야 한다. 병세가 가벼울 때는 처자권속이 간병을 하는 것이 당연하나, 마침내 임종을 맞이할 때에는 같은 신앙을 가지고 염불동행하는 사람이 간병에 임해야만 한다.

② 환자가 주의해야 할 것.

행기(行基)보살은 "정토 이외에는 마음에 두는 일이 없어야 하며, 성중 이외의 뜻에는 따르지 말라."고 하였다. 대저 환자는 병상에 누운 그날부터 이러한 마음가짐으로 간병 등에 대해서 조금도 불만을 품어서는 안 된다. 내 몸조차도 자신이 마음먹은 대로 되지 않는 것을 하물며 다른 사람이 이 몸을 염려해 줄 수 있겠는가. 보통 때라면 야산에 방치되어질 정도의 이 부정한 몸이지만, 아내이고 자식이며 친구이고 염불 동행자이기 때문에 이렇게까지 간병해 주고 있거늘, 실로 과분한 것이라고 마음속으로부터 감사하고, 말로도 감사를 표하도록 해야 한다. 미리부터 이러한 마음가짐이 되지 않으면 임종에 임해서 불평불만만을 늘어놓고 화를 내어 임종을 방해하는 것이 되기 때문이다. 아기다왕(阿耆多王)의 고사를 교훈으로 삼을 것이다.

③ 술과 고기와 오신채(五辛菜)를 먹은 사람은 임종의 자리에 들어가서는 안 된다.

선도 대사의 저서에 "정념을 잃으면 귀신이 교란하여 환자가 미쳐 죽으며, 지옥·아귀·축생의 삼악도에 떨어진다."[14]고 기술되어 있을 정도이니 이를 두려워하지 않으면 안 된다. 도둑을 이끌 정도라면 가령 내 자식이라도 내쫓아야만 한다. 따라서 이와 같이 천마(天魔)를 끌어 들이는 것이 술과

---

14) 卽失正念 鬼神交亂 病人狂死 墮三惡道.

고기와 오신채이므로, 이것을 입에 댄 사람은 신속하게 내쫓아야만 한다. 다른 사람이 오신채를 먹은 경우조차도 가까이 해서는 안 되므로 죽음이 가까운 환자에게는 결코 이러한 것을 주는 일이 있어서는 안 된다.

④ 임종이 가까운 환자에게는 주원(呪願 : 주술에 의한 발원)이나 위로 등은 도움이 안 된다.

죽음을 눈앞에 둔 환자에게 대해서 "저곳에 기원해 보세요. 이곳에 기원해 보세요. 저런 기도를, 이런 기도를."이라고 권해서는 안 된다. 깨달음이나 왕생을 위해 목숨을 버릴 정도의 각오가 후퇴하는 결과가 되기 때문에 아주 좋지 않은 것이다. 어떤 사람이 임종하기 6일 전에 지금까지 해왔던 염불을 그만두고 말았다고 하는 고사를 교훈삼아야 한다. 또한 죽음을 피할 수 없는 환자를 향해서 "평안한 것이 틀림없다. 안색도, 맥도 좋아졌다."라는 등의 거짓말을 하는 것도 대단히 좋지 않다.

가령, 불이 근처까지 가깝게 다가왔는데도 멀리 있다고 하여 사람을 속이는 것과 같은 이치이다. 그러한 거짓말을 하는 것은 환자가 일생 동안 모은 재산을 한꺼번에 태워버리는 것과 같다. 임종시의 거짓말은 몇 번을 다시 태어나도 괴로운 세계로부터 도망갈 수 없는 근본 원인이 되는 것이므로, 이미 예전부터 거듭 쌓아온 선근(善根 : 좋은 과보를 가져오는 좋은 행위)을 태워버리고 마는 것이다. 무엇보다도 두려워해야 한다. 가령, 세 살이나 다섯 살의 어린 아이가 죽음을 맞이할 경우에도 거짓말을 해서는 안 된다. 여러 가지로 무상(일체의 것은 생멸전변[生滅轉變]하여 항상 머무는 일이 없는 것)한 도리를 들려 주고 예토를 싫어하고 정토를 구하는 마음을 내게 하여, 환자를 정토에 나게 하는 것이야말로 부모 형제의 진정한 의무인 것이다.

⑤ 약은 병을 치료하는 것이므로 목숨을 연장시킬 수는 없다는 것을 알아야 한다.

정토왕생을 원하는 행자라 해도 병은 치료해야만 한다. 이는 임종시의 정념을 얻기 위해 필요하기 때문이다. 다만 인삼 등을 포함한 약은 임종에 방해가 된다. 혹시라도 환자가 연명을 위하여 약을 복용하겠다고 하면 잘 가르쳐 주지 않으면 안 된다. 인간의 목숨은 전세에서부터 정해져 있는데 어떻게 그것을 약의 힘으로 연장시킬 수가 있겠는가.

⑥ 환자는 죽음을 두려워하고 삶을 탐해서는 안 된다.

선도 대사의 저서에 "이 더러운 몸을 버리고 정토에 왕생하는 것이 나의 본래 뜻이다."라고 기술되어 있다. 그러한 까닭에 죽음은 더없이 좋은 것이라고 생각해야 한다. 마치 더러운 의복을 벗고 아름다운 옷으로 갈아입는 것과 같은 것이다. 또한 그것은 나의 혼이 부정한 이 몸에서 벗어나서 삼십이상(부처님 상호의 서른두 가지 성스러운 모습)과 팔십종호(부처님의 몸에 갖추어져 있는 여든 가지의 부차적인 특징)를 나타내거나 신통자재한 아름다운 보살이 되는 것이다. 또한 사람들이 말하기를 "죽음이라고 생각하지 말고 태어나는 것으로 생각하라."고 한다. 하물며 미리부터 기원하고 갈구하던 정토에 왕생하여 생사유전의 뿌리를 끊는 것은 유쾌한 일이 아니겠는가.

⑦ 말기의 물은 필요하지 않다.

말기의 물이라고 하는 것은 불전에는 없는 것이다. 평소 건강할 때에도 많은 물을 덮어쓰면 숨쉬기가 괴롭다. 임종시 심신이 쇠약해졌을 때에 고문하는 것과 같이 환자의 입에 물을 넣어 준다면 고통이 있는 환자에게는 더욱 고통을 가중시키는 것이며, 고통이 없는 환자에게도 고통을 일으키게 된다. 하물며 이는 누구누구의 물이라고 하여 환자에게 친한 사람의 이름을 들려 준다면, 보통 때라도 이 세상에 대한 생각이 남아서 미련이 생기게 마련인데 거기에 한층 더 마음을 어지럽히는 것에 틀림없다. 이와 같은 번거로움은 모두 천마의 심부름을 하는 것과 같다.

⑧ 귀나 입에 큰 소리로 염불을 들려 주어서는 안 된다.

평소 건강할 때조차도 갑자기 큰소리를 들으면 놀라서 심장이 두근두근한다. 하물며 임종을 맞이한 환자가 큰소리를 듣는 것은 뇌성벽력을 듣는 것과 같다. 그 소리는 귀를 울리고 고통은 참기 어려운 것이 되므로, 그것도 또한 천마가 행하는 짓과 같다.

⑨ 눈을 만지거나 베개를 치워서는 안 된다.

사후에 보기 싫다고 해서 일념으로 눈꺼풀을 덮으려고 하는 사람이 있는데 이는 아주 좋지 않다. 임종시에는 몸 위에 쌀 한 알 정도의 작은 물건을 놓아도 그 무게는 큰 바위와 같다. 사후에 보기 나쁜 것은 죽는 사람에게 해로운 것이 아니지만, 임종의 고통은 매우 해로운 것이다. 또한 베개를 치우면 빨리 숨을 끊게 하는 것이다. 길게 고통을 받게 하는 것보다는 빨리 숨을 거두게 하는 것이 좋다고 생각하여 베개를 치우지만, 그것은 매우 어리석은 생각이다. 가령, 뜸을 작게 하여 백 번을 뜨는 것을 보고 긴 시간 뜨겁게 하는 것이 좋지는 않을까 생각해서 열 번 스무 번 한꺼번에 뜸을 뜬다면 도대체 어떻게 되겠는가.

⑩ 아직 숨이 끊어지지 않았는데 눈물을 흘리고 소리 높여 통곡해서는 안 된다.

죽어가는 환자를 소중하게 생각한다면 우는 것, 말을 건네는 것, 집의 재산에 관한 이야기, 육친 등 사랑하는 사람이 가까이 하는 것, 미워하는 자를 환자의 앞에 있게 하는 것, 망자의 기분을 상하게 하는 것 등 어느 것 하나도 해서는 안 된다. 고사에 있는 것과 같이 오계(불살생·불투도·불사음·불망어·불음주)를 지킨 우바새(재가의 남자신도)의 이야기나 아기다왕(阿耆多王)의 인연을 교훈 삼아야 한다. 환자에게는 부처님 이외에는 보게 해서는 안 되고, 염불 이외의 것을 들려 주어서는 안 된다.

⑪ 목숨이 끊어질 때에 바른 염불을 권하는 것.

지금 이때가 마지막이라고 판단되면 그 자리에 많은 사람을 참석하게 해서는 안 된다. 사람의 수는 세 사람으로 한한다. 그 가운데 한 사람은 염불하고, 한 사람은 간병하며, 또 한 사람은 교대로 잡무를 처리한다. 염불하는 사람은 조용히 종을 치고, 그 소리는 너무 높지도 너무 낮지도 않게 하여 환자의 귀에 들릴 정도로 한다. 또한 너무 빠르지 않게 하여 환자의 호흡에 맞추어 염불해야 한다. 간병에 임하는 사람은 부처님께 향과 등촉 올리는 일을 소란하게 해서는 안 된다. 또한 지금이 임종시이므로 일생일대의 중요한 때가 왔다고 환자에게 말을 해서도 안 된다. 그저 조용히 염불한다. 혹시 환자가 부처님을 예배하고 싶다고 하면 바라는 대로 하게 한다. 그 외에 향·꽃·등불·아미타여래의 손과 환자를 이어 주는 오색실이나, 병상에서 머리를 북으로 하고 얼굴을 서쪽으로 향하게(北頭面西)하는 것 등 그 어느 것도 환자가 원하면 그렇게 하게 한다.

⑫ 유체를 북두면서(頭北面西) 한다거나 손과 발을 구부리게 하는 등의 행위

는 필요하지 않다.

환자의 머리를 북으로 하고 얼굴을 서쪽으로 향하게(北頭面西) 하는 것은 염불 수행을 하는 사람에게는 평상시의 마음가짐이지만, 유체를 그와 같이 한다고 해서 무슨 이로움이 있겠는가. 영혼이 떠난 후에 오색실을 걸어주는 형식을 취하는 수도 있는데, 그것은 마치 도둑을 맞은 뒤에 집의 문을 닫는 것과 같으므로 별 의미가 없다. 또한 염주를 쥐게 하는 것도 본래 염주는 염불의 수를 세는 도구이므로 유체가 취하도록 한들 무슨 공덕이 있겠는가. 유체를 입관할 때도 불편하다고 하여 유체에 온기가 있을 때 손과 발을 구부리는 것은 좋지 않다. 육식(눈·귀·코·혀·몸·뜻의 여섯 가지 인식의 움직임)이 없어져도 팔식(인간존재의 근저를 이루는 의식)은 존재한다. 그러므로 그 신체를 움직이는 것은 살생의 행위를 범하는 것이다. 만일 부모에 대하여 그렇게 하면 오역죄가 될 정도이니 신중하게 행해야 한다.

⑬ 장례는 급하게 하지 말 것.

사자를 묻는 것은 정식으로는 48시간(이틀)이 경과한 후에 행하는 것으로, 아직 신체의 온기가 남아 있는 동안에 입관하는 것은 좋지 않다. 신체가 따뜻한 동안에는 명근(命根)이 다하지 않은 것이므로 적어도 하루는 기다려야 한다. 가령 하루가 지났어도 신체에 온기가 있는 동안은 장례를 지내서는 안 된다. 간혹 전기에서 보면 예부터 따뜻한 곳에서 장례를 지내지 않고 있었더니 3일 내지 5일이 지나고서 망자가 소생하였다고 하는 경우가 적지 않다. 유족은 망자의 옆에 모여서 오로지 염불하고, 유체가 싸늘해지고 굳어지는 것을 기다려 장례에 임해야 한다.

제2절 진언계

일기대요비밀집(一期大要秘密集) 각반(覺鑁)

중요한 부분은 밀교경전에 의하며, 스승으로부터 구전으로 전해진다.

깊이 생각해보니 태어나서 죽기까지의 일생 가운데서 가장 중요한 것은 최후의 임종시의 마음가짐이다. 구품(九品)의 어딘가에 왕생하는 것, 그리고 왕생자체 그 모두가 임종의 정념(正念)에 의한다. 성불을 구하려고 한다면 참으로 이 임종시의 마음가짐을 몸에 지니지 않으면 안 된다.

생사의 고뇌를 여의고 깨달음의 세계에 이르는 것은 임종의 순간이다.

여기에 밀교경전의 중요한 부분을 아홉 종류의 마음가짐으로 모아서 극악한 죄를 털어내고, 정토의 연화대를 눈앞에 해야 하지 않겠는가.

밀교에 의한 최후 임종의 규칙을 따르면 파계한 승니도 반드시 왕생할 수 있다고 한다. 죄를 지어온 남녀도 반드시 극락에 왕생한다. 하물며 지혜가 있고, 계를 지키는 사람들이나 선남선녀는 말할 것도 없다.

이것은 곧 진언밀교의 심오한 뜻의 극치이다. 깊이 믿고 의심하지 않도록 하라.

① 신명(身命)을 아끼는 마음가짐
병환에 임해서 항상 안온하고 왕생을 위한 수행을 쌓도록 주의하라.
② 신명을 아끼지 않는 마음가짐
임종이 가까운 것이 확실해지면 몸을 버리고 나아가 정진하라.

③ 본주처를 옮기는(머무는 곳을 옮긴다) 마음가짐

번뇌의 세계를 여의고 구품 정토에 들어간다.

④ 본존을 받들고 청하는 마음가짐

제불 앞에서 부처님의 가르침을 듣는다.

⑤ 죄를 참회하는 마음가짐

죄업이 심하여도 참회에 의해서 없어진다.

⑥ 보리심을 일으키는 마음가짐

깨달음의 본체는 원래 개개인에 갖추어져 있다. 발심하면 반드시 성불한다.

⑦ 극락을 관념(觀念)하는 마음가짐

극락은 자기의 주관 가운데서 보는 것으로, 그것은 항상 변화함이 없고, 괴로움이 없는 깨달음의 세계로 들어간다.

⑧ 결정왕생의 마음가짐

내영의 부처님은 어디에서부터 오시는 것일까. 그것은 임종시 최후의 일념에 의해서 나타난다고 한다.

⑨ 사후 추수(追修)의 마음가짐

만약 명계(冥界)에서 헤매고 있는 상이 나타난다면 빨리 추선회향(追善回向)을 하여 미혹한 길에 광명을 비추지 않으면 안 된다.

제1 신명을 아껴야 한다.

목숨을 마칠지 아닐지 아직 확실하지 않은 동안은 조금이라도 신명을 버리려고 해서는 안 된다. 불법에 의지하고 다만 의료를 더하여 건강하게 목숨을 연장하려고 하는 방술을 행한다.

이것은 앞뒤를 생각하지 않고 신체나 생명에 집착하는 것은 아니다. 다만, 진언밀교의 가르침을 지키기 위한 관계를 돈독하게 하기 위함이다.

제2 신명을 아끼지 말아야 한다.

갖가지 추측에 의해서 수명이 확실해진다면 일념으로 불도수행에 전념해야 한다. 만약 병세가 장기간에 걸쳐서 기력이 나날이 쇠약해지고 죽음이 확실해졌다면, 다른 것을 멈추고 오로지 안정되고 안온하며 의심도 없는 느긋한 심경에 젖어야 한다.

경전에서는 "미혹한 세계에 생하는 모든 것은 반드시 죽음을 맞이한다. 수명이 한량없다 해도 반드시 마침이 있다."고 한다.

나날이 쇠약해져 늙은 몸은 하룻밤에 무너진다. 싱싱한 꽃의 빛깔도 예외 없이 시들어지고 만다. 아무리 아까워해도 그대로이지 않다. 나무들도 변해가고, 건강했던 사람의 목숨도 또한 사라져간다. 아무리 그리워해도 돌아오지 않는다.

귀천도 노소도 관계없이 모두 죽어간다. 어제의 가족의 죽음이 오늘은 자신에게 되돌아올지도 모른다. 결코 목숨을 아까워해서는 안 된다. 빨리 불도에 매진하라.

경전에서는 "일체의 현존하는 현상은 꿈과 같은 것이어서 물거품이나 그림자, 안개나 뇌우와 같은 것이다. 참으로 이와 같이 마음으로 진리를 관하고, 깨달음으로 향하라."고 한다.

제3 본주처부터 옮기는 마음가짐.(만일 아직도 출가하지 않았다면 빨리 삭발을 하도록 하라.)

만약 현재 있는 곳에 계속해서 있다고 하면 마음은 어쩌면 이 현세의 생사에 머무르고 말 것이다. 중병이 신체를 괴롭혀서 음식물도 넘길 수 없으며, 약이 효능을 발휘할 수 없다면 임종의 순간은 머지않아 찾아온다. 지금 있는 곳에서부터 무상방(無常房)으로 옮기도록 하라.(만약 무상방이 없는 경우에는 지금 기술한 바와 같이 마음에 새기도록 하라.)

무상방으로 옮기는 것은 미혹하고 더러운 사바세계를 버리고 극락정토에 태어나는 것을 의미한다. 생전에 사용한 애용품을 버리고(가지가지 유언은 미리 건강할 때 마치도록 한다.) 그저 3인 내지 5인의 선지식에게 곁에 있어 주기를 부탁하라.(선지식의 일에 대해서는 후단(後段)에 게재하기로 한다) 재물은 유혹에 약한 독이다. 그것에 취해서 바른 도를 잃어버린다. 명리는 부드러운 사슬과 같은 것으로, 스스로를 삿된 도에 얽매이게 한다. 멋진 궁전은 도리어 불길한 지옥과 같으니, 그것을 깨닫고 빨리 그곳을 빠져나오지 않으면 안 된다. 부자는 거짓 마연(魔緣)이니, 서둘러서 그 사람과 헤어지도록 하라. 석존은 성을 나와 깨닫고 영취산에서 도를 성취하셨으며, 공해(空海)도 마찬가지로 밀교를 깨달은 후에 최상의 산으로 갔다.

거처를 옮기는 마음가짐은 그저 이러한 것에서부터 이야기하는 것이다. 심신의 출가를 임종의 때 이외에 언제 행하려고 하는가. 번뇌가 많은 다른 것을 일체 그치고 마음을 안온하게 머물도록 하라.

제4 본존을 받들고 청하는 것.

『탐현기(探玄記)』에서는 "인도의 경전에 죽음의 각오가 되었다면 얼굴을 서쪽을 향하여 옆으로 눕히고, 앞에는 서쪽을 바라보는 한 분의 불상을 모시고, 한 개의 번을 불상에 걸어서 그 끝을 환자의 손에 쥐어 주도록 하라."고 하는데, 지금은 불상을 동쪽에서 서쪽을 향하도록 하고 손에 오색번을 걸도록 하라.

서쪽을 향하게 하는 것은 인접상(引接相)이고, 동쪽으로 향하게 하는 것은 내영상(來迎相)이다. 어느 쪽을 향하게 하는가는 각자의 마음에 맡겨 두도록 하라. 긴 세월 받들어 온 본존이 어떠한 제불·제보살이라 하여도 오색의 번 또는 오색의 실을 불상의 손가락에 걸고, 방안에 향을 끊임없이 피우도록 하라.(그 향의 연기가 피어오르는 위에 불상이 드러나도록 모신다.)

제5 죄를 참회하는 것.

실범(實範)은 "번뇌는 불도를 수행하는 데 있어서 크나큰 장애가 된다. 긴 세월 쌓은 죄를 참회하도록 하라. 참회의 방법은 여러 가지이니 적당한 것을 행하도록 하라. 혹은 의복 같은 것들은 버리고, 신주(神呪) 등을 외우라. 신주는 전법륜(轉法輪)·소죄(召罪)·최죄(摧罪)·불안(佛眼)·금륜(金輪)·보협(宝篋)·본승(本勝)·광명(光明)·미타(彌陀)·멸죄(滅罪)·정삼업(淨三業) 등의 진언과 예참, 그리고 오십삼불명과 참법 등이다."라고 생각하였다.

환자는 참으로 그 진언의 근본인 아자(阿字)의 도리와 의미를 생각하지 않으면 안 된다. 멸죄를 깊이 믿어 의심해서는 안 된다. 밀교의 가르침에 따라서 사물의 참된 자세를 생각하듯이.(이하 미혹함은 생존하는 까닭에 있으며 미혹함, 번뇌·죄 자체가 진실이라고 하는 것을 말하며, 어느 것이라고 해도 진언 '아(阿)'를 염할 것을 권하고 있다.)

제6 보리심을 일으키도록 하라.

『보리심론(菩提心論)』에서는 "나는 지금 무상정등정각을 구하고 다른 것은 구하지 않는다. 오직 하나를 서원하기 때문에 마궁(魔宮)이 진동한다. 시방의 제불께서 모두 다 확실하게 알도록 하라. 나아가 그 움직임은 셋으로 나뉜다. 제불·제보살은 옛적에 수행을 행할 때에 이러한 마음을 내어서 승의(勝義)와 행원(行願)과 삼마지(三摩地)를 계로 하여 성불할 때까지 한시도 잊어버리지 않았다. 오로지 진언의 밀교에서만 즉신성불하기 위한 삼마지의 법을 설한다. 다른 교에는 기록되어 있지 않다."라고 하였다.

진언의 삼마지에 의해서만이 성불할 수 있다는 것을 마음에 새겨 발보리심의 진언을 매일매일 삼백 편씩 염하도록 하라.(이하 보리심이란 부처를 이루기 위한 위없이 멋진 깨달음을 구해서 불도를 수행하는 것으로, 본래 사람이 갖추고 있는 것이다. 이것은 행원, 승의, 삼마지로 분류된다. 삼마지라고 하는 것은 밀교의 수행법으로, 마음 가운데 일월륜日月輪을 관하도록 하라. 거기에는 심월원만心月圓滿·심월결백心月潔白·심월청정心月淸淨·심월청량心月淸涼·심월명조心月明照·심월독존心月獨尊·심월중도心月中道·심월속질心月速疾·심월순전心月巡轉·심월현전心月現前의 열 가지가 있다. 또한 아자阿字의 열 가지 뜻에 아자평등阿字平等·아자무별阿字無別·아자생사관阿字生死觀·아자본불생阿字本不生·아자무시阿字無始·아자무주阿字無住·아자무량阿字無量·아자무아阿字無我·아자무위阿字無爲·아자무암阿字無闇의 뜻이 있다고 한다.)

제7 극락을 관념하는 것.

정토교에서의 극락은 서방으로 십만억토나 떨어진 정토라고 한다. 그러나 밀교에서의 정토는 시방에 존재하고, 그것들은 모두 하나의 불국토(대일여래의 밀엄국토)이며, 일체의 부처(아미타, 석가 등)는 모두 한 부처(대일여래)

의 몸이라고 한다. 우리들이 사는 이 세계 이외의 또 다른 서방극락을 생각하는 것이 아니다. 또한 대일여래를 떠나서 달리 아미타불이 된다고 하는 것도 아니다. 이러한 것을 관할 때 이 사바세계에 있는 그대로 홀연히 극락에 태어나고, 우리 몸이 아미타불에게 들어가 그대로 대일여래가 된다. 그리고 나의 몸은 그 대일여래로부터 나타난다. 이것을 즉신성불이라고 한다.

제8 결정왕생의 마음가짐.(이 마음가짐이 가장 간절하고 요긴한 것이다. 극악한 사람일지라도 왕생할 수 있다.)

결정왕생이란 마지막 임종시에 가져야 하는 마음이다. 다섯 사람의 선지식을 불러 임종 의궤에 잘 따라야 한다. 특히 바라는 것이 있어서 단좌하는 것도 좋으나, 석존은 머리를 북으로 하고 얼굴을 서쪽을 향해서 열반에 드셨다. 이것을 존중하여야 할 것이다.(사슴이 옆으로 눕듯이 왼쪽 무릎을 조금 구부릴 것) 눈은 본존을 향하여 합장하고, 본존으로부터 이끈 인접(引接)의 오색번을 잡도록 한다. 또한 본존의 인(印 : 본존이 아미타불이라면 아미타의 인)을 맺고 진언염불을 해서 삼밀가지를 게을리하지 않는 것이 반드시 왕생하는 자세이다. 만약 이 위의대로 한다면 어떠한 것이 있더라고 책망받을 일은 없다.

도중에 쓸데없는 잡음이 들어가면 마음이 산란해질 것이다. 선지식은 잡음을 내지 말고 조용히 있어야 한다.(선지식 외에는 같은 방에 있어서는 안 된다. 특히 술과 고기, 오신채를 먹은 사람은 급히 방에서 퇴출하여야 한다.)

나의 경우는 염불이나 본존의 진언을 염한다. 선지식은 소리를 가늘게 하고 그것에 따라서 염불하며, 혹시 틀렸다거나 잊어버린 부분을 알려 주도록 한다. 마음이 어지럽지 않고 진정된 상태에서 왕생하기를 바라고 있다.

한 사람의 선지식은 반드시 고덕의 승려가 필요하며(환자는 덕이 높은 선지식을 관세음보살이라고 생각하도록 한다), 이 선지식은 환자의 서쪽에서 조금 남쪽으로 비켜서 환자의 배꼽 근처에 앉아 눈은 환자의 얼굴 쪽을 잘 보고 자비심으로 지켜보아야 한다. 그리고 병자가 외우는 진언과 같은 진언을 합창한다(만일 환자의 소리가 을乙이라고 하면, 선지식의 소리는 갑甲으로 한다. 독경할 때 사용하는 도구는 평상시부터 준비해서 임종시에 선지식이 볼 수 있도록 한다.)

다른 한 사람의 선지식은(오래 수행한 사람을 채용한다) 환자의 동쪽에서 조금 북쪽으로 비켜서 머리로부터 1미터 가량 떨어져 앉는다. 눈은 환자의 뒤를 향하고, 머리맡에서 부동명왕을 념(念)하고 자구주(慈救呪)를 외워 일체의 마신, 마연을 제거하고, 환자가 삿된 마음이 생기지 않도록 해야 한다.

또 한 사람의 선지식은 환자의 북쪽에서(만일 있는 곳의 형편이 여의치 않은 경우는 적당한 곳으로 옮기도록 한다.) 종을 울린다. 선지식은 환자의 마음에 닿도록 음조를 작게 하거나 크게 하도록 한다.

그 외의 두 사람의 선지식은 그때의 상황에 맞추어 활동하도록 하고, 다만 소리를 맞추어 부처님의 명호를 부를(唱名) 때에는 네 사람 모두 한소리가 되도록 해야 한다. 이것은 네 사람이 사불(四佛)의 삼매에서 환자가 대일여래라고 여기는 임종작법의 의미이다.

만약 병세가 악화되어 명호를 부를 수 없게 된 경우에는 주위의 사람들이 함께 환자를 두북면서(頭北面西)로 누이도록 한다. 또한 긴급한 경우에는 합장시키고 얼굴을 부처님 쪽으로 향하게 하는 것만으로도 좋다.

환자가 주위의 사물을 인식하지 못하게 되고, 표정은 조금 있으나 푹 자고 있는 듯이 보이거나 겨우 조금씩 숨을 쉬어 흡사 죽은 사람같이 보이는 경우, 죽음이 아주 가깝게 와 있는 것이다. 이러한 때에는 환자의 들숨과 날숨을 보고 그것에 맞추어 선지식도 환자와 동시에 호흡해서, 날숨 때마다 염불을 함께 하며 환자의 염불을 도와야 한다.

왕생을 깊이 기원하고 하루, 이틀 내지는 칠일 단위로 하며, 숨이 끊어진다고 하여 환자를 방치하는 일이 있어서는 안 된다.

사람이 죽을 때의 작법은 반드시 날숨에서 종료한다. 이것이 최후라고 생각해서 한 숨 한 숨에 맞추어서 염불을 하도록 한다.

만약 함께 염불할 수 있다면 사중오역(四重五逆)[1]의 죄를 소멸하여, 반드시 극락에 왕생할 수 있다. 왜냐 하면 숨은 생명에 통하고 그 나머지 숨을 남기어 목숨을 마칠 때, 그 숨과 함께 나온 염불이 아미타를 부르고 극락으로의 연을 만들어 주기 때문이다. 염불하면 반드시 극락에 왕생한다고 하는 본원대로, 부처님이 반드시 극락으로 인도하여 주시는 것이다.

또한 다음과 같이 관념하라. 입으로 나·무·아·미·타·불의 여섯 자를 염하는 것은 환자가 호흡하는 숨을 따라서 입으로 나무아미타불이 신체 가운데의 일륜(日輪)의 상을 나타내어, 그것이 육근(안, 이, 비, 설, 신, 의) 각각에 작용하고 나타나서 아름다운 빛을 발하고, 육근 각각이 만들어 가지고 있는 죄를 소멸한다. 이때 환자는 아득히 먼 옛적부터 현재에 이르기까지 계속해온 미혹한 세계를 벗어나서 일륜의 상을 보고 왕생을 얻는다.

경에서는 "오역의 죄인은 만일 선지식과 만날 수 없다면 왕생할 수 없을 것이다."라고 하지만, 임종하는 자가 참으로 정념을 얻을 수 있다면 꼭 선지식이 필요한 것은 아니다. 선지식은 임종자의 틀린 생각을 바른 방향

---

[1] 역자 주 : 四重罪(殺, 盜, 淫, 妄)와 五逆罪(父·母·阿羅漢을 살해하는 죄, 승단의 화합을 깨는 죄, 부처의 신체에 상처를 입히는 죄).

으로 향하게 하고, 그 고통을 덜어 주는 자이다.

제9 사후에 추선을 행할 것.

사후의 추선은 『수호국계다라니경(守護國界陀羅尼經)』 등에서는 사상(死相)에 따라 행하는 것으로 명기되어 있다.

지옥에 떨어진 상(相)이라면 불안(佛眼)·금륜(金輪)·정관음(正觀音)·지장(地藏)의 법을 행하던가, 탱화 또는 불조(造佛)로써 공양을 한다. 그 외에 『이취경(理趣經)』, 『오십삼불명(五十三佛名)』, 『보협(寶篋)』, 『존승(尊勝)』, 『광명진언(光明眞言)』, 『파지옥(破地獄)』, 『보루각(寶樓閣)』, 『화엄경(華嚴經)』 「보살설게품(菩薩說偈品)」, 『법화경(法華經)』 등을 낭송한다.

아귀도에 떨어진 경우에는 보생여래(寶生如來)·허공장(虛空藏)·지장(地藏)·천수관음(千手觀音)·단바라밀보살(檀波羅蜜菩薩)·시아귀(施餓鬼) 등의 법을 닦는다. 그 외에 오십삼불명(五十三佛名) 등의 십감로(十甘露)의 주(呪), 『우보타다라니경(雨寶陀羅尼經)』을 염하고 회향한다.

축생도에 떨어진 경우는 아미타여래(阿彌陀如來)·반야바라밀보살(般若波羅蜜菩薩)·문수사리보살(文殊師利菩薩)·금강등보살(金剛燈菩薩)·마두관음(馬頭觀音)의 법(法)을 닦는다. 그 외에 『오십삼불명(五十三佛名)』, 『광명진언(光明眞言)』, 『이취반야(理趣般若)』, 『반야심경(般若心經)』, 『광찬반야경(光讚般若經)』 등을 염하고 회향한다.

만약 삼악도가 섞여 보인다면 멸죄약취존(滅罪惡趣尊)의 호마비법(護摩秘法)을 쓴다. 죽을 때에는 질병의 고통조차 참을 수 없는데, 하물며 삼악도에 빠지는 고통 등을 어떻게 참을 수 있겠는가. 부디 이러한 것들을 외면하지 말기를 기원한다.

임종자인 나를 구원해 주는 행위는 반드시 앞서 간 나보다는 역으로 그대들과 부처님과의 연을 맺어 주게 될 것이다. 불도를 행하면서 동시에 깨달음의 도를 밝혀야 하지 않겠는가.[2]

효양집(孝養集) 각반(覺鑁)

1) 미리 임종의 준비를 해 둘 것.

① 목숨을 헛되이 버려서는 안 된다. 사람에 따라서는 삼보에 빌거나 의사의 치료를 받는데, 이는 단순히 목숨을 아끼기 때문만은 아니다. 연장된 수명으로 염불의 공덕을 쌓고, 임종시 마음을 안정시키기 위함이다.

② 삼애(三愛 : 세 가지의 애착심으로, 경계애·자체애·당생애)의 경지를 벗어난다.

③ (②를 받아서) 선지식 이외의 사람과는 만나지 않는다.

④ 병이 났을 때부터 자신의 눈에 닿는 범위 내의 살생을 금지시킬 것.

⑤ 공사(公私)의 일은 빨리 마음이 편안한 사람에게 부탁하도록 한다.

2) 임종도량을 설치하는 내용.

① 서쪽으로 해가 드는 곳. 다만 반드시 그렇지는 않아도 괜찮다. 장소에 따라서는 승방, 또는 다른 사람의 집도 괜찮다.

② 그곳에는 깨끗하게 세탁한 새 이불을 깔고, 환자의 괴로운 모습이 보이지 않도록 병풍을 친다.

---

2) 『興教大師全集』下.

③ 환자가 참으로 목숨을 마치려고 할 때에는 환자가 있는 장소에서 단좌하고 바르게 서방을 향하고, 누워있을 때에는 부처님 열반의 자세(頭北面西, 右仰臥)로 한다. 향하는 방향은 환자의 의향에 따른다.

④ 화려한 옷과 가사를 피하고 깨끗한 보통의 것을 사용하도록 한다.

⑤ 목욕 준비를 해 두고 환자가 부탁한 때에 하도록 한다.

⑥ 안치하는 불상은 삼척의 아미타불 입상, 또는 좌상이나 탱화 등을 사용한다. 어떠한 불보살의 상이라도 좋으며, 환자의 기분에 따르도록 한다.

⑦ 환자에게는 경권을 지니게 한다.

⑧ 불상과 환자의 사이는 5~6척 정도로 멀지 않고, 누운 채로 볼 수 있도록 높지 않게 안치한다.

⑨ 부처님의 왼손에 오색번 또는 오색실을 걸치고, 부처님의 오른손 손가락으로부터 왼손을 통하여 그 끝을 환자의 오른손의 중지에 걸친다.

⑩ 오색실의 제작법은 팔십 세 전의 여성에게 정진하도록 하여 깨끗한 장소에서 청마(淸麻)를 만들고 잘 씻어서 성스러운 청·황·적·백·흑의 오색으로 물들이게 하며, 관정을 받은 사람이 있는 곳에서 길이 일장이척(一丈二尺), 폭은 구척(九尺)이 되게 만든다.

⑪ 불상 앞에는 반드시 향·꽃·등을 공양한다. 밤이 되면 환자가 부처님을 잘 볼 수 있도록 하고, 선지식이 환자의 호흡의 들어감과 나감, 얼굴색이 잘 보이도록 부처님 앞과 환자의 앞에 등을 켠다.

⑫ 머리맡에는 종을 하나 둔다. 없을 경우에는 거울이라도 괜찮다.

⑬ 팔걸이·목면(木棉)·손 씻는 종이 등을 둔다.

3) 이상적인 선지식의 모습.

① 선지식(환자의 옆에 있는 사람)의 수는 세 사람 또는 다섯 사람으로 하고, 그 외의 사람은 가까이해서는 안 된다.

② 환자 옆에 있는 사람은 환자에 대하여 애정 어린 마음이 깊은 사람을 쓰도록 한다.

③ 그 가운데 한 사람은 반드시 선지식을 의지하고, 환자의 정면에서 조금 남쪽에 서서 왕생의 기분이 들도록 한다.

④ 그 외의 사람은 진언계의 수행자로, 환자의 조금 동쪽에 위치하여 북쪽으로 치우친 머리맡에서 1~2척 정도 떨어져 일심으로 부동명왕을 염하고 자주구(慈救呪)를 외운다.

⑤ 또 한 사람은 염불자로, 환자의 북쪽에서 쇠를 치고 환자를 위하여 염불한다.

⑥ 또 한 사람은 지경자(持經者)로, 환자가 소강상태를 보일 때나 선지식이 쉬고 있을 때 교대하며 때때로 조용히 경을 읽는다.

⑦ 또 한 사람은 환자의 옆에서 여러 가지의 잡무를 본다.

⑧ 선지식들은 환자를 위하여 열심히 있는 힘을 다하여 큰소리로 염불하도록 한다.

⑨ 만약 한 사람일 경우에는 환자의 앞에서 종을 치고, 두 사람이라면 그 뒤를 따라 나무대성부동명왕이라고 염불한다.

⑩ 임종의 대처 방법을 알지 못하는 사람들이 많을 때에는 가령 승려라고 할지라도 바람직하지 않으며, 마음가짐이 되어 있다면 속인이라도 관계없다.

⑪ 환자에게 마연이 가까워진 모습이 보일 경우에는 서둘러서 진언계의

수행자가 부동명왕의 대위덕의 법을 기도하여, 선지식이 마연을 끊을 수 있도록 『법화경』 등을 읽어 교화한다.

⑫ 임종의 악상이 보일 때에는 음식과 몸에 지닌 의복 등을 보시하고, 신주(神呪) 특히 부동명왕 등의 법을 진언사(眞言師)에게 읽어 달라고 하라. 이는 환자의 뜻에 따라 장소 등을 고려하고, 다른 사람에게 부탁하여 염불하도록 한다.

⑬ 환자에게는 항상 보리심을 가지도록 가르친다.

⑭ 환자가 일찍이 지은 선근을 써서 기록하고, 그 공덕을 읽고 찬탄한다.

4) 환자의 기분에 따라서 격려할 것.

① 환자는 병의 괴로움을 탄식하고 다른 사람을 원망해서는 안 된다.

② 선지식도 환자의 기분을 살피고, 환자의 기분에 따라서 격려하도록 한다.

③ 환자가 어디를 향할 것인가, 어떻게 결인(結印)을 할 것인가, 무엇을 외울 것인가 하는 것은 환자의 마음에 맡긴다.

④ 참으로 임종시에는 "임종입니다."하고 두 번 정도 환자의 귀에 입을 대고 들려 주어 알린다. 들리지 않을 때라도 그 외의 것을 말해서는 안 된다. 그때 몸을 건드리거나 손을 잡고, 환자의 몸을 움직이게 해서는 안 된다.

5) 환자를 괴롭혀서는 안 된다.

① 사원의 승려들이 연민의 마음을 일으켜 순서를 정하고, 병이 든 때부터 간병한다.

② 선지식은 모든 것을 제쳐두고 환자를 친절하게 돌보며, 환자는 선지식을 따라서 마음을 편안하게 갖고 일심으로 염불한다.

③ 여러 가지 마시기 쉽고 약효가 좋은 약이나 좋은 음식을 모아 두고 항상 줄 수 있도록 한다.

④ 간병인 가운데서 특히 게으르고 마음가짐이 나쁜 사람, 술과 고기, 오신채를 먹은 사람은 환자의 옆에 두어서는 안 된다.

⑤ 환자가 술과 고기, 오신채를 부탁하는 때에는 먼저 쉬운 일이라고 대답하고, 그러한 것과 닮은 것을 주며, 후에 환자를 달래면서 술과 고기, 오신채는 임종에는 나쁜 것임을 가르치도록 한다.

⑥ 환자를 집 밖으로 데리고 나가서는 안 된다.

⑦ 선지식은 환자의 소리가 들리는 곳에서 쉬도록 한다.

⑧ 환자를 돌보는 사람은 조금이라도 환자에게서 눈을 떼어서는 안 된다.

⑨ 환자 자신도 비록 병이 들어 괴롭더라도, 이와 같은 악세를 만나 어느덧 병이 들었으나 다행히 임종에 선지식이 함께 있어 주는 것을 감사하고 기뻐해야 한다.

6) 임종의 십념을 이해할 것.

① 평소부터 임종의 십념을 성취하도록 생각해 둘 것.

② 선지식이 나무아미타불이라고 염불하는 소리에 맞추어 환자도 염불할 것.

③ 선지식은 수를 세고 십념째에 종을 치며 "아미타불이 성중과 함께, 바야흐로 임종에 처한 환자 앞에 오셔서 인접해 주십시오."라고 발원한다.

④ 선지식은 환자를 향하여 "이미 십념을 성취하였다. 왕생은 의심할 것

이 없다고 생각하라."고 한다.

⑤ 나아가 선지식은 환자에게 "무엇이 보였습니까."라고 묻고, 환자는 있는 그대로 대답하도록 한다. 대답하는 것에 따라서 선지식은 그에 대처하도록 한다.

7) 최후의 일념으로 왕생한다는 것.

① 바야흐로 임종의 시기는 특히 조용히 하고, 선지식 이외의 사람은 가까이하지 않으며, 다른 소리가 들리게 해서는 안 된다. 환자는 오색실을 손에 걸고, 손에 인(印)을 맺어 정토왕생의 마음을 가진다. 그리고 환자는 부처님의 모습 이외에 다른 것을 보지 않도록하며, 불음(佛音) 이외의 소리를 듣지 않도록 한다.

② 만약 나무아미타불이란 여섯 자를 염할 수가 없을 때에는 아미타의 '아(阿)' 한 마디만을 염한다. 그마저도 염하지 못할 때에는 그저 서방에 부처님이 계신다는 생각을 잊지 않도록 한다.

③ 염송할 것을 준비해 두고 최후 임종의 때라고 여겨질 때는 가까운 사찰에서 독경을 행하도록 한다. 다만, 사찰이 없는 곳에서는 선지식 중의 한 사람이 독경하도록 한다.

④ 맑은 물을 환자 곁에 두고 종이에 물을 적시거나 붓을 사용해서 입술을 적셔 주며, 환자와 소리를 맞추어 항상 십념을 염하도록 한다.

⑤ 환자가 숨을 거둔 후에 선지식은 잠시 조용하게 불안대일(佛眼大日)의 진언을 염불하도록 한다. 그 밖의 사람들은 아미타불의 명호를 외우고, 진언 행자도 부동명왕 · 오슬사마명왕(烏瑟沙摩明王)을 주위에 걸고, 네 시간 내지 여섯 시간 정도 물러나서는 안 된다.(이상으로 임종작법 등의 기술은 마치

고, 아래의 삼절-8), 9), 10)-이 계속된다.)3)

  8) 부처님 내영의 의식.
  9) 정토에 태어나서 즐거움을 받는 것.
  10) 극락에 태어난 후 이 세계에 돌아와서 남아 있는 인연있는 사람들을 비롯하여 모든 사람들을 인도한다는 것.(환상 還相)

임종행의주기(臨終行儀主記) 담수(湛秀)

임종시에 행하는 작법(作法)과 심득(心得 : 임종행의)은 일생 중에서 가장 중요한 일이다. 사후 정토왕생을 원하는 사람은 평소부터 이것을 생각하지 않으면 안 된다.

병에 걸려 죽음이 가까워지면 모든 것이 생각하는 대로 되지 않는다. 모든 중생에게는 죽을 때 단말마(斷末魔)4)라고 하는 고비가 있다. 바야흐로 임종의 시기에 사람의 몸에 있는 말마(末魔 : 사람의 몸에 있는 특별한 급소, 64개소라거나 100개소 혹은 120개소라고도 한다)가 움직이기 시작하여, 마치 칼이 몸에 닿는 듯한 고통이 따르며 마음이 산란해진다.

눈으로는 사물을 바르게 볼 수 없으며, 귀는 소리가 들리지 않게 된다. 손이나 발도 움직일 수 없게 되고 만다. 이때는 정토를 생각한다거나 마음을 평소와 같이 가지는 것이 어렵다. 하물며 심지가 약한 사람은 더욱 심하

---

3) 『續淨土宗全書』「復刻版」, 15.
4) 역자 주 : 범어 marman. 몸에 있는 특수한 급소로서, 이를 건드리면 극통을 일으켜 반드시 죽는다고 한다. 숨이 끊어지는 때의 고통.

다. 또한 임종시에 단말마의 것을 이해해도 소용이 없다.

죽은 후 지옥이나 극락이라고 하는 장소에 가는 것을 결정하는 것은 임종시의 오직 한 마음에 기인한다. 이때 소중한 심지를 잃는다는 것은 지옥에 가까운 것이다.

이상의 것에서부터 아침저녁을 묻지 않고 언제라도 죽음을 마음에 새겨 두지 않으면 안 된다. 일생은 마치 꿈과 같은 것이다. 헛되이 지내서는 안 된다.

1) 서원을 세워야만 한다.

일생에 걸쳐서 세 가지의 서원을 세우지 않으면 안 된다.

첫째는 발보리심원이다. 이 경우 불도에 몸을 맡기는 원이라고 해야 할 것이다(神居). 이 원을 일으킨 자는 도량에서 참배하거나, 승방에서 법을 듣거나, 독경염불을 할 때마다 이 원을 말하지 않으면 안 된다. 현재의 생에 있어서 반드시 올바른 깨달음으로 향하는 마음을 일으키는 것이다.

임종에 임해서 마음을 바르게 하고 싶다고 하는 바람은 현재의 삶 속에서 일관해야 하고, 가령 그것이 최후의 순간이라고 할지라도 바른 깨달음으로 향하는 마음을 일으키면 지옥, 아귀, 축생의 삼도에 떨어진다 해도 그것이 고통이 되지는 않는다.

둘째는 임종시에 나쁜 벗과 멀리하고 선지식(불도를 바르게 이끌어 주는 사람)이 곁에 있어 주기를 원한다.

도선 스님은 "간병인은 환자에게 어긋나지 않도록 하라. 만일 그와 같은 일이 있으면 환자에게 망념이 다투어서 일어나고, 마음이 산란해지고 만다."고 하였다. 또한 성교(聖敎) 가운데 부정취중생(不定聚衆生)에 대해서 "성자를 만나 성스럽게 되며, 삿된 자를 만나 삿되게 된다."고 이르고 있다. 일생의 긴 시간 동안도 그러하므로 임종시는 말할 것도 없다.

셋째는 임종시에 가령 선지식을 만나더라도 많은 고통과 괴로움이 있다면 마음을 안락하게 할 수 없어서 지옥에 떨어지고 만다. 그렇기 때문에 임종미고안주정념(臨終微苦安住正念)의 원(임종시에는 고통이 아주 적고 안온하게 주하며, 마음이 산란하지 않도록 바라는 원)을 일으키면 그것은 반드시 이루어질 수 있다. 『바사론(婆沙論)』에서는 "평소부터 늘 이 생사에 미혹한 몸을 싫어하고, 목숨을 마칠 때에는 고통을 받는 몸으로 홀로 싫어하고 여의는 마음으로 바뀌어 견도(見道)에 든다."고 한다.

한평생 세운 서원은 결코 소용없는 것이 아니다.

2) 병에 걸린 후에는 다른 것을 하지 말고, 오직 공덕을 쌓아야 한다.

횡천(橫川) 원신승도(源信僧都)는 "목숨을 마칠 때에는 불상이 아닌 것은 보아서는 안 된다. 염불이나 독경 이외의 것을 들어서는 안 된다. 왕생에 관한 것 이외에는 말해서는 안 된다."라고 말하고 있다. 이것은 대단히 중요하니 결코 잊어서는 안 된다.

다만, 탕약은 의사의 말대로 처방하고 술과 고기, 오신채에 관한 것은 금한다. 기도를 올리더라도 불교의 공덕을 필요로 한다. 중생의 운명 모든 것에는 수명이 정해져 있다. 기도 등으로 영험을 얻는다고 하면 어찌 죽음이 있겠는가. 만일 기도 등에 의지한다면 오히려 망념을 일으켜 왕생을 어렵게 한다.

이와 같은 것을 삼가고 염불을 하여 미혹한 세계에서 벗어나야 한다는 것을 염두에 두어야만 한다. 예시참법(例時懺法)[5]이라고까지 말하지는 않는데, 급한 병이 아닌 사람은 경을 읽을 것을 부탁하고 『법화경』 강독을 청해 들어야만 한다. 또한 친한 친구에게 『대반야경』 이취분(理趣分) 등을 읽어 주기를 청하여 듣도록 해야 한다. 회향발원을 하면서 한편으로 잘못된 행동을 해서는 안 된다.

다만, 미혹한 세계를 벗어나 정토에 왕생하는 것만을 이야기해야 한다. 일생에 걸쳐서 구한 명성이나 이득을 후회하고 어찌 임종정념의 노력을 하지 않는가 하고 생각하며, 자비로운 마음으로 번거롭게 해서는 안 된다.

3) 자신이 할 수 있는 범위 내에서 의복이나 음식을 불·법·승 삼보께 올리거나 가난한 환자에게 베풀어야 한다.

당의 삼장은 스스로의 죽음이 가까운 것을 알고 의식을 삼보께 공양하였고, 아육왕(阿育王)은 임종시에 반암라과(半菴羅菓)[6]를 계원사(鷄園寺)에 보냈다고 한다. 『육권초(六券抄)』 첨병편(瞻病篇) 6에도 이것을 권하고 있다. 생애를 마치는 순간이 지금이라고 느끼고, 일심으로 사소한 시간이라도 소중하게 여겨야 한다.

4) 병이 나면 항상 정마유(淨麻由)를 부처님과 탑사(불탑)에 공양하도록 한다.

동대사(東大寺) 등로전명(燈爐殿銘)의 탑묘(塔廟)에 등명을 보시했더니 목숨을 마칠 때 세 종류의 빛을 보았다고 기록되어 있다.

첫째, 목숨을 마칠 때에 생전에 지은 선근과 복이 앞에 나타난다. 좋은

---

5) **역자 주**: 천태종에 있어서 저녁의 예시작법과 아침의 참법. 저녁에는 염불삼매를 닦고, 아침에는 법화참법을 읽어서 죄장을 참회한다.
6) 망고를 말한다.

행동은 잊혀짐이 없어서, 이것에 의해서 마음에 기쁨이 생긴다.

둘째, 염불하려는 마음이 일어나며, 보시를 행하고, 환희심이 생기기 때문에 죽음의 고통이 일어나지 않는다.

셋째, 염법의 마음을 얻어 사종의 광명(일륜日輪·정만월淨滿月·제천중諸天衆·여래如來가 보리수에 앉아 계신 것을 보고 스스로 합장하고 있는 자세)을 보는 것으로, 이것은 경문에 근거가 있다. 길이 이것을 수행하도록 하라.

5) 죄장을 참회해야 한다.

목숨을 마치는 때에는 악업이 다투어 나타나 미혹함에서 빠져나가는 것을 방해한다. 용수의 게송에는 "죄악을 짓는 것은 도검의 상처와 비교할 수 없을 정도여서 도저히 어찌할 수가 없다. 임종시의 죄상은 후에 나타나서 지옥에 가서 고통을 받게 된다."라고 하고, 도유(道瑜) 선사, 도작(道綽) 선사 등도 죄를 참회함으로써 정토에 태어날 수 있었다. 범부는 더욱 죄를 참회할 필요가 있다. 우리들은 일생 동안 명리를 탐하고 마음은 번뇌에 물들어 있으므로, 애석하지만 지옥 등의 삼도에 떨어질 것이다.

이러한 것에서부터 보현참(普賢懺)을 닦고 참회독경을 행하지 않으면 안 된다.

6) 병에 걸려서는 항상 보살계를 들려[誦] 달라고 청하며, 이것을 들어야만 한다.

백, 천의 공덕 가운데서도 계를 지킨다고 하는 것이 가장 중요하다. 그러나 살아 있는 동안에 계를 지키지 않고 전혀 일 없이 지내고는 괴로움의 세계에 빠지려 하고 있다. 아, 얼마나 가엾은 것인가. 최후의 임종을 맞이하려고 한다. 즐거움도 다하고 슬픔이 다가온다.

여기서 계를 수호하는 공덕을 듣고 즐거움으로 삼지 않으면 안 된다.

7) 간병인이나 위문하러 온 사람이 술과 고기, 오신채를 먹었다면 환자에게 가까이 가게 해서는 안 된다.

선도 화상은 "간병인, 친족, 환자 할 것 없이 술과 고기, 오신채를 먹어서는 안 된다. 환자가 부정하게 되며, 마음이 산란해져 미쳐서 죽게 되고, 삼악도에 떨어진다."고 하였다.

8) 일생 동안 행한 선근을 기록하고, 지인에게 부탁하여 찬탄하도록 한다.

도선 율사는 "환자를 위하여 법을 설하고 함께 기뻐한다. 또한 생전에 행한 학문, 염불, 독경, 교화활동, 좌선, 지계, 불상이나 탑을 만드는 일 등 행한 것에 따라서 찬탄하고 기뻐할 것."이라고 하였다. 생전에 행한 선한 일로써 미혹에서부터 빠져나오지 못할 것이 없다. 이러한 것 모두를 정토왕생을 향하도록 하여, 정토를 기뻐하고 고구정녕하게 찬탄하지 않으면 안 된다. (그리하면) 자연히 마음이 가벼워지고, 고통에서 멀어질 것이다.

9) 임종시의 장소 및 의복에 대하여.

의복이나 침구는 화려한 것을 피하고, 한편으로 아주 나쁜 것도 피하도록 한다. 집착이 증가하기 때문이며, 이것은 계에 근거한 생각이다.

임종시에 두 종류의 집착이 있다. 첫째는 경계애(境界愛)라고 하여 재산이나 처자 등에 대한 것이다. 둘째로 자체애(自體愛)라고 하여 자기 자신에 대한 집착이다. 이것은 아아집(我我執)을 증장하는 결과가 된다. 이 두 종류의 집착에 의해서 생사해탈을 할 수 없게 된다. 최후의 시기에 두 가지 집착이 일어나면, 아래 사항을 생각하면 좋다.

"세속의 재보 등은 모두 헛된 물거품과 같다. 혈육 등의 몸은 모두 부정하다. 진귀한 보물이나 재산 등을 죽은 후에도 손에 지닐 수 있겠는가. 이제야 말로 최후 임종의 때이다. 그것들은 이 세상에 존재할 때뿐이다. 바른 가르침이나 생각에 의해서 이러한 것과 결별하지 않으면 안 된다. 집착에 물들면 병이 들었을 때 아무것도 얻을 수 없다. 생사는 무상하며 부정하다고 느끼고, 이번에야말로 이러한 것을 버려야 할 것이다."

10) 임종시에는 죽을 때까지 불상을 향해야 한다.

《화엄경》에서 "광명이 발하는 것을 볼 수 있다면 그것이 부처님을 보는 것이며, 이 광명에 의해서 명종(命終)을 깨닫는다. 염불삼매(염불을 일심으로 행하는 것)에 의해서 부처님을 본 후에 반드시 부처님 앞에 앉을 수 있다. 임종에 임해서는 염불을 권하고, 불상을 예배하며, 임사자를 귀의시키지 않으면 안 된다. 이에 의해서 부처님의 광명을 볼 수가 있다."라고 하였다.

또한 『육권초(六卷抄)』 첨병편(瞻病篇)에서도 일심으로 이것을 권하고 있다. 부처님은 곧 서방에 계신다. 가르침은 기원정사의 무상원에 설해져 있다. 삼척(三尺)의 아미타불상을 조성하고 오색번을 불상의 손에 걸어, 부처님이 환자를 맞이하러 오신다는 생각을 품도록 한다. 즉 부처님의 오른손을 들고 왼손을 늘어뜨려 번을 부처님의 왼손에 걸게 하고, 그 번의 반대측은 환자의 왼손에 가도록 한다. 또한 불상을 서쪽으로 향하게 하고 환자에게 그 뒤를 따르도록 하거나(인접상引接想), 불상을 동쪽으로 향하게 하고 환자를 그 앞에 눕도록(귀명상歸命想) 한다.

나아가 《법고경(法鼓經)》에서는 "임종시 염불을 할 수 없는 경우에는 그저 서방정토를 지각하고 왕생을 생각하게 한다. 그것으로 인해서 왕생할 수 있다."고 하였다. 이러한 설은 이미 분명해진 것들이며, 평소부터 오래 계속해 온 염원으로 어찌 왕생할 수 없겠는가.

임종의 시기에는 무상의 종(임종시에 염불에 맞추어 치는 종)을 쳐서 때때로 정념을 확인해 볼 필요가 있다. 만일 도솔왕생을 기원하는 자는 미륵상을 안치하고, 북측에서부터 오색번을 걸어 도솔상생을 생각하게 하라.

11) 마침내 임종의 괴로움이 가까이 왔을 때는 일심으로 염불을 행해야만 한다.

임종의 괴로움은 칼로 몸을 자르고 파내는 것 같아서 뼈가 부서지는 듯이 괴로우나, 일심으로 염불하고 안락세계에 왕생하는 것 이외의 것을 잊어서 이에 대치(對峙)해야 한다.

평소 부처님께 세운 서원에 대하여 부처님은 이것에 감응하여 주신다, 임종의 순간에 일심으로 염불한다면 반드시 부처님께서 구원하여 주신다고 생각해야 한다. 나아가 임종시의 고통이 견디기 힘들 정도로 괴로울 때일수록 지옥 등의 괴로움을 생각해 내어, 이를 참고 견디어 염불하지 않으면 안 된다.

당의 삼장법사가 임종시 병자의 모습이 생각대로 되지 않을 때에 신장이 나타나 "오랫동안 중생을 감화시킨 업에 의해서 일어나는 고통이 가볍게 되기도 하고, 괴로움이 없어지는 것과 같아서."라고 이야기하는 것을 듣고, 신과 같은 자도 그렇게 생각하는 것이므로 인간은 더욱이나 고통을 참기 힘들다는 것을 느꼈다고 한다.

12) 참으로 임종의 마지막 순간이 가까워졌다면 간병하는 자는 침묵하고 무상의 종을 울리고, 오로지 함께 염불만 해야 한다.

임종시 주위 사람들이 서로 대화를 한다든지 하면 반드시 정념이 흐려진다고 하여 예부터 경계하는 일이다. 삼장법사는 임종시에 곁의 사람이 몸의 안부를 물었을 때 "말을 걸지 말아 주시기 바랍니다. 나의 정념을 방해합니다."라고 대답했다고 한다.

임종에 임한 사람도 간병하는 사람도 모두 목숨이 마치는 순간의 일념을 바르게 가질 수 있도록 온 힘을 다 쏟아야만 한다.

13) 임종정념을 위하여 불보살을 의지해야만 한다.

석가(釋迦), 미타(彌陀), 미륵(彌勒), 약사(藥師), 보현(普賢), 문수(文殊), 지장(地藏), 허공장(虛空藏), 불공견색(不空羂索), 천수(千手), 십일면(十一面), 부동존(不動尊) 경안(慶安)삼년(1650년) 오월, 보해(寶海)가 소지(所持)하여 교정을 마치다.[7]

임종지용의(臨終之用意) 정경(貞慶)

사람의 목숨이라고 하는 것은 결코 정해진 것이 아니어서 평소에 알 수 있는 것이 아니다. 하물며 병에 걸린 때에 수명은 더욱 위급한 것으로, 때때로 마음을 써서 임종시의 마음이 산란해지지 않도록 주의하지 않으면 안 된다.

마지막 시기에 일어나는 망념은 나쁜 행의 결과이다. 일체의 세간사나

---

7) 『續淨土宗全書』「復刻版」 15.

더욱이 환자의 마음에 걸리는 것, 화가 나는 것, 탐심을 재촉하는 것 등의 이야기를 해서는 안 된다. 또한 간병인들간에 쓸데없는 이야기를 해서는 안 되며, 결코 집안에서 언성을 높여서도 안 된다. 다만, 환자의 질문이 있는 경우에는 환자의 마음에 방해가 되지 않도록 대답한다. 이야기가 끝나면 그 무엇도 꿈과 같은 것이라고 결론을 내리고, 진언 등 부처님의 명호를 외우는 것을 잊어서는 안 된다고 하는 것도 전해 준다. 또한 환자가 집착할 만한 것은 가까이하게 해서는 안 된다.

생선이나 조류의 고기를 먹은 사람이나 술에 취한 사람, 마늘, 부추 등을 먹은 사람은 아무리 가까운 사람이라고 하더라도 문 안으로 들어오게 해서는 안 된다. 그것이 마군의 매체가 되어 환자의 마음을 산란하게 하여 지옥에 떨어지게 한다. 또한 환자의 마음에 맞지 않는 것도 결코 가깝게 두어서는 안 된다. 또한 면회하는 사람을 일일이 환자에게 알려 주지 않도록 한다.

환자의 주위에는 세 사람이나 다섯 사람 이내로 있게 한다. 많으면 번잡스러워 마음이 산란해지는 원인이 된다. 환자가 있는 장소에서는 날마다 신앙하고 있는 불상을 받들고 좋은 향을 피우며, 환자가 왕생 이외의 생각을 하는 것을 알게 되면 환자가 신앙하는 불상의 명호나 염불, 지관(止觀) 등을 권한다. 집안에서는 생선 등을 굽거나 악취가 환자가 있는 곳에 미치지 않도록 한다.

임종의 순간이라고 보이는 때에는 본존을 환자의 눈앞에 두고, 한자의 귀에 대고 "지금이야말로 임종의 순간입니다. 당신을 맞이하러 오시는 부처님과 보살들의 광명이 빛나고 있습니다."라고 말하여, 부처님의 명호를 (정경의 경우 관음의 신주神呪) 환자의 호흡에 맞추어 빠르지도 않고 느리지도 않게 부르도록 한다. 이미 숨이 끊어진 후에도 한 시간 정도 귀에 들리도록 염불을 계속하도록 한다. 그것은 표면상으로는 죽은 듯이 보여도 마음은 그 장소에 있어서, 칭하고 있는 부처님의 명호를 듣고 설혹 지옥과 같은 장소에 떨어질 사람이라도 중유(中有 : 다음 생으로 가기까지의 혼돈의 세계)에서 고쳐서 정토에 태어날 수가 있기 때문이다.

예부터 숨을 거둔 후에도 열 시간에서 열 두 시간은 사체를 움직여서는 안 된다고 하는 규정이 있다. 죽은 후에는 잠시 동안 몸을 구부려서도 안 된다.(이것은 당시 있었던 장례법의 하나인 굴장屈葬을 이르는 것인지도 모르겠다.) 하물며 아직 의식이 있을 때에 간병인이 난폭하게 대처하거나 팔, 다리, 허리 등을 구부리는 것은 절대로 해서는 안 된다.

단말마라고 하는 것은 몸의 살과 뼈가 분리되는 괴로움이다. 그것은 병환과 임종의 고통 속에서는 손가락 마디 정도라도 함부로 몸에 닿게 되면 그 느껴지는 고통이 마치 큰 바위로 얻어맞는 것과 같다고 하는 생각이다. 몸이 극도로 약하게 되어 움직일 수 없게 되었으므로, 역으로 거칠게 움직이게 하는 것은 사람의 눈에는 아무것도 없는 듯이 보여도 환자의 내심의 고통은 말로 표현하기 힘든 것이다.

일생에 있어서 요긴한 시기는 바로 지금 이 임종의 순간뿐이다. 선지식이거나 간병인이거나 간에 환자에 대하여 자비로운 마음을 가지고 대응하지 않으면 안 된다. 환자를 소홀히 다루어서는 안 된다.

임종시는 목이 마르기 때문에 깨끗한 종이에 물을 적시어 때때로 조금씩 목을 적셔 줄 필요가 있다. 그때 "이 물은 누구의 것이다."라는 등의 말을 해서 환자의 입속에 거칠게 대량의 물을 넣어 주어서는 안 된다.

문 쪽에 담당자를 배치하여 면회 오는 사람에게 인사를 하도록 한다. 이것은 하나의 예의이다. 슬픔에 잠겨 있다고 해도 친족이 많이 방문하게 되면 도리어 마음이 산란해져 지옥에 떨어진다.

불상 이외의 것은 보지 못하도록 하며, 설법이나 부처님 명호, 칭명이외의 소리를 듣게 해서는 안 된다.(이러한 것은 정경(貞慶)의 가르침이다. 결코 소홀하게 해서는 안 된다. 사후에는 광명진언을 염할 것을 당부한다.)[8]

성불시심(成佛示心) 정공(淨空)

이 세계의 모든 중생들에게 밝히고자 한다.

낮과 밤, 사시(四時)의 관념독경, 아미타의 염불, 나무묘법연화경의 제목, 대일여래의 진언 등 모든 종파의 근행(勤行)을 마칠 때 그 앉았던 자리 앞에 '아(阿)' 자를 걸어둔다. 그리고 우선 연화합장하고, 다음에 외박(外縛)의 인(印)을 맺고 법계정인(法界定印)을 하여, 확고한 신심을 일으켜 자기 자신이 아(阿) 자(字)라고 관(觀)한다. 또한 그 외의 쓸데없는 것을 생각하지 않고, 정면의 아 자를 보고 아자관(阿字觀)을 행하여 날숨과 함께 조용히 '아-'라고 열 편을 칭한다. 그때 수를 틀리지 않도록 주의해야 한다.

열 편을 하나로 하여 칠 회 또는 이십일 회를 반복한다. 그 후에는 수에 연연하지 말고 칭하며, 아자관을 행하도록 한다. 다만 밤과 낮에 정한 작법의 시간에만 아 자로 향할 것이 아니라, 서 있을 때에도 앉아 있을 때에도 항상 '아'를 칭하지 않으면 안 된다.

이와 같이 점점 아를 칭하고, 눈을 뜨고 있을 때는 물론이거니와 꿈에서

---

8) 《日本大藏經》 33.

도 칭하고 있는 듯이 된다면 최후의 단말마의 고통 가운데 있어도 아 자를 잊어버리는 일은 없다. 가령 선지식이 없더라도 마음의 산란해짐이 없이 아 자의 세계에 들 수 있다.

그러나 전세에서부터의 인연은 여간해서 풀기 어려운 것으로, 어떠한 방해가 일어날지 알 수 없다. 일생 동안의 나쁜 인연은 임종의 일념에 의해서 선하게 변할 수도 있으나, 오히려 선한 것이 나쁜 것이 되는 경우도 있을 정도로, 임종은 참으로 중요한 결정의 때이다. 평소부터 가까이에 성실하고 올곧은 승려가 있는 것이 바람직하나, 없을 경우라도 재가의 확실한 친구와 임종시에 조심해야 할 마음가짐을 이야기해 두어야만 한다.

한 숨 한 숨을 반복하는 동안에 죽고 마는 무상한 신체이기 때문에 사후에 남겨두고 싶은 것 등은 내일 한다고 하지 말고 당장이라도 유언장을 작성하여, 지금 죽어도 마음에 후회하는 일이 없도록 하지 않으면 안 된다. 또한 역으로 임종시에 유언장 등으로 인해서 마음이 산란해지는 일이 없도록 주의하지 않으면 안 된다.

마침내 최후의 순간, 처자·친족이 환자의 옆에서 울부짖는 것을 승려나 친구가 경계하여 정숙하도록 주의하고, 향을 계속해서 사르도록 한다. 그리고 환자의 모습을 보고 현세의 무상함, 내세의 즐거움에 대하여 마음을 가라앉히고 천천히 이야기하며, 환자 일생의 선한 것을 헤아려 성불의 의심이 없다고 찬탄하며, 의식이 확실한 환자에게는 『대일경소(大日經疏)』의 아 자의 공덕을 설하여 주도록 한다.

종소리에는 부처님을 맞이하고 마(魔)를 멀리하는 힘이 있으며, 임종시에 정념을 얻을 수 있게 한다. 그렇기 때문에 임종시에는 적절히 종을 쳐서 울리도록 한다. 다만 숨이 끊어지기까지 염불이 끊어지지 않도록 하며, 빠르지도 않고 강하지도 않으며 부드럽고 조용하게 치지 않으면 안 된다. 격렬하고 높게 치면 환자가 심신에 동통을 일으키므로 주의해야 한다.

종의 울림에서조차 고통을 느끼는 때가 있으므로, 환자에게 접촉하는 것은 그 이상으로 좋지 않다. 가령 두북면서(頭北面西)라고 하는 작법을 그대로 하지 않더라도 현재 환자의 모습이 바르게 두북면서라고 인식하고, 누인 채로 움직이지 않도록 하지 않으면 안 된다.

다만 두 발을 천천히 구부리도록 하는 것을 하지 않으며, 베개에서 벗어났을 때 등은 천천히 고치도록 한다. 물론 침대의 형편에 따라서 머리가 북쪽이 된다고 한정할 수 없으니 상황에 맞추는 것이 좋으며, 오른쪽 옆구리를 밑으로 뉘도록 한다. 『마하승기율(摩訶僧祇律)』 등에 이러한 취지가 기술되어 있다. 위로 향하는 자세, 아수라와(阿修羅臥), 복와(覆臥 : 엎드린 자세), 아귀와(餓鬼臥), 왼쪽 옆구리를 침대에 부치는 음욕와(淫慾臥)를 해서는 안 된다. 오른쪽 옆구리를 침대에 부치는 것은 사자왕와(獅子王臥)와 같은 것이며, 나아가 두 발을 겹쳐두는 것이 두북면서(頭北面西)의 불와(佛臥)이다. 오른쪽 옆구리를 밑으로 해서 누울 때는 임종불(臨終佛), 향과 꽃 등이 보일 수 있도록 준비하지 않으면 안 된다.

의복도 가벼운 것으로 해서 환자의 몸에 방해가 되지 않게 갈아입히도록 한다.

숨을 거두고 나서 이틀 정도는 몸에 접촉해서는 안 된다. 입관시에 주의해야 할 사항으로서, 숨을 거둔 후 그대로 손과 발을 굽히거나 하는 것은 살아 있는 사람을 죽이는 것과 같은 죄이므로 신중하게 하지 않으면 안 된다. 숨이 끊어진 후에는 신체에 접촉하지 않도록 하며, 입속과 가슴 위에 광명진언토사가지(光明眞言土砂加時)를 행하고 흙을 뿌려 두면 살아 있을 때와 마찬가지로 몸이 부드럽고 따뜻하여 입관시에도 수족을 움직일 수 있다. 목욕 입관 때에도 그 안에 광명진언으로 기도한 모래를 넣는다. 이 토사가지(土砂加持)에 의하여 진언의 불가사의한 힘과 즉신성불로의 가호를 기원하는 것도 필요하다.

날숨에 맞추어 칭하는 아 자도 귀에 가까이 대고 짧게 말하는 것은 좋지 않다. 아주 부드러운 어조로, 귀에 가까이 대지 않고 조용히 계속해서 칭하도록 한다. 이와 같이 하여 천천히 아 자를 칭하고 임종에 임한다면 임종정념으로 아 자와 일체가 되어 즉신성불하는 것을 의심하지 않게 될 것이다.

'아'는 사람에게 본래 갖추어져 있는 목숨의 근원이다.(《대일경(大日經)》 아자제일명(阿字第一命)에서 설한다.) 아로부터 태어나서 아에서 마치니, 아에 생(生)에 들어가고 사(死)에 나오는 것은 자연의 진리 그대로의 도리이다.

가령 평생에 여섯 자의 염불, 일곱 자의 제목, 다섯 자의 진언을 칭하였어도 최후의 단말마의 고통 가운데서 아 이외에 종(鍐)이나 묘(妙), 미(弥)조차도 칭하는 것은 어렵다. 더구나 아에는 아주 수승하고 불가사의한 힘이 갖추어져 있다.

드물게 단말마의 순간에 칭한 오, 육, 칠 자의 명호나 염불 혹은 진언과 묘, 미, 타의 한 글자로 정념왕생이나 성불을 성취하기도 한다. 그러나 이러한 것은 본원적인 아에 내재된 말이므로 칭하기 쉽게 아를 항상 칭하고 심신에 물들여서, 자기 자신이 아와 일체가 되듯이 느끼는 것이 임종시의 최상의 마음가짐이며, 평소부터의 가장 수승한 마음가짐이다.

아자신(阿字身)이란 대일여래를 가리킨다. 대일여래란 다른 부처를 상대로 하는 일불이 아니다. 또한 일존(一尊)이 아닌 것도 아니다. 불, 보살, 성문, 연각, 천, 인 등 십계의 양상 모두를 대일여래라고 한다. 이와 같이 본다면 극락정토도 아자신인 것이다. 미륵보살도 아자신이며, 도솔정토도 영산회상도 아자신이며, 석가여래도 아자신이다. 심·불·중생의 삼무차별, 십계의 양태는 모두 자기 자신이며, 아자신인 것으로부터 아자신이라고 인식하는 이외에 어떤 정토에 왕생하며, 어떤 부처가 될 것이라고 생각할 필요는 없다.

그 옛날 석존의 난행고행은 그저 부처가 되기 위한 것이었으며, 어떤 정토에 태어나고 어떠한 부처가 될 것인가 하는 등의 쓸데없는 생각은 전혀 없었다. 다만 이와 같이 언명하여도 어떤 정토에 태어나고, 어떤 부처가 되겠다고 하는 서원을 틀렸다고 말하는 것은 아니다. 즉 사람이 본래 갖춘, 조작함이 없는 생명의 근원과 상응하는 것이 아자신이며, 아자신이라고 하여도 자신이 완전하고 원만한 부처의 보배구슬이며(진언종에서는 이것을 본존이라고 하는 경우도 있다.), 대일여래이며, 극락정토이고, 석가여래라고 인식하는 것은 임종자의 마음에 따르면 좋다. 그것은 아 자가 그대로 석가여래나 도솔정토이며, 아가 그 어느 불보살, 정토라고 생각하여도 아무런 장애가 없기 때문이다.

유공불이(有空不二)의 중도(中道), 팔불중도(八不中道), 본래무일물(本來無一物), 삼천삼제(三千三諦), 육상십현(六相十玄), 본초불생(本初不生), 염불, 창제(唱題) 등 여러 가지 행법을 행하는 자는 아자평등(阿字平等)의 법을 닦고, 아 자의 과보를 받게 하라. 어떠한 종교, 종파도 궁극적으로는 아자신에 다름 아니다.

만약 나무아미타불의 육(六) 자(字) 명호로 왕생하려고 생각하는 사람은 아 자를 육 자의 명호로 생각하고 칭하도록 하고, 나무묘법연화경의 칠 자의 제목으로 무생법인을 얻으려고 하는 자는 아 자를 칠 자의 명호로 생각하여 칭하도록 한다. 또한 아 자를 유공불이(有空不二)의 중도, 육상십현십중무진(六相十玄十重無盡)이라고 생각하고 칭념(불명을 칭하면서 부처를 마음에 생각하는 것)하도록 한다. 어떠한 교의, 교리도 궁극은 아자문(阿字門)이다.

이와 같이 거듭거듭 아를 칭하고 인식할 것을 권하는 것은 임종에 있어서 최후에 한 번 내쉬는 숨에 아 이외의 것을 칭하기 어렵기 때문이다.

아를 믿고 칭하는 사람도, 믿지 않고 칭하지 않는 사람도, 아의 효능을 알거나 알지 못하더라도 숨을 쉬지 않는 사람은 없다. 들숨 날숨은 자연의 아의 소리이므로, 아자문을 벗어나서 생사의 길도 없다. 하물며 보리를 구하는 도에 있어서는 더욱 그러하다.

아 자의 효능으로서 아주 깊은 것은 후세의 것만이 아니라 현재의 재앙을 털어내고, 복이 아의 울림에 호응해서 불리어 들어오는 것이다.

《대일경소(大日經疏)》에서는 들숨 날숨에 맞추어 아자문을 행하여 삼시(아침, 점심, 저녁)에 생각을 기울이면 수명이 길게 연장되고, 단명을 받고 태어난 사람도 보통의 수명을 얻을 수 있다고 하였다.

약물의 독이나 독사의 독, 탐·진·치의 삼독, 내외일체의 독을 제거하려고 한다면 아 자를 그 독이 있는 곳에 두면 점점 독이 녹아 결국은 없어지고 만다.

제불을 보고 공양하거나 보리심을 얻는 것, 모든 보살과 만나는 것, 중생을 구제하는 것, 실지(悉地 : 삼밀상응三密相應해서 부처가 되는 것), 일체지(一切智 : 부처의 완전한 지혜) 등을 구하는 것은 제불의 마음에 따라서 이러한 것을 행하는 것이며, 제불의 마음이란 다름 아닌 아자문이다. 일체여래는 이 아자문에 의해서 정각을 이루고 마음을 지킨다. 아자문 외의 다른 도를 가는 것은 결코 있을 수 없다. 불도에 처음으로 입문하는 자는 아 자이며, 수학한 후에 부처와 동등하게 되는 것도 역시 아 자이다.

비로자나여래는 가지가지의 형상을 현현한 후에 불신(이 경우에는 응신이나 보신)을 나타내고, 또 법신으로 되돌아가는 것은 아에서 나와서 아로 돌아가는 것과 같은 뜻이다

과거·현재·미래의 부처님도 모두 한 모습으로 이와 같이 설하고 이론은 없다. 사부대중(비구·비구니·우바새·우바이)은 배운 그대로 믿고 행하지 않으면 안 된다.

자세한 것은 심지 법문에 설한 그대로이며, 열람을 필요로 하는 자는 가볼 필요가 있다. 결코 이것을 소홀히 지나쳐서 임종의 대사를 그르치는 일이 없도록 하여야 한다.[9]

---

9) 『眞言宗安心全書』下.

제3절 일련계

천대견초(千代見草) 일원(日遠)

1. 임종시의 일념, 즉 한 번의 깊은 기도 · 구칭제목(口稱題目, 나무묘법연화경)을 외우는 것은 평생의 일념이 쌓인 것이며, 임종시에 제목을 많이 외우는 것은 대단히 어려운 것이다. 그 마음을 쓰는 것에 두 가지가 있다. 첫째는 미리 목숨이 마치는 때를 알아 임종을 인도하여 주는 선지식을 만나서 임종정념 가운데 목숨을 마치며, 바른 깨달음에 이르도록 기도하는 것이다.

2. 둘째는 평소부터 자신의 임종의 때는 오늘, 지금이라고 생각하고 제목(나무묘법연화경)을 많이 외워야만 한다.

3. 내 자신이나 다른 사람이나 모두 목숨이 있는 것은 오직 지금뿐이라고 마음의 준비를 한다면 욕망이나 집착의 감정도 끓어오르지 않겠지만, 실제로는 자신의 몸만을 생각하고 항상 태연히 있으므로 최후의 임종시에도 마음이 불안정하게 되어 임종정념에 주하는 것이 어려워지게 된다.
　가령, '지금이야말로 임종이다.'라고 생각되지 않더라도 언제 죽음이 찾아와도 당황하지 않도록 심신을 안정시키고 임종 준비를 해야만 한다.
　죽은 후에 누군가에게 물건을 주려고 생각하고 있는 경우에는 목숨이 남아 있는 동안에 주도록 한다. 임종시에 이렇게 할까, 저렇게 할까 하고 생각하는 것은 임종정념에 크나큰 방해가 된다.

    4. 무엇인가를 주고 싶다고 생각하면서도 목숨이 있는 동안에 되지 않을 경우에는 빨리 양도장을 작성해 두어야 한다. 어떤 상인은 매년 1월 1일에 쓰는 사람도 있다.

    5. 죽을 때가 가깝다고 느껴지면 목욕재계하여 몸을 깨끗이 하고 새 옷을 갈아입어야 한다. 다만, 그렇게 하지 못할 경우라도 문제는 없다. 중요한 것은 본존을 모시고 등을 밝히며, 향을 피우고 잠시 동안 종을 울려서 마음을 가다듬고, 물러나지 않는 신심으로 제목을 부르도록 한다.

    6. 미리 『법화경』의 중요한 부분(방편품方便品, 수량품壽量品, 신력품神力品, 다라니품陀羅尼品)이나 중요한 구절을 부르고, "유아일인 능위구호(唯我一人能爲救護)의 석가여래 《법화경》 비유품(譬喩品), 말법대도사 일원대성인(末法大導師 日蓮大聖人), 확실하게 적광정토로 인도하여 주시옵소서."라고 일념으로 서원해야 한다.

    드디어 임종이 가까워진 때를 지내는 방법은 다음과 같다. 임종시에는 단말마의 괴로움에 어떻게 하면 좋을지 알지 못하게 되고, 선악의 판단이 서지 않게 된다. 임종시에는 선지식이나 혹은 일반 사람, 그리고 학식이 많은 사람이나 무학문맹의 노인도 같으므로, 강한 의지와 노력으로 제목을 계속해서 부르는 것 이외에는 다른 길이 없다.

    7. 묻노니, 임종시에 준비하는 본존은 어떤 불상이 좋은가.

답하여 이르기를, 그저 제목을 외는 것만으로 족하다. 그 사람 자신의 마음의 본존인 나무묘법연화경을 숭배하면 된다.

8. 묻노니, 불상을 예배하면 신심도 한층 더 일어나고 좋지 않은가. 그 점은 어떠한가.

답해서 이르되,『수원원왕생(隨願往生經)』과『왕생경(往生經)』에는 불상을 예배하여야만 한다고 설해져 있으며, 전하는 바에 의하면 불상의 손에 오색번을 걸쳐서 그 끝을 환자의 손에 쥐게 하여 임종을 맞이하게 한다고 한다. 이러한 것은 모두 불국토 왕생을 서원하는 가르침 때문이다. 우리 일련종의 종지는 왕생이 본뜻이 아니라 즉신성불을 서원한다.

불상에 마음을 빼앗기면 마불(마군이가 부처와 같이 변신한 것)에 현혹될 수가 있다. 말법세계의 어리석은 인간들이므로 불상의 금색에 눈이 어두워져 빨리 불상에 집착하는 마음이 일어난다.

불상을 보고 '부처라고 하는 것은 보기가 좋고, 아름답고 즐겁기만 한 것이므로 우리도 그렇게 되었으면 좋겠다.'라고 생각하고 그대로 목숨을 마친다면, 이는 집착에 얽매인 것이 되니 옳지 않은 상태라고 할 수 있다.

어쨌든 제목은 즐겁다거나 괴롭다거나, 좋다거나 나쁘다고 할 수 있는 것이 아니며 인식판단의 대상이 되지 않는 것으로, 과거·현재·미래의 삼세와 시방의 제불도 본존으로 숭배하는 가장 수승한 법이므로 이 제목에 미치는 것은 없다.

9. 진실한 마음으로 오로지 사후의 멋진 세계를 바라는 사람은 오로지 환자를 간병하도록 한다. 불도 수행의 방법은 여러 가지가 있지만 이것만

큼 공덕이 큰 것은 없다. 또한 역으로 중대한 죄의 원인이 되는 것도 간병이다. 병이 빨리 낫는 것도, 나아야만 하는 병이 낫지 않는 것도 간병인의 마음가짐에 달려 있다.

10. 간병을 위해서는 자신의 몸의 골수까지도 베풀어야 한다. 금전, 옷, 음식 등을 아까워해서는 안 된다.

11. 죽음에 이르는 병이라고 판단되면 사찰에서도, 보통의 재가에서도 조용한 곳으로 옮기고 간병하도록 해야 한다.

12. 다른 곳으로 옮길 수 없는 경우에는 병풍이나 미닫이 등으로 환자를 가리고, 본존을 모시고 향, 꽃, 등불을 공양하며, 평소에 살던 곳이 아닌 것 같이 꾸미고 조심해야만 한다. 이것은 부처님의 가르침이니 잘 지키고 간병에 마음을 쓰도록 한다.

13. 부모·아내의 병에 대하여 간병을 하는 것은 죽을 수 있는 심각한 병에 걸렸을 때이므로, 아무리 스스로 성의를 가지고 있다고 하더라도 승려나 그 외의 성의있는 사람에게 간병을 부탁해야 하며, 자신은 집에서 나가서는 안 된다. 이것은 아주 중요한 효행이다.

14. 환자가 아내나 자식을 만나고 싶다고 말하면 지극히 조용하게 사물의 이치를 세워서, 그 옳고 그름을 설하지 않으면 안 된다. 이는 아주 중요한 가르침이다.

15. 환자가 화를 낼 수 있는 언동을 해서는 안 된다. 잠자리에서 일어나고 잠자리에 드는 것도 자신의 몸을 던져 세심한 배려로 친절하게 돌보도록 해야 한다. 거칠게 하면 환자의 신체가 괴롭고, 증오심이나 분노를 자아내게 한다. 그 어느 것이나 힘써서 자비심을 가진다면 환자의 기분에 맞지 않는 것이 없다.

16. 환자의 마음을 충분히 판단해서 매사에 나쁜 마음이 일어나지 않도록 보살펴야 한다. 평소에 가까이 두던 재물, 도구, 의복 등은 모두 상자에 넣어서 눈에 보이지 않도록 해야 한다.

17. 병이 점차로 위중해지고 의사도 투약을 단념하며, 어떤 사람의 눈에도 죽을병이라고 알아볼 수 있게 되면 더 이상 약을 사용하지 말아야 한다. 약은 병을 치료하는 효능이 있다. 병이 더 이상 낫지 않을 것임을 알면서도 투약한다면 질병과 약이 몸 안에서 다투어 환자는 반드시 괴롭게 되며 정념이 흐려진다. 약을 쓰지 않을 때는 죽음의 방향에 거슬리는 것이 없기 때문에 자연스레 쇠퇴하고 조용하게 생을 마칠 수 있다. 환자가 이미 약을 쓸 수 없는 상황에서 약을 쓰는 것은 환자를 위하는 것이 아니라 남의 이목만을 생각하는 것이며, 의사도 본래의 의미에서 도우려는 것이 아니다. 게으르게 하지 말라.

의사에게 진료는 받더라도 간병인이 이해하여 약은 쓰지 말아야 한다.

18. 내열(內熱)이 있는 환자는 같은 기질이 모이는 이유로 술을 못 마시는 사람이라도 술을 즐기게 된다. 이럴 경우에는 조금씩 주도록 해야 한다.

19. 술을 좋아하는 환자에게는 술 마시는 것을 허락하여 조금씩 주도록 해야 한다. 그러나 마셔서 어떤 표시(나을 징조)도 없다면 마시게 해서는 안 된다. 특히 임종이 가까워지면 한 방울도 마시게 해서는 안 된다.

20. 환자가 가지가지의 마실 것과 음식을 먹고 싶다고 해도 병의 증상에 방해되는 것이 있다면 원망을 사더라도 주지 않는 것이 당연하다.
임종이 가깝다고 느껴지면 주도록 한다. 특히 긴 병환일 때에는 약의 효능이 없고 안 된다고 하는 것도 이미 방해가 되지는 않는다. 방해가 된다고 하여도 지장이 있는 것은 아니다. 만약 마실 것이나 먹을 것을 원하면서 임종을 맞이하도록 한다면 그것을 보는 것이 더 힘든 일이다.

21. 긴 밤에 마음에 위로가 되는 옛날이야기라도 슬픈 것을 말해서는 안 된다. 환자의 기가 약할 때 이런 이야기를 들으면 마음에 고통이 일어난다. 또한 애욕의 이야기, 돈벌이가 되는 이야기는 반드시 자신의 몸에 되돌려서 듣는 것이 되므로 말해서는 안 된다. 수필을 읽어 줄 때도 그러한 종류의 것은 읽어서는 안 된다. 무상에 관하여 쓴 가르침, 불도수행의 지침이 되는 것을 들려 주어야만 한다.

22. 간병하는 사람은 환자의 일생 동안에 지은 선한 공덕을 열거하여 칭찬해야만 한다.

23. 환자는 아직 견고하고 기가 확실한 때부터 임종의 준비를 하나씩 매일 행해야만 한다. 보통 사람들은 미리부터 준비하는 것을 좋지 않다고 생

각한다. 그러나 진정으로 임종시에 당황하지 않도록 모든 것을 익숙한 것이 되도록 준비하는 것이 바람직하다.

　병자를 위한 의식으로는, 먼저 본존을 동쪽으로 걸고, 탁상에 경서를 두며, 향화등명을 올리고, 환자를 안아 일으켜 손을 모으게 하고 무엇인가에 의지하여 앉게 한다. 그리고 본존을 향하게 하여 합장시키며, 간병인이 잠시 종을 울려 기분을 안정시키고 나서 경을 읽기 시작한다. 『법화경』방편품의 십여시(十如是), 자아게(自我偈), 수량품(壽量品), 신력품(神力品), 다라니품(陀羅尼品) 등을 조용히 읽고, 제목을 환자가 싫어하지 않을 정도로 함께 읽는다. 환자가 피곤해져서 자리에서 일어날 수 없으면 머리를 북쪽으로 하고[1] 서쪽으로는 본존을 향할 수 있도록 옆으로 눕히도록 한다.

　24. 임종시에는 그저 일심으로 삼보를 믿고, 신명을 아껴서는 안 된다.

　25. 향을 살 수 있는 상황이면 좋은 향을 사서 올리도록 한다. 성중삼보(聖衆三寶)가 오시는 장소이므로 정화하는 의미인 동시에, 향기가 환자의 코에 들어가면 마음을 진정시키는 효과가 있다. 그렇지 못한 경우에는 보통의 향이라도 괜찮다. 부디 생선이나 조류를 태우거나 삶아서 악취가 실내에 이르지 않도록 하라.

　26. 환자가 대소변으로 더러워져도 조금도 방해되지 않는다. 그저 쉬지 말고 임종의 근행(勤行)을 계속해야만 한다.

---

[1] 北枕. 석가모니가 열반에 들었을 때 머리를 북쪽으로 하고 얼굴은 서쪽으로 하여 누웠다는 전기의 내용에 따라 죽은 사람을 눕힐 때의 작법으로 일컬어진다. 보통은 불길하다고 하여 꺼린다.

27. 환자가 약해지고 임종이 가까워지면 환각이 아니더라도 사후의 모습을 볼 수 있다.

28. 가령, 좋은 것이나 나쁜 것이나 어느 것을 보더라도 몇 번이고 제목을 부르는 것을 권한다. 함부로 해서는 안 된다. 나쁜 것을 본 사람을 격려하고, 정념의 상태에서 제목을 불러 임종을 맞이할 수 있다면 악도를 면할 수 있다.

29. 간병인이나 위문하러 온 사람이라도 실내에 들어갈 때에는 우선 문 밖에서 잠시 동안 마음을 가라앉히고 나서 입실하며, 환자의 옆에 가서도 다시금 마음을 진정하여 환자의 약한 기분을 충분히 살피고 나서 사물을 이야기해야 한다. 밖에서 하던 대로의 기분으로 사물을 이야기하면 환자의 기분에 상응하지 못하여 좋지 않을 때가 있다. 대개 환자의 곁에는 세 사람 내지 다섯 사람이 있는 것이 좋으며, 많으면 번잡스럽고 불쾌하다.
　병문안하러 온 사람을 남김없이 실내에 들여보내서는 안 된다. 병문안 오는 한 사람 한 사람에 대해서 대응할 것은 없다.

30. 임종정념에 있어서 중대한 방해가 되는 것이 세 가지 있다. 첫째는 단말마의 고통, 둘째는 마의 방해, 셋째는 처자의 우는 소리이다. 이 세 가지의 방해는 간병인의 능력에 따라서 그 어느 것도 이겨낼 수 있는 것으로, 간병인은 대자비심을 일으켜서 격려하고 도와주어야만 한다.

31. (첫째, 단말마의 고통에 대하여) 대부분의 사람들이 임종시에는 고통에

휩싸이고 산란해져서 평소부터 마음에 두고 있던 제목(나무묘법연화경)도 잊어버리게 된다. 이때에 간병인은 환자를 격려하고 제목을 권하는 것이 중요하다. 제목의 사이에 종을 울려서 반복하여 높은 소리로 불러야 한다. 종소리로 정념이 된다. 환자의 신체를 대강대강 취급해서는 안 된다. 환자는 아주 적게 접촉하여도 거대한 돌을 맞는 것과 같이 느껴지기 때문이다.

32. (둘째, 마의 방해에 대하여) 다라니신주(陀羅尼神呪, 『법화경』 다라니품의 주문 부분)를 읽어 악마를 조복할 수 있는 자비롭고 용맹한 승려 두 사람에게 부탁해야 한다. 한 사람은 기도하고, 또 한 사람은 제목을 끊이지 않고 불러야 한다. 실내에는 네다섯 사람 정도가 좋다. 많으면 시끄럽고 좋지 않다.

아무리 친해도 임종하는 자리에 생선이나 조류의 고기, 오신채를 먹고, 술을 마신 사람을 실내에 들여서는 안 된다. 그것을 먹은 사람의 손에 이끌려 악마가 들어와 반드시 임종정념에 방해가 되기 때문이다.

33. (셋째, 처자의 탄식하는 소리에 대하여) 연로하신 부모, 어린 자식, 아내를 미리 다른 곳으로 이동시켜야만 한다.

34. 항상 불법을 믿고, 임종정념을 마음에 새기는 사람은 가령 간병인의 권유가 없더라도 평소부터 깊은 마음가짐으로 준비하였으므로, 그 바람을 성취(임종정념으로 성불을 이루는 것)하게 된다.

자신의 몸을 희생해서라도 간병하고, 임종정념을 권하고 격려해야 할 대상이란 평소에 성불을 원하는 노력을 하지 않고, 일생 동안 탐욕악업 가운데 생활해 온 사람이 임종을 맞이하려고 하는 때이다.

35. 조용하게 임종정념에 주하고 있는 환자에 대해서는 세심한 주의를 가지고 환자의 호흡과 간병자의 호흡을 맞추도록 주의하지 않으면 안 된다. 숨쉬는 것이 틀리게 되면 임종이 가깝다는 것을 알 수 있다.

우선, 직지도량이라 씌어진 대만다라(大曼茶羅, 임종 만다라로서 제존諸尊과 함께 염마법황閻魔法皇 · 오도명관五道冥官이 그려져 있으며, "직지도량直至道場 운운…"의 글이 새겨져 있다.)를 손에 건네서 확실하게 가지게 하며, 종을 잠시 울려서 기분을 안정시키고, 환자의 호흡에 맞추어서 제목을 빠르지도 않고 느리지도 않게 하여 함께 부르도록 한다. 제목의 사이에는 종을 울리도록 한다.

36. 임종이 가까워진 때에는 목이 마르기 마련이다. 종이에 물을 적셔서 몇 번이라도 목에 넣어 주어 목의 갈증을 해소시켜 준다. 결코 누구누구의 물이라고 하여 마시게 해서는 안 된다. 환자에게 이름을 들려 주는 것은 크게 삼가야만 한다. 아무리 생각해봐도 이름을 말해 주는 것은 큰 의미가 없다.

37. 환자가 힘겹게 숨을 몰아쉴 때에는 제목 일 편을 삼구나 사구로 끊어서 환자의 호흡에 맞추어서 불러야 한다. 숨이 끊어진 후에는 잠시 동안 귀에 대고 제목을 들려 주도록 한다. 겉으로는 죽은 듯이 보여도 신체의 깊은 곳에는 마음이 남아 있다. 영혼이 멀리 갈 수 없어 주검의 곁에 있는 것이다. 자아게(自我偈)[2]나 제목이라도 끊임 없이 읽어야만 한다.

숨이 끊어졌는지 아닌지를 알기 위해서는 솜을 코에 대어 보는 것이 좋다. 숨이 끊어진 후에 잠시 동안은 처자를 실내에 들여서는 안 된다.

38. 가래나 담 등이 많이 나와서 제목을 부를 수 없는 사람은 호흡에 응해서 입으로부터 제목을 불러 넣도록 해야만 한다. 숨이 끊어진 후에는 귀에서부터 들리도록 한다. 또한 정념이 산란해져 숨이 끊어진 사람에 대해서는 자비심을 가지고 입과 귀 각각에 불러서 들어가도록 하거나 주검에 불러 주기도 하며 경전을 많이 읽도록 한다.

39. 일반적으로 사후 열 시간에서 열두 시간은 주검을 만져서는 안 된다고 한다. 이것은 대단히 중요한 금계이다. 반나절 정도가 지나고부터 목욕 입관하는 것이다.(日本思想大系 57 『近世佛敎の思想』)

---

2) **역자 주** : 《법화경》〈수량품〉에 있어서 '自我得佛來'로 시작하는 게송 부분.

제4절 선계

선원청규(禪苑淸規) 병승전념송(病僧專念誦) 종색(宗賾)

연수당(延壽堂)의 당주는 마음을 넓게 가지고 사물에 인내하며, 불도를 구하는 마음으로 병중의 승려를 보살피고, 바르게 불교적인 사물의 도리를 이해하는 사람을 뽑도록 한다.

연수당에서 사용하는 숯, 쌀과 국수, 소금, 소금에 절인 야채, 차, 약, 생강, 대추, 말린 매실(이러한 것은 약이 된다), 일상의 기구, 가구 등은 모두 당주가 준비한다. 만약 당주가 준비할 수 없을 때는 그저 쌀과 국수, 기름, 숯은 사종승물(四種僧物 : 절의 주지가 사용하고 있는 것) 가운데서 충당하도록 한다.

만약 병에 걸린 승려가 연수당에 들어와 기운이 있다면 병상에 자리를 적당히 하여 형편에 맞게 깔고, 탕약을 달이고 미음을 주며, 수시로 질문을 하도록 노력하며, 그 사람의 뜻에 적합하도록 한다.

만약 환자가 괴로워서 화를 내거나 미음, 탕약이 자칫 그의 입맛에 맞지 않아 신음하고 흐느끼며 힘들어하면 상냥한 기분으로 간병하도록 한다. 그리고 마음속에서 혐오감 등을 내지 않도록 한다.

술을 사거나 약을 버리고 병을 가볍게 취급하여 술과 고기, 오신채 등을 먹고 만족하려는 사람이 있는 경우에는 당주가 이때에 지켜야 할 계와 인과의 도리를 바르게 설명하고, 마음이 산란하지 않도록 하며, 삿된 생각이 일어나지 않도록 한다.

간병하는 승려는 지식이 얕은 자나 잘못된 견해를 가지고 있는 사람을 엄격히 꾸짖고, 은밀하게 숨겨 지니던 술을 마시고 고기를 먹은 사람이 연수당에 들어오는 것을 허락해서는 안 된다(조제약으로 술을 사용하는 경우에는 연수당 밖에서 환으로 만들도록 한다. 약을 달이기 위해서 필요한 파의 껍질, 약을 조합하는 간신어육(肝腎魚肉)조차도 사용해서는 안 된다. 하물며 마음에서 요구하는 대로 먹어서는 안 된다).

만일 병에 걸린 승려가 죽을 받아서 먹으려고 한다면 정오를 지나서는 먹지 않도록 한다.〔持齊〕계율을 가벼이 깨뜨려서는 안 된다. 병에 걸린 승려가 연수당 내의 냄비나 솥 등을 사용하는 것을 막아서는 안 된다.

연수당 내에서 요양 중인 사람 이외는 죽이나 밥(식사)을 준비해서는 안 된다.(질병의 승려가 연수당에 있을 때는 모두 장부에 게재하고, 출납계에 의해서 식사 등의 배급을 행하도록 한다.)

병중의 승려가 중병이 되었다면 연수당의 담당자에게 말하고 조사한 뒤 중병각(重病閣)으로 옮긴다.(만약 기분이 맑지 않은 듯하면 모두 권해서 일심으로 아미타불을 염하고, 정토에 태어날 것을 기도하도록 한다. 만일 동료들이 솔선해서 종을 치고 정토에 왕생할 것을 기원하면 더 이상 좋은 것은 없다.)

여덟 가지 복전(여기서는 불·법·승, 부, 모, 스승, 빈궁, 교량, 좋은 뜻, 질병으로 기록하고 있으나, 보통은 불·법·승단·화상·아사리·부·모·질병의 여덟 가지를 말한다.) 가운데서는 간병을 행하는 것이 으뜸이라고 한다.(간병 복전이란 불교도의 복지 실천의 기본 가운데 하나이며, 자신이 간병하는 대상인 환자도 포함한다.)

하물며 출가인은 모든 것을 마음에 맡기고 수행하고 있으므로, 한번 질병에 걸렸다고 하면 누가 슬퍼하고 자비롭게 대해 줄 것인가. 그것은 그저 친한 사람들의 자비나 편안하고 원만한 마음에 기댈 뿐이다. 이러한 것은 참으로 중대한 문제이다. 어찌 가벼운 마음을 가질 수 있겠는가.[1]

영평소청규익(永平小淸規翼) 무착(無著)

섭양간병(攝養看病 : 신체의 양생과 간병)

신체는 오온(五蘊 : 색(色) – 육체·물질전반, 수(受) – 감수작용, 상(想) – 표상작용, 행(行) – 의지작용, 식(識) – 인식작용)으로 되어 있다. 어느 누구에게 사고(생·노·병·사)가 없을 수 있겠는가.

백장청규의 총림을 건립하는 의미는 늙음과 병듦을 보살피기 위함이다. 옛날 덕 있는 분은 그곳을 연수당이라 이름하고, 행동을 살펴 그 행고(行苦 : 세상의 무상으로 인하여 받는 고통)를 충분히 생각하고, 자비와 지혜를 일으켰다.

"환자는 번뇌에 빠지기 쉬우니, 건강한 자는 항상 배려하는 마음을 생각하라."고 하는 구절이 있다. 모든 사람들(이 경우 승려의 모임)은 하나의 세계라는 지붕 밑에 있는 것과 같다. 친하고 친하지 않음, 풍요로움과 빈궁함이라고 하는 차이가 없다. 제3자의 병환이 자신의 병환이며, 그 사람이 안정되어 있을 때는 자신이 안정되어 있을 때이다. 이와 같으므로 간병은 복전 가운데 제일 뛰어난 것이다. 신체를 양생하는 것을 어찌 소홀히 할 수 있겠는가.

작은 사원에서 혹시 연수당이 없을 때에는 가구 등의 안쪽에 덮개를

---

1) 『曹洞宗全書』 淸規 第四.

반쯤 덮어 사용하며, 창에 만든 작은 구멍은 밝고 깨끗하게 하여 침상을 정연히 하고, 방석은 평소와 같이 하며, 요는 두껍고 따뜻한 것으로 해야만 한다.

같은 지역 사람이나 같은 그룹의 사람 등 동료들은 날짜를 정하여 순서대로 돌보아야 한다. 모두 있는 힘껏 간병을 해야만 한다.

사람의 신체는 크게는 세계 전체를 거주처로 삼는다. 말하자면 모든 사람은 같은 집안에 있는 것이다. 누구라도 너와 나라고 하는 구분을 할 수 없다.

긴 병은 여러 가지 번거로운 일이 생기게 되며, 간병하는 자는 싫증이 나고, 방문하는 자도 저절로 적어진다. 항상 도량을 돌아보고, 일체의 것에 주의하며, 다른 일로 마음이 흔들리지 않도록 하라.

또는 약의 효능이 없고, 병상이 매양 그대로일 때에는 반드시 지사(知事 : 선종사원의 사무승)에게 알려 동태를 살피고 그것을 기록한다. 사원에서의 병승해석(病僧解釋)·염송(念誦)의 작법이 효과가 있어서, 환자의 정념을 돕지 않으면 안 된다.

다른 사람은 이미 이와 같이 하고 있다. 나는 오히려 그렇게 하고 있지는 않다. 이와 같이 몸으로 관찰한다면 어느 쪽이 안전하고 어느 쪽이 위험한가. 일념에 의해서 본래의 것으로 되돌아갈 수 있으며, 마찬가지로 깨달음의 세계로 돌아갈 수 있다.

병승해석(病僧解釋, 혹은 기도염송(祈禱念誦), 병승염송(病僧念誦)이라고도 한다.)

사대(四大 : 지(地)·수(水)·화(火)·풍(風))에 의해서 성립된 신체는 병의 증세가 더하고 덜한 것이 일정하지 않다. 부디 바란다면 많은 성중의 가호하심을 얻어 사대의 부조화를 바로 하고 싶다.

마음의 움직임이 있어서 그것에 응하고, 원리가 아닌 바람이 변하지 않듯이 각종 규정의 원칙을 아는 것은 여래의 대자비가 작용하는 것이다.

백장청규 제6의 규정에 승려가 병이 나서 3일 이상이 지나면 연수당으로 옮겨야 한다고 되어 있다. 사원의 사무승은 여기에서 허둥대서는 안 된다. 이를 위해서 모든 것을 규정한 『병승해석』이 있다. 우선, 연수당주는 환자를 깨우쳐서 입과 손을 청결히 하게 한다. 또는 간경(경을 묵독하는 것)을 하는 요사나 조당(후진을 지도하는 장소)에서 종을 치고, 승려를 모아 유나(지사의 한 사람으로 경전을 가르치거나 읽는 역할)가 이하의 경문을 읽는다.

"물은 맑고 투명하며 달은 둥글다. 충분한 복전은 다만 부처님의 보리를 위함이며, 본래 의지하는 바이다. 눈을 뜨면 병에 걸린 승려뿐이다. 몇 번이나 다시 태어나서 온 이 어리석음을 후회한다. 특히 마음으로부터 청정한 승려에 의해 화를 씻어내고 정갈하게 하여, 그 승려에게 염송을 해 줄 것을 부탁한다."[2)]

십불명(十佛名), 경주(經呪), 반야심경, 금강경, 여래수량품, 보문품, 회향의 끝에 "덕이 높은 승려가 지금까지 읽어 온 게송을 기원하는 공덕은 오로지 청정한 것으로, 사대를 안온하게 하고 수명과 진리의 지혜를 연장하여 이 육체와 진실의 신체를 평등하고 확실하게 움직이지 않는 것으로 삼

---

2) 水澄明月規懇到福田生惟有佛菩提是眞歸仗所今晨則爲在病比丘某釋多生之對識累生之愆尤運至誠仰投清衆盪滌深殃仰憑清衆念.

는다."3) 시방삼세 등등.

병승구사(病僧口詞 : 병이 든 승려의 입으로 전하는 유언)
　병승의 병이 중해지면 간병하는 역할의 승려(直病)는 곧 연수당주와 함께 유나를 청하여 병승에게 구사(口詞)를 뽑아 옮겨 적도록 한다.
　구사의 내용은 아래와 같다.

　병에 걸린 승려의 출신 주소, 어느 스님 문하에서 언제 득도하였으며, 언제 이 절로 왔는가. 현재 병에 걸려 어쩌면 風火(풍화)가 멈출 것이라고 하는 깨달음, 죽음이 확실하다고 하는 인식의 명기(왜 만물을 구성하는 사대 가운데 풍대와 화대를 말하는가 하면, 『영화이야기(榮華物語)』에서 "임종시에는 풍화가 먼저 사라진다."고 하는 바와 같이 임종시에 먼저 여의는 것으로 여겨지고 있기 때문이다.), 그리고 모든 소지품과 공적이고 잡다한 일을 조사하고, 가능하면 사후는 사찰의 결정에 따라서 보내 주기를(장례를 말함) 명기하며, 구사를 적은 일시와 간지를 적어 병이 든 승려의 서명과 본인의 구사라고 하는 날인을 한다.

　만일 중병으로 구사를 받아 적을 수 없을 때는 그저 이름을 적거나 날인을 한다. 첫째로 환자의 마음을 안정시키고, 둘째로 사후의 의혹을 막기 위함이다.
　참으로 임종에 임해서 주위를 조용히 하고 무상종(임종시에 치는 종)을

---

3) 上來念誦諷經功德所祈某上座一心清淨四大輕安壽命與慧命延長色身等法身堅固.

쳐서 알리며, 임종자의 정념을 도와주지 않으면 안 된다.

이미 죽은 경우에는 병에 걸린 승려를 돌보는 역할의 승려는, 양서〔兩序 : 선종사원 내부의 동서 양측에 있는 자리. 서서(西序)를 두수(頭首), 동서(東序)를 지사(知事)라고 한다.〕를 폐하고 함궤(涵櫃 : 소지품을 넣어 두는 상자), 경궤(經櫃 : 경전을 넣는 상자) 안의 소지품들이 분산되지 않도록 한다. 승려 공유의 물건을 혈연의 친지들에게 주어서는 안 된다. 만일 필요한 물품(관 등)이 장송에 임해서 준비되지 않는 경우에는 여러 승려가 돈을 내어 도와주도록 한다.

항상 모여서 마음을 다하고, 죽은 자를 정성스레 보내는 것이다.[4]

---

[4] 『曹洞宗全書』 淸規 第四.

제4장
임종행의에서 배운다
– 현대적 시점에서의 해석과 응용

제1절 정토계(천태 포함)

임종정념결(臨終正念訣) 선도(善導)

이 선도대사의 저작이라고 전해지는 『임종정념결』을 보면 선도대사가 임종행의를 얼마나 중요시하였는가를 잘 알 수 있다. 여기에는 임종시의 마음가짐으로, 예를 들면 선지식의 필요성, 죽어가는 자에 대한 가족의 태도, 환경정비의 이상적인 모습 등이 구체적으로 제시되어 있고, 그 외에도 약을 주는 것과 수명의 관계, 연명, 기도, 임종염불과 정토왕생 등에 대하여 기록되어 있다.

본서에서는 선도대사 이외의 임종행의서도 다수 취급하고 있다. 그러나 그 가운데서도 선도대사만큼 임종이나 명종시의 마음가짐에 대하여 알기 쉽게 풀어서 설명한 이도 없으며, 시대적으로나 내용적으로 그 후의 임종행의서의 원점에 있는 것이 아닌가 생각한다.

이 『임종정념결』에 보이는 네 가지 질문에 대한 답을 간호자의 입장에서 고찰을 더하여, 임종시의 마음가짐과 작법에 대하여 살펴보기로 한다.

현대인에게 결여된 것은 죽음에 대한 주체적 마음가짐이다.

지금 세상에는 많은 책들이 출판되고 있다. 그러나 이 가운데 죽어가는 자의 마음가짐이나 작법에 관하여 구체적인 것들을 진지하게 기술하고 있는 책은 없다고 해도 과언이 아닐 것이다. 그러나 역사적으로 근대 이전의 일본에서 임종을 중시하는 풍조가 번성했던 것이 분명하며, 많은 임종행의서가 남아 있다. 사람으로서 인생 최후의 시기를 맞이하는 방법과 간병에 관한 이상적이고 일정한 작법을 나타낸 것이 임종행의이다.

분명히 임종행의서에는 죽어가는 환자와 그 환자를 구제하는 부처님과의 연결이 강조되고 있다. 그러한 이면에는 종교적 정신을 기반으로 하여 죽음을 주체적으로 받아들이고자 하는 당시 사람들의 자세가 전해진다. 즉 죽을 때까지 이렇게 살고 싶다고 하는 당시 사람들의 의사표명 위에 성립된 '마음가짐과 작법'이라고 생각할 수밖에 없다.

현대에 있어서 특히 부족한 것은 이러한 마음가짐과 작법이다. 『임종정념결』에는 우선 이 세상에서 최대의 문제는 생사의 문제라고 하는 것을 전제로 하면서 죽음이나 임종시의 마음가짐과 작법이 구체적으로 나타나 있다. 한 사람 한 사람이 자신의 살아가는 방법을 정하고, 인생 최후의 시기를 맞이하는 방법을 주위의 사람들에게 어떻게 원조할 것인가 하는 의사표시가 없는 한, 임종행의의 의의는 없는 것과 다름없다.

현대인이 옛날과 같이 죽음이나 임종시의 마음가짐과 작법을 그만큼 필요로 하지 않는다고 하는 것은 바꾸어 말하면, 현대인이 평소에 주체적으로 인생을 살고 있지 않다고 하는 것이 될지도 모른다. 그러나 시점을 바꾸면, 현대인만큼 이전의 임종행의서에서 보여지는 임종이나 명종시의 마음가짐과 작법을 필요로 하는 시대도 없다고 생각한다.

어느 시대에 있어서도 인간에게 죽음이나 죽어가는 것은 두렵다. 죽음에 대한 불안이나 삶에 대한 집착은 시대가 바뀌어도 변하지 않는 것 같다. 이 『임종정념결』에서 현대인이 배워야 하는 아주 중요한 것은 "그 어떤 경우라도 죽음을 두려워하거나 살아가는 것에 집착하지 않는다."고 하는 주체적 삶의 방법, 주체적으로 죽어가는 방법을 지탱시켜 주는 생사관의 모습일 것이다.

인간에게는 수명이 있다.
"사람 목숨의 길고 짧음은 태어날 때에 이미 정해져 있다. 어떻게 귀신의 힘을 빌려서까지 목숨을 연장하고자 하는가. 세상 사람은 판단력을 잃고 오히려 잘못을 범하고 있다."고 하는 말에는 무엇인가 생각하게 하는 것이 있다.

오늘날 인간 생명의 질의 향상이나 최후를 둘러싼 생명윤리상의 문제로서 인공장기, 장기이식, 연명조치의 사용과 그 정지, 안락사, 존엄사, 의료사태 등이 곧잘 논의되고 있다. 혹은 아직 젊은 나이에 암에 걸린 환자로부터 "왜 이렇게 젊은 내가 암에 걸리지 않으면 안 됩니까. 나는 그 어떤 나쁜 짓을 한 적도 없는데…."라는 말을 듣고서 대답하는 데 궁색했던 적이 있다.

특히 이와 같은 생명윤리상의 문제와 함께, 의학이나 과학기술은 어디까지 인간의 생명에 개입하고 조작하는 것이 허락될 수 있는지에 대한 의문을 품었던 적이 있다. 그러한 때 선도대사의 『임종정념결』은 현대인에게 생명에 대한 희롱을 경고하고 있는 듯하다. 인간에게는 각각이 태어난 때에 목숨의 길고 짧음이 정해져 있으며, 수명이 있다고 한다면 귀신의 힘(현대에 있어서 장기이식·인공장기·인공호흡기 등과 같이 취급해도 좋다고 생각한다.)을 빌려서까지 목숨을 연장하는 것의 의미는 무엇인지에 대해 우리들에게 생각하도록 만든다.

분명히 인공호흡기를 사용하거나 장기이식을 함으로써 연명할 수 있다. 시간적, 양적으로 연명되는 시간을 포함하여 수명이라고 해도 좋은가를 질문받는다면, 과연 어떻게 대답해야 할지 궁색해진다. 어쩌면 연장된 시간의 모습이 문제가 될 것이다. 누구를 위해서, 무엇을 위해서 사용하고 싶은 시간인가에 따라서 연장되어진 수명의 의미도 크게 변화될 것이 틀림없다.

그러나 인간에게는 수명이 있다. 그리고 그 수명은 누구도 알 수 없다. 더구나 그것이 인간의 힘으로는 미칠 수 없는 어떤 큰 힘에 의해서 이끌려 가는 것임을 인간이 자각하면서 생명의 문제에 몰두하고 나서야 진정한 생명윤리가 될 것이다.

또한 여기에는 의료에 있어서 약의 사용방법에 대해서도 설명되어 있다. 병에 걸렸을 때 의료나 약을 구하는 것에 대해서 특별히 문제시되어 있지는 않다. 그 사람에게 수명이 남아 있다면 약이나 의료의 도움을 받는 것이 효과적으로 작용한다고 긍정되고 있어서, 무엇인가 안심시키는 것이 있다. 왜냐 하면 질병에 수반하는 신체적인 고통에는 때로 견디기 힘든 것이 있기 때문이다. 그때에는 의료를 크게 이용해도 좋으나 단지 수명에는 조금도 도움이 되지 않는다는 점이 흥미롭다. 가령, 뇌사상태에 있는 환자에게 연명을 위하여 여러 가지 약을 투여하거나 튜브를 통해서 영양을 공급하는 것은 어떤 의미에서는 자연사로부터 그 사람을 멀어지게 하는 것이 될지도 모른다.

여담으로, 최근 사체 처리를 전문으로 하는 사람에게서 들은 이야기가 있다. 근래의 사체, 특히 암 등으로 약물을 장기간에 걸쳐서 사용하였다거나 최후까지 링거주사 등의 영양공급을 받았다고 생각되는 사람의 몸은 화장하기가 어렵다고 한다. 화장 후에 가마를 열어보면 사체가 부분적으로 검게 탄 채로 남겨져 있다고 한다. 그와 반대로 천명을 다하고 죽은 노인의 몸이나 지금까지 적극적인 영양공급을 받지 않았다고 생각되는 사람들의 유체는 쉽게 타고, 아름다운 뼈를 습득할 수 있다고 한다. 이런 이야기를 들으니, 수명을 다하고 자연스럽게 죽음을 맞이하는 환자에게 영양을 공급하여 연명시키려고 하는 현대의료가 부자연스러운 것은 아닌지 하는 생각이 든다.

말기환자의 케어에서 중요한 것은 환자 본인이 평소에 어떻게 살고자 생각하고 있는지, 어떠한 최후를 맞이하고 싶어 하는지 등의 본인 의사를 존중하고, 케어를 실시해 가는 것이 아닐까 생각한다. 병원에서 의료·간호를 받고 있는 사람으로서 "죽기 전까지는 이와 같이 살고 싶다. 그러므로 자신이 위독하거나 임종시에는 이렇게 하고 싶다. 이렇게 하고 싶지는 않다."고 의사를 표시하는 사람은 적을 것이라고 생각한다. 의료 종사자에게 자신의 목숨을 무조건 맡겨버리고 있지는 않은가 하고 생각할 때가 있다. 중요한 상황에 직면했을 때의 인간의 의사 표시는 평소부터 주체적으로 살아가는 방법의 결과로서 나타나는 것인지도 모른다.

왕생예찬(往生禮讚) 선도(善導)

이 발원문은 선도대사의 저작 가운데 행의문의 하나인 왕생예찬게(往生禮讚偈)이다. 거기에는 항상 마음을 정토에 두고 신앙하는 것의 중요함이 나타나 있고, 나아가 일체중생을 서방정토로 왕생시키겠다고 하는 서원이 담겨져 있음을 알 수 있다.

이 발원문을 반복해서 읽고 있으면, 이것이야말로 참으로 우리들이 이 세상에 삶을 받고 태어나서 살아가는 목적이며, 목숨을 마치게 되었을 때 바람직한 최후의 결과 혹은 상태라고도 말할 수 있지 않을까 하고 생각한다.

또한 이 발원문은 『왕생예찬게』의 가장 중요한 부분일 거라고 생각한다. 왜냐 하면 선도대사는 『관념법문(觀念法門)』에서도 임종에서의 마음가짐과 배려를 매우 중요시하여 상세하게 기록하고 있어서, 선도대사가 임종행의를 얼마나 중요시하였는가를 엿볼 수 있기 때문이다.

이 지극히 짧은 발원문 가운데에서 우리들 현대인은 자신의 죽음에 대하여, 그리고 간병의 의미에 대하여 보다 중요한 것을 배울 수 있을 것이다.

왕상(往相)의 서원은 바람직한 임종·명종의 자세이다.
이 발원문은 참으로 사람으로서의 바람직한 임종과 죽음의 순간에 대하여 보여 주고 있다고 생각한다. 곧잘 터미널케어에서는 과연 바람직한 죽음과 바람직하지 않은 죽음이란 있는가 하는 것이 논의된다. 가령 바람직하지 않은 죽음이란 없다고 하는 입장의 경우, 사람은 그 사람 각각의 삶의 모습과 죽음의 모습이 있어서, 죽음에 임해서 고뇌하면서 죽어가는 모습일지라도 그 사람이 그것을 좋다고 한다면 그것으로 바람직하지 않은가 하는 생각이 든다. 그러나 과연 그러한가.

선도대사는 사람은 생명을 마칠 때에 마음이 산란해지거나 착란을 일으키고, 신심이 어지러운 상태에서 죽음을 맞이해서는 안 된다고 한다. 또한 신체적으로나 정신적으로도 여러 가지 고통없이 편안한 상태에서 마음을 하나의 대상에 집중하는, 즉 아미타불을 맞이하는 것을 의식하면서 죽음을 맞이하는 것이 바람직하다고 한다.

의료의 현장에서 사람들의 다양한 임종의 양상을 눈앞에 마주하다 보면 이 발원문에 있는 왕상의 원이야말로 정말 바람직한 임종 모습이라는 생각이 든다. 어쩌면 사람의 죽음을 눈앞에 마주하게 되면 누구라도 자연히 그러한 생각이 들 것이다. 알 수 없는 것을 눈앞에 마주한 불안과 자기 소멸에 대한 불안, 사후세계에 대한 불안이 없으며, 죄와 허물의 가책이 없는 상태에서 죽음을 맞이할 수 있게 된다면 거기에는 편안함과 새로운 생에 대한 희망이 있다. 이 왕상의 원이야말로 현대에 있어서 인간의 바람직한 임종의 목표가 되어야 할 자세라는 생각이 든다.

또한 간병하는 사람에게 있어서도 죽어가는 사람의 왕상은 의미가 있다. 죽어가는 사람의 모습이 이 발원문에서 볼 수 있는 왕상과 반대의 모습이라고 한다면 그것은 돌보는 사람에게 있어서도 고통이다. 즉 죽어가는 사람에 대한 남겨진 마음, 후회, 불쌍함, 아픈 심정만이 아니라 자신의 죽음에 대한 불안도 점점 심해질 것이 틀림없다. 어쩌면 비탄으로부터의 극복에도 시간이 걸릴 것이다.

임종시에 죽어가는 사람도 간병하는 사람에게 최후의 배려를 할 필요가 있는 것은 아닐까. 죽어가는 사람이므로 무슨 말을 하거나 어떠한 모습을 취해도 용서될 것이라는 생각은 옳지 않다. 역시 죽어가는 자에게도 최후의 사람으로서의 예의가 필요하다고 생각한다. 그것은 남겨진 자에 대한 영광이며, 감사의 생각이 아니겠는가.

나아가서 임종시의 생각이 그 후의 삶의 이상적인 모습에 크게 영향을 미칠 거라는 점이다. 죽음의 저편에 있는 세계가 어떠한 세계라고 하여도 사람은 임종시의 마음 상태에서 새로운 세계로 옮겨 가는 것이 될 것이다. 역시 편안한 상태에서 새로운 생으로 출발하는 것이 바람직하지 않겠는가.

환상(還相)의 서원은 임종에 있어서 최고의 심리상태이다.
"저 나라에 도착하여 육신통을 얻고, 시방세계에 들어가서 고통받는 중생을 구제하고, 허공법계를 다한다. 나의 원도 또한 이와 같다." 이 부분이 발원문의 환상의 서원이다. 그러나 간호를 전문으로 하는 사람에게 있어서는 이 글을 이해하는 것이 쉽지는 않다.

자기 주관적인 해석이라고 생각되지만, 이 환상의 서원에는 이 세계에서 산다는 것의 목적과 의미를 알고 있는 힘을 다해 살아 온 사람의 감사와 만족감이 넘치고 있다. 사람으로서의 욕구 가운데서도 최고의 욕구인 자기실현의 욕구가 죽음이라고 하는 사태로서 완결한 것과 같이 느껴지며, 또한 이 세상의 삶을 절대 긍정하고 있는 듯이 보여진다. 더구나 그때의 즐거움은 현실에서 고통받는 많은 사람들을 위해서 다시 한 번 태어나서라도 전하고 싶고, 알리고 싶다고 하는 서원이다. 이 생각이야말로 죽어가는 사람의 가장 간절한 심리상태이며, 자기실현의 자세이지 않겠는가.

간병하는 사람은 죽어가는 환자가 "이제 두 번 다시 태어나고 싶지 않다. 기쁨이라고는 조금도 없는 인생이었으니까."라고 말하면서 죽어가는 일은 결코 없도록 노력해야만 할 것이다. 가령, 그 사람에게 있어서 지금까지의 인생이 힘들고 고생스러웠다고 하더라도 최후의 케어에서 서로 관계하는 가운데 죽어가는 사람이 자신의 인생에 대해서 "이것으로 좋아."라고 말하고, 감사하며 최후를 맞이할 수 있도록 노력하는 것이 대단히 중요하다고 생각한다.

간호자로서 그 사람의 임종을 함께하는 것도 어떤 인연이 있어서이다. 인연에 의해서 지금 그 사람의 최후의 시기에 곁에 서 있다는 것을 의식할 수 있다면, 거기에서 적극적 의미를 발견할 수 있을 것이다. 현대의 간호사 가운데에는 사람의 죽음에 입회하는 것을 피하려고 하는 사람들도 적지 않다. 그러나 간호라는 말을 나타내는 범어의 우파스타나(upasthāna)가 '옆에 서다' 라는 의미를 가지고 있음을 생각할 때, 간호의 원점도 결국 임종하는 사람의 '옆에 서는' 것으로부터 시작되는 것이 아닐까.

관념법문(觀念法門) 선도(善導)

『관념법문』은 아미타불을 관찰하고 생각하며, 관불삼매나 염불삼매에 들어가기 위한 방법을 설한 것이며, 임종행의의 원형이 여기에 있다고 말할 수 있다. 그 가운데 삼매행상분(三昧行相分)·입도량(入道場) 및 간병인의 법용(法用)의 부분을 보면, 이상적인 임종과 이상적인 죽음을 구하려고 하는 당시 사람들의 심정을 엿볼 수 있다. 그리고 그 '이상적으로 죽는 법'을 원조하는 마음가짐과 작법이 임종행의가 될 것이다.

현대인의 죽음의 원인을 보면 질병 이외에 불의의 사고나 자살 등으로 죽어가는 사람들도 많다. 특히 최근에는 젊은 사람들이 교통사고로 죽는 경우가 계속 늘어나고 있다. 이와 같은 시대를 살아가면서 한번쯤 이상적인 죽음에 대하여 생각해 보는 것도 중요할 것이다.

이상적인 임종은 죽어가는 것을 의식하고 맞이하는 것, 그리고 보내는 사람이 옆에 있는 것이다.

이 『관념법문』에는 이상적인 임종의 방법이 나타나 있다. 병환이든 아니든 생명이 끝난다고 생각될 때, 즉 임종시에는 일심으로 흐트러지지 않게 염불하기를 권하고, 아미타불을 관상하는 것이 중요하다고 설해져 있다. 이것은 죽음을 의식하고 죽음을 향하라고 하는 의미가 아닐까. 이때 가까운 사람이 곁에서 임종의 장소에 함께 입회해 주는 것이 중요하다. 어쩌면 병 수발을 드는 쪽도 정성을 다하여 간병함으로써 병구완을 한 후에 죽음의 슬픔으로부터 회복을 쉽게 할 수 있을 것이고, 더구나 병구완을 통해서 자신의 죽음도 배울 수 있지 않을까 생각한다.

그런데 절망에 의한 자살이나 교통사고 등에 의한 돌연사는 죽음을 의식해서 받아들일 수 없으며, 또한 돌봐 주는 사람도 없는 가운데 한순간에 죽음을 맞이하는 것이라고 할 수 있다. 이와 같은 죽음은 바람직하다고는 할 수 없다. 역시 인간으로서의 임종이라고 하는 것은 죽어가는 사람이 자기의 죽음을 의식하면서 죽음을 맞이하고, 더구나 옆에서 저 세상으로 보내 주는 사람이 함께하는 것이 가장 바람직하지 않겠는가.

특히 친척도 없는 환자가 병원에서 임종을 맞이할 때에는 간호하는 사람은 그 사람의 옆에 서서 상대의 불안을 받아들이고 이야기를 해 주는 것도 중요한 태도가 될 것이다. 또한 앞으로는 구급차로 운반되는 빈사상태의 중환자 등에 대한 배려도 중요하게 된다. 그러기 위해서는 구급(救急) 구명사(救命士)나 의사에게 차내에서의 위독한 상황과 임종시의 바람직한 대응법에 대한 계몽이 필요하다. 사람에게 있어서 임종시에 누가 저 세상으로 보내 주는가 하는 것은 대단히 중요한 일이 아닐까.

저 세상에 맞아들여짐을 의식할 수 있는 임종.

임종을 맞이한 사람을 누가 보내는가 하는 것이 중요한 것처럼 죽어가는 사람을 맞아 주는 사람이 누구인가 하는 것도 의미가 있는 것 같다.『관념법문』에서는 연꽃 위에 오른 많은 성자에 의하여 정토로 맞아들여지는 것이 중요하다고 설하고 있다. 새로운 세계에서 맞아 주는 사람이 있다는 것을 실감하는 것은 죽어가는 사람에게는 안락함 그 자체이다. 이때 죽음은 공포나 절망이 아닌 즐거움이나 희망 그 자체가 된다.

종교나 신앙을 필요로 하지 않는 사람들은 그와 같은 심리상태를 치환(置換)이라고 하는 자아방어(自我防衛)의 하나라고 할지도 모르겠다. 가령, 그렇다고 하더라도 안락함 가운데 희망을 가지고 죽음을 맞이할 수 있다면 그것 역시 바람직한 죽음이 아니겠는가.

그러나 사람의 수명은 누구도 알 수 없는 것처럼 우리들은 언제, 어디에서, 어떻게 최후를 맞이할지 모른다. 결국 임종의 상황은 물론이거니와 평소부터의 의식이 중요한 것이 아닌가 생각한다. 사람의 임종은 그 사람의 지금까지의 인생의 집적이며, 평소에 어떠한 삶을 살아 왔는지가 임종의 모습을 결정한다고 하겠다.

그렇기 때문에 언제 수명의 근원이 끊어져도 좋은, 언제나 죽음을 의식한 신중한 삶을 살아가고 싶은 것이다.

왕생요집(往生要集) 원신(源信)

일찍이 임종의 자리에서 병구완의 방법으로서 행해진 것이 임종행의이며, 그 임종행의의 논거를 최초로 보인 것이 원신의 『왕생요집』이다.

원신은 영관(永觀) 2년(984년)에 『왕생요집』을 쓰기 시작하여 다음해 4월에 완성하였다. 『왕생요집』은 어떻게 하면 환자가 정토에 왕생할 수 있을까 하는 내용을 중심으로 씌어져 있으며, 서문에 이어서 전10장으로 구성되어 있다. 대문제육 별시염불(大文第六 別時念佛)의 제2 「임종의 행의(行儀)」에서는 임종을 맞는 사람에 대한 배려, 간병 내지 간사(看死)의 이상적인 모습, 죽음의 작법 등에 대하여 기록하고 있다.

터미널케어 시설로서의 무상원의 형태와 기능.

임종행의에서 보여지듯이 불도수행자, 염불행자가 병에 걸렸을 경우, 그 병이 중하게 되면 그들은 무상원이라고 하는 왕생을 위한 장소로 옮겨진다. 그리고 이 무상원의 실내에는 금색의 아미타상이 서쪽을 향해 모셔지고, 불상은 오른손을 위로 들고 왼손에는 오색의 번이 연결되어 있으며, 그 번의 끝은 병자가 손에 쥘 수 있도록 늘어져 있다. 어쩌면 무상원에 옮겨진 환자는 부처님의 손과 연결되어진 오색 번을 자신의 손에 잡음으로써 부처님께 인도되어 서방정토에 왕생한다는 생각을 일으킬 것이다.

왕생이라고 하는 것이 환자에게는 내적인 문제임에도 불구하고, 이와 같이 눈에 보이고 가까이서 느낄 수 있는 수단에 의해서 왕생으로의 서원을 보다 확실한 것으로 하고 있는 점은 흥미롭다. 한편 간병인에게는 환자의 주위에 향을 사르고 꽃을 뿌려 주변을 장식하고, 환자가 토하면 토사물을 제거하며, 스스로 움직일 수 없는 환자의 대소변을 치우고, 신체를 깨끗하게 하는 등의 병구완이 의무지워져 있었던 것 같다. 나아가 간병인은 그와 같은 환자의 신체적인 수발뿐만 아니라 종교인의 입장에서 환자의 불안을 가볍게 해 주기 위해서 함께 경전을 읽거나 염불을 하는 등 종교적 정신적 배려를 중요시하고 있었던 것을 엿볼 수 있다.

『왕생요집』의 「임종의 행의」에 기술되어 있는 무상원은 당시의 병원 또는 병실이었다고 생각된다. 그리고 극락왕생을 돕도록 하는 간병인과 환자의 관계는 오늘날 병원에서의 환자와 간병인의 관계로 볼 수 있다. 여기에서는 임종에 임한 불안으로 마음이 산란하거나 공포 가운데 놓여 있을지도 모르는 환자가 미혹되지 않고, 안심하고 극락왕생을 이룰 수 있도록 하기 위한 배려의 방법이 기록되어 있음을 알 수 있다. 무상원의 이와 같은 형태와 기능은 참으로 현대의 터미널케어 시설의 기능과 역할을 담당하였다고 생각해도 좋을 것이다.

무상원은 일본적 호스피스의 원형이다.
호스피스란 말기에 있는 사람들의 생을 충실하게 하고, 안락하게 살아가도록 지원과 케어를 제공하는 의료시설에 붙여진 명칭이다. 서구의 호스피스는 서구 중세의 역사에서 그 기원을 찾을 수 있는데, 무상원은 서구의 호스피스와 유사성을 가진 일본적 호스피스의 원형이라고 생각된다.

죽음에 대한 인간의 불안과 사후세계에 대한 기대는 그 나라의 문화와 역사 가운데 고유의 생사관을 형성하고, 그것이 또한 간병의 방법에도 영향을 미치고 있다. 그리고 서구의 호스피스와 일본의 무상원을 비교해 보면 거기에는 몇 가지 유사점이 있음을 알 수 있다.

첫째는 양자의 기원이 사원·교회와 밀접한 관계에 있으며, 종교적 정신적 기반 위에서 성립한 시설[場]이라고 하는 점이다. 둘째는 거기에서는 간호하는 사람도 간호를 받는 사람도 함께 죽어가는 존재라고 하는 것을 응시하고, 죽음을 받아들일 수 있도록 하는 자세가 보인다는 점이다. 그들은 죽음을 자신과 가족, 그리고 공동체의 것으로 받아들이며, 자신도 또한 언젠가는 환자의 입장에 놓인다고 하는 것을 자각하고 있다. 즉 죽음의 공유를 실제 간병을 하는 가운데 체험하는 것이다. 셋째는 죽음은 종말이아니라 다른 세계로의 이행이라고 하는 사상을 가지고 있는 점이다. 이것은 달리 말하면 이러한 시설이 기능적으로 간병(看病)·간사(看死)·장송(葬送)이라고 하는 일련의 것을 준비하고 있다는 것이다. 그들은 죽음을 천국, 또는 극락으로 통과하는 관문이라고 생각하고 있다. 그런 의미에서 양자가 단지 의료시설뿐만 아니라 종교적 치유와 구제라고 하는 성스러운 장소가 되어 있다고 하는 것은 흥미롭다. 거기에서는 죽음 저편의 세계에 대한 대답이 준비되어 있으며, 간병하는 쪽에서는 환자를 승천, 또는 왕생시키겠다고 하는 서원의 마음이 있고, 돌보는 사람과 돌봄을 받는 사람 사이에 따뜻한 교류가 보인다.

　이상과 같은 유사점이 호스피스와 무상원에서 인정된다고 하는 것은 그것이 죽음을 눈앞에 둔 사람들에게 공통되는 필요 요건이기 때문일 것이다. 그렇다면 향후의 호스피스의 이상적인 모습, 터미널케어의 이상적인 방법도 이 점을 존중해서 살려야만 한다. 그런 의미에서 이 『왕생요집』에서 보여지는 무상원은 일본적 터미널케어의 원형이 될 것이다.

　보다 일본적인 터미널케어란 무엇인가.
　호스피스나 터미널케어의 바람직하고 이상적인 모습을 추구할 때 거기에는 의료 · 간호의 영역만으로는 해결될 수 없는 많은 문제가 보인다. 그 가운데서도 종교나 종교와 밀접하게 관계하는 문화의 문제가 각각의 나라에서 터미널케어나 그 전문시설의 이상적인 모습을 좌우하고 방향짓는다는 것을 강하게 보여 준다.

　앞으로 일본에서의 보다 일본적인 터미널케어의 이상적인 모습을 물을 경우에도 종교나 문화와의 관계를 무시해서는 안 된다고 생각한다. 결론적으로 보다 일본에 적합한 터미널케어를 생각하는 경우에는 일본의 독자적인 생사관과 그 생사관에 깊이 관계하는 불교의 주체성, 독자성을 무시할 수 없을 것이다. 그러한 점을 감안하여 향후 호스피스의 이상적인 모습, 터미널케어의 이상적인 모습을 생각할 때 무상원으로부터 배워야 할 점이 많다고 생각한다.

횡천 수능엄원 이십오삼매 기청(橫川首楞嚴院二十五三昧起請) 원신(源信)

원신은 임종에 있어서 염불을 중시하고, 그 마음가짐을 강조한 사람이다. 원신은 『왕생요집』을 완성한 다음해인 관화(寬和) 2년(986년)에 예산(叡山)[1] 횡천의 수능엄원(首楞嚴院)에서 인연이 깊은 승려들과 이십오삼매회(二十五三昧會)라는 염불결사를 만들었다. 이 염불결사에 함께한 사람은 25인으로, 이 이십오삼매회가 지향한 것은 동료가 서로 도와서 임종염불을 수행하는 것이었다. 『횡천 수능엄원 이십오삼매 기청(橫川 首楞嚴院 二十五三昧 起請)』은 이 결사의 운영 방법을 규정한 것이며, 내용은 12조로 되어 있다. 여기서 보여지는 구체적인 운영 방법이나 역할 등의 사항을 통해서 당시 신앙을 함께하는 사람들의 죽음을 대하는 마음가짐과 태도를 엿볼 수 있다.

평소부터 임종을 의식하는 태도에서 배운다.
이 『횡천 수능엄원 이십오삼매 기청』에서는 원신이 임종염불의 중요성을 그다지 강조하고 있지 않은 듯이 받아들여진다. 그러나 『왕생요집』의 「임종의 행의」에는 환자에 대한 배려 방법이 상세하게 기록되어 있어서 『횡천 수능엄원 이십오삼매 기청』에서 임종시의 큰일을 중시하지 않았을

---

[1] 역자 주 : 비예산을 말한다. 경도 북동 방향에 있는 산으로, 고래 왕성 진호의 영산으로 유명하다.

리가 없다. 그런 의미에서 보면 여기에서는 평상시의 염불의 중요성이 강조되어 있다고 생각한다.

가령, 이십오삼매회에서는 왕생의 기원을 성취하기 위해서 매월 15일 밤에 모든 회원이 끊임없이 염불(不斷念佛)할 것을 정하고 있다. 이 회의 참가자의 연령, 당시의 평균 수명 등은 분명하지 않으나 회의 발족과 동시에 매월 부단염불을 통하여 자신의 임종을 의식했던 것은 철저한 태도라고 생각한다. 평소부터 염불 수행을 함으로써 임종시의 가장 바람직한 자세인 임종정념이 의미를 지닌다고 하겠다.

또한 염불을 하기 전에는 학식이 뛰어난 승려로부터 『법화경』 강의를 듣고 학습할 것, 밤에는 참가자 가운데서 한 사람씩 순번을 정해서 부처님께 공양을 올릴 것도 정해져 있다. 경우에 따라서는 죽음을 맞이하는 그날까지 죽음에 대하여 배우는 것을 생각조차 하지 않는 현대인에 비해 이십오삼매회의 회원들은 그 얼마나 죽음에 대하여 용의주도한가. 그리고 죽음에 대한 준비는 단적으로 말해서 진지하게 살아가는 것과 연결되어 있는 것이 아니겠는가.

학교 교육현장에서, 그리고 가정과 사회에서 죽음에 대하여 배우는 기회가 적은 현대인은 어떤 의미에서는 불행한지도 모른다. 적어도 학교 교육과정에 죽음에 관한 프로그램을 넣을 수는 없을까. 미국이나 독일에서는 모든 학교 교육과정 안에 죽음에 대한 교육과정을 넣고 있다. 일본에서도 이제야 화제가 되고 있긴 하지만 아직 실현된 것은 아니다. 역시 죽음을 교육과정에 넣지 않는 삶이나 목숨에 대한 교육은 뭔가 부족한 것이 아닌가 하는 생각이 든다. 인생을 긍정적으로 보다 잘 살기 위해서는 어떻게 해야 하는지에 대해서 생각하게 하는 교육을 실현하려고 한다면 더욱 진지하게 죽음을 응시해 가는 자세가 필요할 것이다. 그러한 생사관의 토양을 만드는 교육과정이 하루라도 빨리 학교 교육과정 안에 짜여지기를 기원한다.

신앙·가치관·살아가는 방법을 함께하는 동료가 보살펴 주는 임종.

죽음은 인간에게 있어서 최대의 공포이다. 죽음을 목전에 둔 사람은 친한 사람들과 헤어져 오직 혼자 죽어가는 고독감, 지금까지 일찍이 경험한 적이 없는 미지의 세계를 앞에 둔 불안과 공포, 그리고 죄책감, 사후세계에 대한 불안, 사후의 심판이나 벌에 대한 불안, 이제까지 살아온 인생의 의미에 대한 의문 등 많든 적든 간에 이와 같은 것을 생각하게 되거나, 맛보게 될 것이다. 그리고 그런 가운데 최대의 불안은 고독하게 죽음을 맞이하는 것이 아닐까 생각한다.

호스피스에 있어서 많은 사람의 임종이나 죽음을 돌보아온 가시와기데쯔오(柏木哲夫)는 죽어가는 사람의 고독에 대하여 다음과 같이 말하고 있다.

사람들은 고독한 죽음을 두려워한다. 사람들은 예외 없이 사람들과 만나는 가운데 죽음을 바라고 있다. 누구도 돌보는 사람 없이 오직 혼자서 죽어가는 것만큼 견디기 힘든 것은 없다. 따라서 말기 환자를 간호하는 의료에서 중요한 목표는 고독한 죽음이 아니라 만남의 죽음을 실현하는 데에 있다. 만남이 있는 가운데 죽는다고 하는 것은 죽음을 맞이하는 사람이 혼자서 죽어가는 것이 아니라 가족이 옆에서 지켜 주고, 가족에게 사랑받지 못하는 사람은 의사나 간호사 등 간호에 종사하는 사람들이 옆에 있어 주면서 죽음을 맞이할 수 있게 하는 것이다.(『佛敎』別冊四, 腦死·尊嚴死-「看とりの醫療」はどうあるべきか-1990, 法藏館)

예전에 병원에서 일할 때 아무도 없는 병실에서 혼자서 숨을 거둔 환자와 만난 적이 있다. 그만큼 중병은 아니었는데 가족과 간호하는 사람들이 아주 잠깐 동안 병실을 비웠을 때 숨을 거둔 것이다. 물론 가족에게도 마음에 걸리는 것이 있었겠지만 그때 간호사로서 맛본 자책감, 후회, 죄스러운 감정은 아주 큰 것이었다. 의료·간호에 종사하고, 임종이나 죽음을 돌보는 사람은 환자가 혼자서 죽음을 맞이하게 하는 일은 결코 있어서는 안 된다고 마음에 다짐해야 한다. 그것은 남겨진 가족에게 있어서도 큰 문제라는 것을 자각하지 않으면 안 된다.

그러나 앞에서 말한 것과 같은 죽음을 앞둔 사람들의 여러 가지 불안·공포·의문에 대해서는 가족, 의료·간호사라 하더라도 답할 수 없는 점이 더 많다고 생각한다. 이십오삼매회의 회원들은 일상에서부터 이것을 이야기하고 배워온 사람들이다. 그리고 그와 같은 동료들이 임종시에 곁에 있어 주고, 죽음에 대한 불안 요소를 제거해 주며, 희망을 주는 것은 무엇과도 바꾸기 어려운 큰 안심으로 이어지지 아니겠는가.

구회일처(俱會一處)라는 말이 있다. '함께 한곳에서 만나다' 라는 의미이다. 만일 죽어가는 사람이 동료들로부터 "이제 나는 당신을 돌보는 입장에 있지만 언젠가는 나도 후에 미타의 정토에 갈 테니 그곳에서 다시 만납시다."라는 말을 듣는다면 얼마나 마음 든든하고 안심할 수 있겠는가. 분명히 죽어가는 사람과 돌보는 사람 사이에는 넘기 어려운 선이 있는지도 모른다. 그러나 신앙이나 신조, 가치관을 함께하는 동료로부터 돌보아진다고 하는 것은 안심과 희망 가운데 죽음을 맞이하는 것으로 연결되지 않겠는가. 임종의 현장에 가족이나 친구, 친척들과 함께 신앙 동료가 함께 있는 것의 의미를 새롭게 생각하게 한다.

정토종요집(淨土宗要集) 성광(聖光)

『정토종요집』에는 "선지식이란 극락정토의 가르침에 잘 통하고, 아미타불 본원의 수승한 공덕을 충분히 알며, 나아가 병자의 용태에 관한 모든 것을 잘 판단할 줄 아는 사람이다."라고 기록되어 있다.

가원(可圓)의 『임종용심(臨終用心)』에도 "간병인이 바로 선지식이 된다."라는 표현이 있지만, 『정토종요집』에서는 더 나아가 간병인으로서의 선지식이 종교인로서의 요소를 구비해야 하는 필요성이 강조되어 있다고 생각한다. 왜냐 하면 여기에서는 극락정토의 가르침에 잘 통하고, 본원의 뛰어난 공덕을 충분히 알고 있음을 전제로 하고, 시시각각으로 변하는 환자의 용태 변화에 맞는 대응이 제시되고 있기 때문이다.

구체적으로는 간병인으로서의 전문적 지식에 통하고, 환자의 용태 변화를 응시하고, 환자의 상태에 맞추어서 설하고 들려 주며, 합장시키고 신체의 방향을 바꾸는 등의 종교적 배려의 방법을 보이고 있다. 결국은 임종에 있어서 간병인에게는 의료인과 종교인의 양면의 자질을 함께 갖추고 있어야 하는 필요성이 강조되어 있다고 하겠다.

터미널케어와 종교적 배려.

그러면 현대의 터미널케어에서 환자에 대한 종교적 배려는 어떠해야 하는가. 죽어가는 환자를 간병하는 일부의 호스피스나 비하라에서는 종교적 정신을 기반으로 하여 케어가 이루어지고 있으나, 오늘날 대부분의 사람들이 죽음을 맞이하는 일반 의료시설에서는 종교적 배려가 중요시되지 않은 것이 사실이다. 일본의 경우 국가에서 설립한 병원의 완화케어병동에서는 종교와는 무연이라는 것이 강조되고 있는데, 과연 모든 인간이 종교에 의지하지 않고 편안하게 죽음을 맞이할 수 있다고 확언하여도 좋은 것일까.

죽음이라는 미지의 것을 목전에 둔 불안과 공포, 자기소멸에 대한 불안, 사후세계에 대한 불안, 사후 심판이나 벌에 대한 불안 등을 갖는 것으로 예측되는 말기 환자가 종교를 구하는 것은 편안한 죽음을 맞이하는 데 있어서 반드시 필요한 것일지도 모른다. 임종시의 케어에 있어서 종교적 배려를 으뜸으로 하고, 간병인에게도 필수적으로 종교적 소양을 몸에 익히도록 요구하는 터미널케어를 현대의 의료현장에서 요구하는 것은 어려운 일인지도 모른다. 그러나 말기 환자 가운데에는 종교적 배려가 필요한 환자도 있다는 것을 알고, 그 중요함을 인식하고 케어에 임하는 의료·간호자가 필요할 것이다.

염불명의집(念佛名義集) 성광(聖光)

인간에게 있어서 바람직한 죽음과 바람직하지 않은 죽음이란 있는 것일까. 현대 의료·간호의 현장에서 사람들의 임종 모습은 실로 다양하다. 가족이 돌보는 가운데 최후의 이별을 하고 감사하면서 조용히 숨을 거두는 사람이 있는가 하면, 죽고 싶지 않다고 외치거나 괴로워하면서 죽음을 맞이하는 사람도 있다. 현대의 터미널케어에서는 그 사람이 그 사람답게, 그 사람이 바라는 최후를 맞이하도록 하자는 목표를 내걸면서도, 현실적으로는 죽어가는 사람과 의료·간호자가 그 사람이 바라는 바람직한 최후에 대하여 이야기하는 경우는 거의 없으며, 돌아가는 형편에 따라 임종을 맞이하고 있다. 만일 임종을 맞이하는 사람이 그것을 좋다고 한다면, 죽고 싶지 않다고 고뇌하면서 맞이하는 임종도 괜찮다고 하는 사람이 있을지도 모른다. 그러나 인간으로서의 바람직한 임종과 죽음의 형태는 분명 있지 않을까.

이 『염불명의집』에는 좋은 임종의 모습과 나쁜 임종의 모습이 명확하게 나타나 있으며, 그 사람의 임종의 모습에 의해서 왕생하였는지, 악도에 떨어졌는지를 알 수 있다고 한다. 따라서 임종은 아무렇게나 해도 왕생할 수 있다고 하는 생각은 잘못되었다고 하겠다.

그러면 임종이 좋다고 하는 것은 어떠한 상황을 말하는 것일까. 그것은 신체적으로나 정신적으로 괴로움이 없는 평안한 상태에서 자는 듯이 숨을 거두는 것이라고 한다. 또한 잠에 빠져드는 것처럼 염불을 하면서 맞이하는 죽음도 바람직하다고 한다. 경우에 따라서는 임종시에 상서로운 구름이나 광명, 화불(化佛)을 친견하는 등의 상서로움이 보이는 것도 바람직한 임종이라고 한다.

반면 임종의 나쁜 모습이란 신체적 고통 때문에 이리저리 뒹구는 듯한 죽음, 아무것도 말하지 못하고 맞이하는 죽음, 의식이 혼란하거나 정신이 착란한 가운데 맞이하는 죽음의 모습 등을 말한다. 사람에게는 각기 그 나름대로의 생사관이 있으며, 사람마다 죽음의 양상이 있다고 해도 좋을 것이다. 그러나 인간으로서 바람직한 임종이란 안심, 편안함, 희망, 조용함, 감사를 느끼는 가운데 맞이하는 최후가 아닐까 생각한다.

그렇게 하기 위해서라도 임종행의는 중요한 것이다. 그것은 구체적으로는 환자의 임종시 환경을 정비하는 것이며, 간병인이 선지식이 되어 행하는 케어이며, 병자를 생사의 미혹한 세계에 머무르게 만드는 집착이 되는 것을 철저하게 제거하는 케어라고 할 수도 있다.

현대인이 이『염불명의집』에서 배워야 할 것은 우선, 터미널케어를 전개하면서 환자 자신이 바라는 최후에 대하여 의료 · 간호자와 이야기할 수 있는 관계를 지향하는 것이라고 생각한다. 그렇기 위해서는 평소부터 한 사람 한 사람이 자신의 생사관을 함양할 필요가 있다. '사람은 어디서부터 어떠한 목적을 가지고 태어난 것인가. 죽는다면 어떻게 되는가. 인생을 어떻게 살며, 어떠한 최후를 맞이하고 싶은가.' 라는 생각을 한다면, 어느 쪽이 환자 혹은 간병인이라고 하여도 자신이 바라는 최후에 대해 서로 이야기하는 것이 가능하지 않겠는가.

다음에 배워야만 할 것은 터미널케어에 있어서 환자의 신체적 · 정신적 · 사회적 · 종교적 고통을 완화하고 제거하는 것이 중요하다. 의료 · 간호자는 다른 직종과 연계를 하면서 이러한 고통의 하나하나를 완화하고 제거하는 것을 지향하지 않으면 안 된다. 그 어느 것이라 해도 병자의 고통을 팀 전체에서 살피고, 환자가 절실하게 필요로 하는 관계자가 그 사람의 임종에 관계해야만 할 것이다. 어쨌든 병자가 고통 가운데서 기절하는 듯한 죽음만은 피하지 않으면 안 된다고 하는 것을 배울 수 있다.

간병어용심(看病御用心) 양충(良忠)

『간병어용심』은 가마쿠라 중기의 승려 아연양충(然阿良忠)에 의해서 쓰여 진 것이며, 선도의 『임종정념결』을 기반으로 하고 있다. 그러나 직접적으로는 원신이 저술한 『왕생요집』의 임종행의의 흐름을 타는 내용으로 되어 있다. 『간병어용심』의 서두에는 "환자가 병상에 누운 때부터 죽음에 이르기까지 간병인으로서 가져야 할 마음가짐을 기록한다."고 되어 있으며,

간병인·선지식으로서의 자세, 간병작법도 기록되어 있다. 그러나 실제로는 간병작법을 통하여 죽어가는 사람의 죽음에 임하는 작법을 보여 주고 있다고 생각한다.

구체적으로는 열아홉 항목에 걸쳐서 간병의 마음가짐이 기록되어 있는데, 일관해서 흐르고 있는 기본적인 생각은 임종정념, 임종염불이 중요시되고 있으며, 이는 임종시의 종교적 배려의 중요성을 강조하고 있다고 생각한다. 어느 시대라도 그러하겠지만, 생과의 단절을 의미하는 죽음에 대한 불안과 공포는 따르기 마련이다. 많은 사람들이 죽음에 수반하는 각종의 고통에서 해방되어 편안한 죽음을 맞이할 수 있도록 기원해 왔을 것이다. 그와 같은 생각이 임종행의라는 죽음의 작법을 만들어 냈다고도 여겨지는데, 여기에는 그러한 작법들이 구체적으로 기록되어 있다. 그러한 열아홉 가지의 항목에 대하여, 특히 주제가 달려 있는 것은 아니나 여기에 씌어 있는 사항을 내용별로 정리해서 간호자의 입장에서 고찰하고자 한다.

도량의 역할을 하는 병실의 환경정비.

『간병어용심』에서는 임종은 한 사람이 그 후의 생을 결정할 정도로 중요한 때이며, 따라서 임종을 맞이하는 장소는 동시에 불도수행의 장이지 않으면 안 된다고 하고 있다. 그렇기 때문에 여기에서는 철저한 종교적 배려를 기본으로 하는 환경정비의 방법이 기록되어 있다. 도량에 안치된 불상의 위치, 높이, 병자와의 거리, 불상의 손에 건 오색실, 병풍, 미닫이 등의 정비방법, 간병인의 수, 간병인이 갖추어야 할 자질 등이 기록되어 있고, 그러한 것은 모두 병자를 극락왕생시키기 위한 종교적 배려라고 생각한다.

현대의 의료현장에서 병원·병실에는 그와 같은 인적·물적인 종교적 배치가 이루어져 있지 않으며, 앞으로도 의료현장에서 그것들을 기대하는 것은 어려울 것이다. 그러나 말기 환자의 병실을 의료 종사자 쪽의 형편에 맞추어 움직이기 쉽도록 정리할 것이 아니라, 죽음을 맞이하는 환자의 희망과 기원을 존중하는 임종의 장으로서 정리해 나가는 것은 중요하다. 적어도 환자가 위급할 때나 임종시에 가족이나 친구 등은 병실에서 나가고 의사와 간호자만이 함께하며, 환자가 타인이나 의료기기에 둘러싸여 최후를 맞이하지 않도록 해야 한다. 또한 『간병어용심』에도 있듯이 사람에 따라서는 인적, 물적인 면에서 종교적 배려를 필요로 하는 사람도 있다는 것을 염두에 두고, 환자의 욕구를 살피고 정리하는 것도 필요할 것이다.

또한 환경정비의 하나라고 해도 좋을지 모르겠는데, 환자를 극락왕생시키기 위하여 면회인의 수를 제한하고 있는 점이 흥미롭다. 그것은 선지식인 간병인 이외의 면회인 가운데에는 악연을 접근시키는 계기로 삼는 사람이 있을지도 모르기 때문에 병실에 들여서는 안 된다고 하는 점이다. 현대의 의료현장에서도 환자의 욕구 · 상태에 응해서 면회자를 제한하거나 선택하는 배려는 하고 있다. 그러나 한편으로는 환자가 좋아하고 안하고에 관계하지 않고 일방적으로 면회를 사절하는 것은 조금 문제가 있다고 생각한다.

특히 현대의 터미널케어에 있어서는 남겨진 가족의 정신적 · 사회적인 면의 고통 · 불안 등에 대한 배려를 중요시하고 있다. 가령, 죽어가는 환자의 케어에 가족도 참가하는 것이나 가족의 면회를 배려하는 것은 병자 · 간호인 모두에게 중요하다고 생각한다. 무엇보다도 여기에서 볼 수 있듯이 극락왕생하기 위하여 그토록 철저하게 인간이 집착심을 일으키는 것을 배제하는 자세에 대해서는 차라리 감동조차 느껴진다. 현대인이 여기에서 배워야만 할 것은 터미널케어에서 종교적 배려의 의미, 죽음을 향한 주체적·긍정적 자세인지도 모르겠다.

말기에서의 자기실현의 의미.
　현대의 의료현장에서도 특히 말기 환자에 대해서는 환자의 욕구를 최우선으로 하고, 환자의 희망·서원을 들어 주는 방향에서 케어를 전개하고 있다. 경우에 따라서는 환자의 응석이 심하다고 생각되는 사항에 대해서도 이제 더 오래 살지 못하는 사람이라고 여겨 의료 종사자이든 환자의 가족이든 간에 무엇인가 그에 응하려고 노력하는 것이 인지상정이다. 가령, 겨울이라도 환자가 수박이 먹고 싶다고 하면 가족은 그것을 구하려고 분주할 것이고, 밤중에라도 환자가 먹고 싶은 것을 찾아 분주할 것이다.
　그런데『간병어용심』에서는 임종에 임해서는 그 욕심에 따라서 마음이 산란해지므로 그러한 것은 삼가고, 금지해야만 한다고 하였다. 희망과 욕심은 나누어서 생각할 필요가 있지만, 여기에서는 갖고 싶다고 생각하고 바라는 마음이라는 의미이므로 욕심으로 간주하고 싶다.
　우리들이 이것으로부터 배워야 할 점은 죽음을 목전에 둔 인간이 욕심내는 마음에서 해방되는 것의 중요함일 것이다. 욕심내는 마음은 집착심이며, 사람은 그것이 만족되지 않으므로 편안함을 얻을 수 없다. 경우에 따라서는 욕구가 만족되지 않을 때 분노를 일으키는 사람이 있을지도 모른다.
　욕심(貪)·성냄(瞋)·어리석음(癡)을 마음의 삼독이라고 말한다. 죽음을 눈앞에 두고 이와 같이 욕심내고, 성내고, 어리석은 마음의 상태에서 해방되고 싶은 것이다. 역시 죽어가는 사람은 마음을 정하고, 남겨지는 사람에게 전해야만 할 것을 전하고, 욕심이 없는 상태에서 죽음을 맞이하는 것이 바람직하다고 생각한다. 그와 같은 죽음이야말로 인간에게 있어서 가장 자연스러운 죽음의 이상적인 모습이며, 그것은 남겨진 사람에게 사랑과 안심을 주는 것이 될 것이다. 사람 개개인에게 있어 그와 같은 최후를 맞이하고 싶어 하는 욕구야말로 인간이 가질 수 있는 최상이며, 최후의 자기실현의 욕구이지 않겠는가. 의료 종사자는 환자가 최후의 자기실현의 욕구를 충족시키기 위해서 노력하도록 하는 것이 중요하며, 이 자기실현의 모습을 통해서 남겨진 사람은 죽음을 배우고 자신의 죽음에 대해서도 생각해보는 계기가 될 것이다.

간호자로서의 마음가짐과 그에게 요구되는 자질.
우선 간호하는 사람에게 요구되는 기본적인 자질로서 환자에 대한 관심이 중요하다는 점이다. 그것은 간병인은 환자에 대해서 자비심을 가지고 자기 자식을 대하는 것과 같이 하라는 것이다. 자비란 불교의 근본이며, 모든 것을 자애롭게 대하는 마음이 그 출발점이다. 불교의 가르침에 사무량심(四無量心), 즉 자(慈)·비(悲)·희(喜)·사(捨)가 있다. 이는 상대의 행복을 기원하고, 괴로움을 없애 주려는 마음이며, 상대의 기쁨을 함께하고, 그 사람이 그 사람답게 되도록 기원하는 마음이다. 사무량심이란 그렇게 원하는 '자(慈)'의 마음이 한량없는 것을 말한다. 간호하는 사람은 우선 이와 같은 자비의 마음을 갖는 것이 제일 중요하며, 그것은 환자에 대한 관심에서부터 생긴다고 하겠다.

다음으로 주목해야 할 것은 환자에 대한 관찰의 중요성과 구체적인 신병의 보살핌을 보이고 있는 점이다. 간병인은 항상 환자 눈의 색, 호흡의 상태, 의식상태, 환자의 말 등을 잘 관찰해서 수명이 다하고 숨을 거두는 최후의 순간을 놓쳐서는 안 된다고 하는 것을 강조하고 있다. 이것은 현대의 터미널케어에 있어서도 중요한 것이며, 환자가 누구에게도 돌봄을 받지 않고 숨을 거두는 일이 있어서는 안 되며, 그렇기 때문에 시시각각으로 변화하는 환자의 상태를 관찰하는 전문가로서의 지식·기술이 간호하는 사람에게 요구된다는 사실은 말할 필요도 없다.

또한 간병인이 여러 명일 경우에는 역할을 분담하여 염불을 권하고 행하는 자, 면회하는 사람을 상대하는 자, 신변정리를 하는 자 등 원조의 내용을 정하고, 구체적으로는 염불을 권하는 방법, 말을 거는 방법, 대소변을 치우는 일, 기저귀의 사용법, 가래나 토사물 등의 처리, 병상의 청결, 목을 적시게 하는 것 등이 상세하게 기록되어 있다. 이러한 것으로 보아 『간병어용심』에 이미 터미널케어에서의 팀 의료의 중요성이 기록되어 있다고 하겠다.

현대의 터미널케어 시설에 있어서도 환자의 신체적·정신적·사회적·종교적 욕구에 응하여 문제점을 살피고, 그 문제에 대하여 어떠한 의료관계 직종이 대응하는 것이 가장 바람직한 것인가를 판단하고, 팀 관계자 사이에서 역할을 분담하여 대응하고 있는데, 이러한 것이 이미 가마쿠라시대부터 제시되어 왔다는 것은 매우 흥미롭다.

그런데 이와 같은 원조를 실천해가는 가운데 때때로 환자가 화를 내고 조심하지 않을 때도 있으므로, 간병인은 선함이나 악함에 맞추어 상대의 기분에 따른 자세를 보이는 것이 중요하다고 기록되어 있다. 어떠한 환자라고 하더라도 간병인은 대자대비의 마음을 일으키고 가르쳐 인도하라고 하고 있다. 그러나 현실에서는 한 사람의 간호자에게 환자의 신체적·정신적·사회적·종교적 배려의 모든 것을 맡기는 것은 어렵다.

간호하는 사람 가운데에는 환자의 욕구에 대응하기 어려워서 탈락하는 사람이 나올지도 모른다. 그러므로 선지식으로서의 간병인의 역할의 일단을 종교인에게 맡기는 것이 필요하다고 생각한다. 의료 행위는 환자의 객관적인 병상에 대한 대응이라고 하는 것이 가능할지도 모른다. 그러나 환자의 현재화되지 않은 고통에 대한 괴로움을 책임지는 것은 종교인이 적임자이며, 의사나 간호사가 책임을 지지 않는 현실에서 종교인에게 책임질 의무가 있는 것은 아닐까. 역시 현대의 터미널케어에 있어서도 환자의 종교적 고뇌나 욕구에 대해서는 종교인이 대응하는 것이 바람직하다고 하겠다.

훈습전변의 이치와 죽음의 교육.
"일반적으로 중생의 업인은 한 가지가 아닌 여러 가지이며, 죽음의 인연도 또한 한 가지가 아니다. 사람은 여러 가지 형태의 죽음을 맞이하며, 그 사람은 생전에 성실하게 염불수행을 쌓는다. 나이가 들면 평생에 쌓은 훈습에 의해서(염불공덕의 가호에 의해서) 임종시에는 정념의 영역에 도달하여 염불왕생을 이룬다."는 내용이 기록되어 있다. 그런데 평생 동안 죽음이나 죽어가는 것, 그리고 인생 자체나 종교적 절대자에 대하여 생각한 적도 없이 지내온 사람은 죽음을 목전에 두었을 때 어떠한 반응을 보일까.

인간은 지상에서 생활하는 동안 이 세상에서 배운 여러 가지 것들을 마음속 깊은 곳에 간직하고 있다. 그것이 그 사람의 행동 특성이나 마음의 경향으로 나타난다. 살아 있는 동안에 익히고 물들여진 훈습은 임종시에도 그 경향을 나타낸다고 생각하지 않으면 안 된다. 가령, 선지식으로서 간병인이 환자에게 염불과 칭명을 권하려고 해도 평상시부터 죽음이나 죽어가는 것, 부처님이나 신에 대하여 생각한 적이 없었던 사람에게는 그것이 그렇게 의미있는 것이 되지 않을 것이다. 역시 사람은 이 세상에서 목숨을 받은 그때부터 항상 죽음이나 죽어가는 것에 대한 의미를 생각하는 기회를 가지고, 평상시부터 어떻게 살 것이며 어떻게 최후를 맞이하고 싶은가에 대하여 생각하고 있을 때 임종시의 염불은 존귀한 것이 될 것이다.

그런 의미에서 사람은 평상시부터 죽음에 대하여 배우는 기회를 가지고, 주체적으로 죽음을 받아들이며, 자연스럽게 죽음이 받아들여지도록 훈습해 두는 것이 필요하지 않을까 생각한다.

『간병어용심』에는 우리들 현대인이 읽어도 수긍하기에 충분한 터미널 케어의 기본 작법이 담겨 있다고 생각한다. 넘치는 연명의료, 존엄사·안락사의 의미, 리빙 윌(living will), 환자의 고집과 그것에 대한 대응 등 새롭게 반성하게 하는 점이 많다고 생각한다.

임종절요(臨終節要) 자공(慈空)

자공의 『임종절요』의 「임종용의칠조(臨終用意七條)」에는 임종을 맞이하는 사람의 환경을 중심으로 기술되어 있으며, 간호하는 입장에서 볼 때 대단히 흥미로운 점이 있다. 오늘날 말기의 의료·간호와 관련된 다양한 서적이 출판되었으나 「임종용의칠조」에서 보여지는 것처럼 환경에 대하여 많은 내용을 담고 있는 서적은 없을 것이다.

임종에서 환자의 신체적·정신적·사회적·종교적 욕구와 그 환경·장소는 의외로 깊은 관계가 있는 것이 아닌가 생각한다. 임종·명종의 때와 장소는 이 세상과 이별을 고하고 정토로 여행을 떠나는 아주 중요한 시간과 장소로서, 이를 극락으로 통과하는 관문이라고 생각하는 듯이 보인다. 그와 같은 의미에서 임종·명종의 때를 맞이하는 장소는 단순한 의료시설이 아니라 성스러운 장소여야 한다고 하겠다.

일곱 가지로 나누어 설하고 있는 임종시의 주의할 점을 보기로 한다.

도량을 장엄할 것.

도량이란 불도를 수행하는 곳이다. 즉 임종의 장소는 도량이며, 임종을 맞이하는 장소는 평생에 주하는 거처에서 별실로 새롭게 하는 것이 좋다. 만약 별실이 없는 경우에는 그 방을 도량과 같이 정비해야만 한다.

현대의 많은 사람들이 '어디에서 최후를 맞이하고 싶은가' 라는 질문에 '익숙하게 오래 살아온 집에서' 라고 대답하는 경우가 많았다. 그것은 어쩌면 익숙한 공간을 바라고 있기 때문일 것이다. 그러나 여기서는 병에 걸려 요양 중에는 자택에서 간호를 하더라도 마침내 임종에 임해서는 그 장소를 도량으로 만들고 정비하라는 뜻일 것이다. 즉 임종시의 순간은 인간에게 있어서 다음 생을 결정할 만큼 중요한 때라는 것이다.

불상을 안치할 것.

여기에서는 도량이기도 한 임종을 맞이하는 방 안의 구체적인 정비방법의 하나를 보이고 있다. 즉 그 방에 환자가 누워서라도 예배할 수 있는 위치에 불상을 안치하라는 것이다. 오늘날 자택에서 최후를 맞이하는 사람의 경우는 불단 앞으로 병자를 옮기는 것이 가능하지만, 호스피스나 비하라 등의 말기의료시설을 제외하고 일반병원에서는 그와 같은 종교적 배려를 기대하는 것은 불가능에 가깝다. 만약 이와 같은 상황을 정비하는 것이 죽어가는 사람의 종교적·심리적 욕구에 부응한다는 면에서 중요하다면, 연간 사망자의 약 8할이 병원 등의 의료시설에서 죽음을 맞이하고 있다는 현실에 비추어 차라리 자택사를 권하는 것이 중요하지 않겠는가. 그러기 위해서는 앞으로 자택사를 향한 의식개혁을 해 나가는 것이 필요할 것이다.

정욕(淨浴 : 깨끗하게 목욕시킴) · 정의(淨衣 : 깨끗한 옷).
임종을 맞이하는 병자의 청결을 유지하는 것은 말할 것도 없다. 그러나 여기에서는 환자의 신체나 옷을 청결히 하고 기분이 좋은 상태를 유지한다는 의미와 함께, 죽음을 맞이할 때에는 더러움을 털어내고 깨끗하게 한다는 것의 중요함을 보여 주고 있다고 생각한다. 그리고 환자가 그렇게 되기 위해서는 간병자도 몸과 마음을 정리하고 깨끗함을 유지하는 것이 중요하지 않겠는가.

소향(燒香 : 향을 사름) · 산화(散華 : 꽃을 뿌림).
임종의 장소에서는 부처님 앞에 향을 사르어 공양하고 꽃을 뿌리라고 한다. 현대의 병원과 병실에도 꽃을 장식하여 환자의 눈을 위로하고 있으나, 여기서 향을 사르고 꽃을 뿌리는 것은 오히려 부처님을 맞이하기 위한 것이며, 환자가 부처님께 영접되어지는 장소라고 하는 의미에서 임종 장소의 환경을 장엄하게 정비하는 것은 중요할 것이다.

상등(上燈) · 상촉(上燭).
환경 정비의 하나로 여기서는 등을 밝히는 것이 기술되어 있다. 임종을 맞이하는 사람에게 방의 밝기는 대단히 중요한 것인지도 모른다. 여기에서는 부처님께 등을 밝히는 것이 환자가 임종에 광명을 보는 것과 겹쳐진다.

오늘날 병원의 병실에서도 어둡지 않게 밝음을 유지하는 것은 죽음에 대한 불안·공포심을 경감하고 환자의 심리적 안정을 유지시키는 데 중요하다고 하겠다.

오색실을 잡는 것.
부처님의 왼손 집게손가락과 병자 오른손의 집게손가락에 연결된 실에 의해서 환자는 부처님께 인도되어 서방정토에 왕생하는 생각을 일으키게 되는 것이다. 정토왕생이 환자에게는 내적인 문제임에도 불구하고, 이와 같이 눈에 보이고 가까이에서 느낄 수 있도록 하는 수단에 의해서 그들은 정토왕생의 기원을 보다 분명하게 하는 것임에 틀림없다. 임종시에 돌아갈 고향이 생각나지 않는 현대인도 많을 것이다. 그런 현대인들에게 눈에 보이고 가까이에서 느낄 수 있도록 하는 이와 같은 수단은 내세로의 생각을 일으키고, 안심과 희망 가운데서 죽음을 받아들일 수 있도록 하는 의미를 갖는 것인지도 모르겠다.

무상의 종을 울릴 것.
일본에서는 1967년에 영국음악요법협회의 아루반 여사에 의해 처음으로 음악요법이 소개되었다. 지금은 음악이 갖는 효과를 이용해서 말기 환자의 동통완화, 여러 가지의 번민·괴로움·울적함의 발산을 돕는 심리적 카타르시스(정화작용), 긴장감이 높고, 불안증에 빠지는 환자에게 여유로움을 줄 수 있도록 하고 있다.
임종하는 환자 옆에서 듣기 좋은 크기의 소리로 일정한 리듬으로 종성을 울리는 것이 환자를 편안하게 하고, 무의식 속에 자연스런 리듬을 가져와 정념을 증가시키는 작용을 할지도 모른다.

　이상과 같은 임종 환경에 수반하는 설명을 한 후에 일곱 가지 임종시의 마음가짐에 대하여 기록하고 있다. 그 가운데에서 몇 가지의 항목을 들어 살펴보고자 한다.

　첫째는 임종시의 간호가 지향하는 방향성의 시사를 들고자 한다. 임종시에 사람은 정욕이나 분노, 미망에서 해방되어 속박됨이 없으며, 또한 집착도 없어 마음에 근심이 없는 상태가 바람직하다고 한다. 사람은 태어나 죽음에 직면하는 가운데서도 육체적·정신적·사회적·종교적으로 여러 가지 욕구를 가짐과 함께 그것들에 수반하는 고통도 체험한다. 임종시에는 그와 같은 고통이나 근심이 되는 것이 없는 상태에서 임하도록 해야 될 것이다.

　임종시의 집착이 그 사람의 사후의 세계, 즉 악도에 떨어지는가, 극락에 왕생하는가를 결정한다면 간호하는 사람은 환자의 터미널케어에 있어서 육체적·정신적·사회적·종교적인 네 가지 측면에서 문제를 파악하고 그 해결책을 생각하는 것이 대단히 중요한 케어의 내용이라고 할 수 있다.

　둘째는 임종시 환자에게 필요한 간병인은 종교적 배려를 할 수 있는 사람으로서, 누구라도 좋은 것은 아니라고 하는 점이다. 가원의 『임종용심』에도 같은 것이 기록되어 있는데, 임종시 제일 큰 역할을 담당하는 간병인은 선지식이며, 선지식다운 간병인은 환자의 죽을 시기를 판단할 수 있어야 한다고 하였다. 왜냐 하면 간병인은 환자의 죽을 시기에 맞추어 부처님 손에 놓인 오색실을 병자에게 잡게 하여 병자를 부처님께 인도하는 역할을 하기 때문이다.

그렇다면 현대의 의료현장에 있어서 죽는 시기의 판단이나 사망진단서의 작성은 의사가 한다고 하더라도, 임종시 케어의 주체는 선지식인 종교인이 대신하지 않으면 안 될지도 모른다.

셋째는 환자를 도와주는 사람에 대해서는 가령, 여성은 신심이 있다고 하더라도 일체 하게 해서는 안 된다고 하는 점이다. 어쩌면 자공(慈空)은 임종시 여성 간병인이 있으면 남성인 전수염불 수행자의 임종에 방해가 되므로 좋지 않다고 하였던 것은 아닐까. 임종시 환자에게 집착이 되는 것을 주위로부터 철저하게 관리하는 자세는 놀랍다.

그런데 현대의 간호자 대부분은 여성이다. 물론 남자 간호자도 있지만 그 수는 극히 적다. 여성의 부드럽고 따뜻하며 섬세한 배려 등은 역시 간병자로서 뛰어난 자질이다. 어쩌면 당시에도 임사환자의 옆에서 많은 여성 간병인이 일하지는 않았을까 추측해보면서, 임종시에 케어를 실시하는 여성의 존재는 필요하다고 생각한다. 다만 죽어가는 사람에게 집착이 되는 것을 판단하고, 이 세상에서 염려가 되는 것, 근심의 원인이 되는 것을 조금이라도 제거하는 것은 중요할 것이다.

넷째로 환자가 목숨을 마칠 때 실내의 정적함을 유지하는 것의 중요성을 들 수 있다. 현대의 일반의원에서 임종을 맞이하는 사람들은 꽤 시끄러운 가운데서 임종을 맞이하고 있다고 생각한다. 소생을 위한 구급기구나 기계를 취급하는 소리, 심장마사지, 주사, 그 외의 처리를 행하는 의료 관계자들의 움직임 등에 영향을 받아 병자가 조용하게 안정한 후에 가족이나 친척과 이별을 하는 경우는 아주 적다고 생각한다.

자연스러운 죽음이 찾아와 천명으로서의 죽음의 수용, 조용한 이별을 위한 환경을 정비하는 것은 의료자 쪽의 자세로서 필요한 것이 아닐까. 물론 구급시에 소생이나 연명처치를 하고 싶은 바람을 가지고 있는 환자의 희망을 무시해서는 안 될 것이다.

다섯째는 다시 한번 환자 사후의 이상적인 대응 방법에 대하여 취급하고 싶다. 여기에서도 사후 하루 낮 하루 밤은 아직 제8식인 아뢰야식이 체내에 있으므로 유체를 그대로의 상태로 놔두어야만 하며, 하물며 그 신체에 상처를 내는 것은 살생 행위가 된다고 하는 점이다.

장기이식에 수반하는 뇌사의 용인문제, 생명윤리에서 보는 뇌사의 시비론 등 여러 가지 논의를 하면서도 그 방향이 현실에서는 옳다고 하는 쪽으로 움직이고 있다. 그러나『임종절요』에서는 뇌사는 부정되어야만 하는 것으로 받아들여진다. 가령, 장엄과 정숙함 가운데 명종하였다고 하더라도 제8식이 체내에 있는 동안에 장기를 들어낸다고 하는 것은 마취 없이 장기를 들어내는 것과 같은 것이며, 이것은 글로 표현하기 어려운 고통이며, 사후 악도에 떨어지는 원인이 된다고 하는 점을 받아들여 정정하는 것도 필요하지 않을까.

여기에서는 임종시 환자의 마음이 산란해져 왕생에 방해되지 않도록 병실의 환경을 정비하고, 간병인으로서의 작법을 조심하면서 간병에 임하는 것이 중요하다는 것을 보여 주고 있다. 특히 간병인이 선지식이어야 한다는 점에서 임종시 종교적 배려의 중요함을 재인식하는 계기가 되리라 생각한다.

불조요어(佛祖要語).

여기에서는 임종을 맞이하는 환자가 조심해야 할 점이 불교의 개조인 석가모니부처님과 각 종파의 조사들의 말로써 기록되어 있다.

현대에는 죽어가는 사람의 마음가짐이나 작법에 대하여 자세히 기록한 것을 찾아보기 힘들다. 그러나 일본에서는 헤이안 중기 이래 중세·근세에 이르기까지 왕생인(往生人)의 전기를 모은 『왕생전』이 편집되어 왔다. 근대 이전에 임종을 중시하는 풍조가 한창이었던 것은 역사적으로도 분명하다. 그리고 그와 같은 각종 왕생전 등에서는 당시의 임종 중시 사상, 임종을 맞이하는 사람에 대한 배려, 간병 내지는 간사(看死)의 모습과 죽음의 작법 등이 보여지고 있다.

특히 임종행의에는 죽어가는 환자를 구제하는 부처님과의 연결이 강조되고, 나아가서 간병인에게는 선지식이 되는 것이 절대조건이라고 기술되어 있다. 그리고 당시 사람들에게 죽음이란 종교적 정신을 기반으로 한 친한 동료가 돌봐 주는 가운데 새로운 세계로 이행하는 것이라는 통과의례로서 받아들여지고 있었다고 생각한다. 원래 고대·중세의 사람들이 살아온 시대는 현대와 다르고, 의료의 미발달로 병자는 모두 종교에 생명을 맡기지 않으면 안 되었을 것이다. 그러나 현대의료의 현장이 죽을 때가 가까워진 환자에 대해서도 케어를 제공하는 것이 요구되어지는 시설이라고 한다면, 의료과학의 무력성에 있어서도 같은 상황 하에 놓여 있다고 할 수 있다.

지금 일본의 의료현장은 년간 사망자 수의 약 8할을 받아들여 돌보고 있다. 이와 같은 현대의료·간호의 현장을 생각할 때 보다 바람직한 터미널케어, 특히 임종간호의 이상적인 모습에 대해서 다시 한 번 고래의 각종 왕생전 등에서 볼 수 있는 임종행의의 기본에서 배워야만 하지 않겠는가.

그런데 『임종절요』에서 볼 수 있는 환자의 마음가짐의 내용으로부터, 특히 운서선사의 "병은 사람들의 좋은 약이다."라는 말에 주목하고 싶다.

병고는 그때까지의 인생에 반성의 계기를 주며, 동시에 그 이후의 인생에 대해서도 적극적 자세를 가져오게 한다. 확실히 병은 더욱 죽음에 근접하게 하며, 그것은 인간에게 실존적·근본적 의미를 묻게 하고, 인생에서의 고통의 근본인 생로병사에 새롭게 마주하게 한다. 그러한 점에서 병은 선지식이며 양약이라고 하여도 좋을 것이다.

그런데 현대는 건강이나 고통에 가치를 두고 삶(생)을 우선하는 시대이며, 사회가 극단적으로 건강한 사람을 유용하게 생각하는 듯이 보여진다. 이와 같은 상황 아래에서 성장해 온 사람들은 인간의 늙음과 병듦, 그리고 죽음에 대하여 깊게 사색하는 기회도 적어진다. 그러므로 병원에서 이따금 인간의 죽음이나 임종을 대하는 간호자가 생생한 인간의 극한 상황을 맞이하여 당황하거나 머뭇거리고, 도망가고 싶어 하는 것은 지극히 당연할 것이다. 또한 환자로서 병고를 체험하는 가운데 의미를 발견하고 그것을 적극적인 생으로 연결하려고 하는 사람은 적을 것이라고 생각한다.

하지만 여기에서 보여지는 환자의 마음가짐을 통해서, 간호자 본래의 역할은 환자가 질병이라고 하는 고난을 마주하여 지금까지의 자신의 생각과 행동을 돌아보고, 본래의 자신을 찾기 위하여 적극적으로 생명을 직시하고 실천해 나갈 수 있도록 방향을 제시해 주어야 한다는 사실을 다시금 생각하게 한다. 그렇게 할 때 비로소 간병인은 선지식다움을 얻을 것이다. 단순한 간호 원조에 머무르지 않고, 환자의 인생이 그것 이상의 적극적인 것이 될 수 있도록 돕는 것이야말로 참된 간호 원조라고 할 수 있을 것이다.

다음으로 임종시의 삼애(三愛)에 대하여 들고자 한다. 천관(千觀)법사·성광(聖光)화상·법연(法然)화상·해탈(解脫)화상 등이 기술하고 있는데, 임종시에 삼애가 생겨나지 않도록 평소부터 조심하는 마음을 가지고 가능한 한 집착심에서 벗어나라고 하고 있다. 구체적으로는 평소부터 재욕·색욕·음식욕·명예욕·수면욕에 집착하지 않고, 애착하지 않는 생활을 하라는 의미일 것이다.

사람은 언젠가는 반드시 죽음을 맞이하게 되는 생명의 짧음을 알 때가 온다. 어떤 사람에게는 그것이 이삼십대에 찾아올 수도 있고, 어떤 사람에게는 사오십대에 찾아올지도 모른다. 그러나 그때가 언제든 임종시에 삼애가 일어나지 않도록 하지 않으면 안 된다.

일반적으로 환자가 젊으면 젊을수록 삼애가 생기지 쉬울지도 모른다. 이점에 대해서는 간호자 쪽의 문제라기보다는 죽어가는 환자 한 사람 한 사람이 자신의 일로 여겨서 평소부터 생각해 두어야 할 문제라고 생각한다. 다만 환자에게 남겨진 시간이 짧고, 이 세상에서 안고 있는 신체적·정신적·사회적 문제나 근심이 되는 것을 환자 자신이 해결할 수 없는 상황일 경우에는 환자의 가족·의료 종사자가 가능한 한 문제해결을 도와주어야 한다.

그러나 무엇보다 중요한 것은 사람은 건강할 때부터 만족할 줄 알고, 여러 가지 상황에 대하여 탐내지 않는 생활을 하는 것이다. 왜냐 하면 평소부터 익숙해진 습관이나 기호, 생각 등 그 사람의 행동 특성은 임종에 임해서도 그리 간단하게 고쳐질 수 있는 것이 아니기 때문이다. 법연 스님이 기록하고 있듯이, 임종시에 삼종의 애심이 일어날 때에는 마연이 움직여 정념을 잃기 때문에 이 애심은 선지식의 힘만으로는 제거하기 어렵다고 한다. 그러므로 간호하는 사람이 선지식다운 모습을 갖추었다고 하더라도 나중에는 아미타불의 위신력에 의해서만이 정념에 머물 수 있게 된다.

무욕(無欲)의 대욕(大欲)이라는 말이 있다. 임종시에는 참으로 이 말의 자기실현이 되지 않으면 안 될지도 모른다. 세간적인 집착을 하지 않고 정념에 머무르면서, 극락에 태어나고 싶다고 염원하는 것이야말로 인간에게 있어서 최후의 자기실현이지 않겠는가. 이 세상을 떠날 때에 가지고 가는 것은 마음뿐이라고 한다. 바꾸어 말하면, 인간에게 있어서 이 최후의 자기실현이란 그 마음속에 얼마만큼 내세에 대한 희망을 품고 빛을 증가시켜 나가는가 하는 것일지도 모른다.

셋째로는 연아(然阿)화상이 말한 "선지식을 만난다는 것은 대인연이며, 환자는 선지식을 부처님이라고 생각하고 그 가르침을 따르며, 또한 선지식은 환자를 자기 자식과 같이 생각하고 자비롭고 연민의 마음을 다하여 인도한다."라는 말을 듣고 싶다.

현대의 병원에서도 어떤 간호자가 어떤 환자를 담당하는 것은 어쩌다가 우연히 결정되었다고 생각하는 것이 일반적이다. 그러나 여기에서 배워야 할 점은 간병인과 환자의 만남은 우연이 아닌 필연이라는 사실을 받아들이라는 것이다. 인연이 있어서 만났다고 생각하면 거기에는 자연히 상대에 대한 한량없는 관심이 생겨난다. 쌍방간에 관심이 있으면 반드시 좋은 관계가 만들어지고, 간호를 전개하는 과정에서 감사와 자비로움이 생기게 될 것이다.

그리고 임종시에도 간병인은 환자에 대해서 당신을 만나서 보살펴 줄 수 있어서 좋았다고 생각하고, 환자도 또한 당신에게 간병을 받고 임종시에 함께 할 수 있어서 좋았다고 서로 이야기하며 생각을 교류하는 관계가 더욱 바람직하지 않겠는가.

병원에서 간호사와 환자가 접하는 관계에는 한계가 있을지도 모른다. 그러나 환자로부터 "당신이 있어서 좋았다. 나에게 제일 중요한 임종시에 당신이 보살펴 주어서 좋았다."라는 말을 듣는다면 그것은 최고의 간호를 한 것이 될 것이다.

임종용심(臨終用心) 가원(可圓)

가원은 임종에 있어서 신경을 써야 하는 것으로, 병구완을 하는 사람과 병구완을 받는 사람 양자의 입장에서 그 마음가짐에 대하여 기술하고 있다. 현대의 의료·간호의 경우에 있어서, 특히 임종시의 간호에 대해서는 간호하는 쪽의 케어의 내용이나 그 유의점에 대하여 쓰어진 것이 있기는 해도 병구완을 받는 쪽의 이상적인 방법이나 마음가짐에 대하여 쓰어진 것은 없다는 점이 매우 흥미롭다.

또한 확실한 생사관과 신앙을 갖지 않고, 일상 가운데서 자신의 죽음이나 죽는 방법, 죽어가는 장소 등에 대해서 그다지 생각하지 않으며 살아가고 있는 현대인들에게 주체적으로 죽음을 맞이하기 위한 환자로서의 마음가짐을 보여 주고 있다고 생각한다.

여기에서는 임종시에 신경 써야 하는 점에 대하여 열세 가지 항목으로 기술하고 있다. 각각의 내용에 대하여 간호적 관점에서부터 살펴보고자 한다.

첫째, 간병인은 환자의 마음을 외면해서는 안 된다.

여기에서는 간호하는 사람의 바람직한 마음가짐과 태도에 대하여 기술하고 있다. 한 예로 "간병인은 단적으로 말하면 선지식(善知識)이 된다. 그 선지식에 대하여 환자는 부처님을 대하는 것과 같은 생각을 품으라."고 말하고 있다. 여기에 나오는 지식(知識)이란 벗이라는 의미가 담겨 있는데, 우선 간병인은 환자의 좋은 친구여야 한다는 것이다. 현대의 간호를 행하는 자가 환자의 좋은 친구라는 것이 가능하다고 해도, 과연 환자가 참으로 돌아가야 할 영혼의 고향을 가르쳐 준 것만으로 선지식다운 존재일 수 있겠는가 하는 점은 의문이 남는다.

병명을 알린 후의 환자의 불안이나 각종 반응을 두려워하여 이를 알리지 않는 의료 종사자 측의 태도를 생각할 때, 특히 말기 환자를 간병하는 쪽의 자질 면에서 엄격함이 요구된다고 하겠다. 환자의 마음에 다가가서 좋은 친구가 되려고 한다면, 적어도 간호를 행하는 사람 자신도 마침내는 죽어가는 존재라는 자각만큼은 필요하다고 생각한다. 그러한 의미에서도 의학·간호학 교육에 있어서 죽음에 대한 교육의 의미는 크다.

나아가서 가원은 간병에 있어서의 다섯 가지 지켜야 할 점들에 대해서 기술하고 있다. 구체적으로는 제3장의 현대어 역에 기록되어 있는 대로이다. 여기에서 흥미로운 것은 말기 환자의 임종 단계에 있어서는 육친보다도 신앙을 함께하는 염불 수행자가 간병해야만 한다는 점이다. 즉 임종시에는 종교적 배려를 으뜸으로 하는 것이다.

둘째, 환자의 마음가짐.

여기서는 환자가 마음에 새겨 두어야 할 점에 대해서 기술하고 있다. 환자는 예후가 좋지 않은 것을 안 날부터 정토를 생각하고, 극락정토의 모든 보살의 마음을 이해하고 그에 따르는 것이 중요하며, 동시에 주위 사람들에 대한 감사함을 잊어서는 안 된다고 하며, 그것을 말로써 나타내도록 하고 있다. 평소의 불평불만은 임종에 방해가 되기 때문이다.

현대의 터미널케어에 관한 서적 가운데 환자는 간호하는 사람에게 감사해야 하며, 감사함을 말로 표하라고 쓰여진 책이 과연 있을까. 그러나 죽어가는 환자가 주위에 대하여 마음을 쓰는 것은 당연하며, 인생의 총 결산이 요구되는 말기 환자의 태도·마음가짐으로서 주의의 사람들에게 감사할 수 있는 마음의 여유는 대단히 중요하다고 생각한다.

셋째, 술과 고기, 오신채를 먹은 사람을 임종의 자리에 들여서는 안 된다.
술과 고기, 오신채를 먹은 사람이 왜 임종의 자리에 들어가서는 안 되는가. 이것에 대하여 현대적 의미로 설명하기는 어렵지만, 여기서는 대단히 중요시되는 임종에 있어서 술과 고기, 오신채의 음식이 불법을 방해하고, 지혜와 선근을 잃어버리게 하는 악마인 천마(天魔)를 부르는 원인이 되는 것을 피하기 위함이라 해석된다. 현실적으로는 임종에 있어서 환자에게 영향을 줄 수 있는 소리나 자극적인 냄새 등을 가능한 한 피하라고 하는 것으로 받아들이면 좋을 것이다.

넷째, 임종이 가깝다고 생각되는 환자에 대하여 주원(呪願)·안위(安慰)를 구하는 것 등은 쓸데없는 일이다.
여기서는 환자에게 실현 불가능한 기대나 희망을 갖게 하거나 연명에 대한 기대를 갖게 하는 것은 좋지 않다는 것을 보여 주고 있다. 그것은 아이들이라 하더라도 그렇거니와 임종에서의 거짓됨은 고통에서 벗어날 수 없는 근본 원인이 된다는 것이다. 즉 환자에게 진실을 알리는 것이 중요하며, 그것은 단적으로 말하면 병명고지를 자연스러운 것으로 긍정하고 있다고 보아야 한다. 아직도 병명을 알리는 것을 전적으로 좋은 일이라고 인정하지 않는 풍조를 보이는 현대의 의료현장에 대해서, 진실을 알리는 것의 소중함과 당연함을 시사하고 있다고 생각한다.

다섯째, 약은 병을 치료하는 것으로, 목숨을 연장할 수는 없다는 것을 알아야 한다.

여기서는 연명을 위하여 약을 복용하는 것은 임종에 방해가 되며, 증상조절을 위한 약의 사용은 임종정념을 얻기 위하여 필요하다고 하는 사실이 흥미롭다. 현대에 있어서도 말기에 있는 환자는 물론 그 외의 환자에 대해서도 신체적 고통의 완화를 제일로 하고 있으며, 이에 대한 이론은 전혀 없다. 그러나 필요 이상으로 연명을 위한 영양공급을 하거나, 위급한 상황에서 당연한 듯이 인공호흡기를 사용하거나 심장 마사지를 하며, 강심제나 혈압을 높이는 약을 사용하는 경우가 있다고 생각한다. 이러한 처치는 환자 본인의 희망이 없는 한, 특히 말기 환자에게는 불필요한 일이라고 생각해야 하지 않겠는가.

과학적인 치료·처치·행위는 그 사람의 수명으로서의 생명도 고려해서 행해야만 하며, 본인의 생전의 생사관에 바탕을 둔 '리빙 윌(living will, 생전 유서)'을 받아들인다는 측면에서도 중요하다고 생각한다.

여섯째, 환자는 죽음을 두려워하고 생을 탐해서는 안 된다.

"죽음은 참으로 좋은 것이라고 생각해야 한다.", "죽는다고 생각해서는 안 된다. 태어난다고 생각하라."는 말은 영혼불멸의 사상이 근저에 깔려 있다고 생각한다. 오늘을 살아가는 모든 사람들이 죽음은 병을 앓고 있는 육체를 벗어던지고 새로운 생으로 향하는 첫발걸음이며, 바야흐로 대문을 나서는 것이라고 생각한다면 병구완을 받고 있는 사람이나 간병하는 사람 모두에게 무언가 안심과 희망이 있지 않겠는가.

일곱째, 말기의 물은 쓸데없는 것이다.

현대의 의료·간호의 현장에서도 임종에 있어서 말기의 물을 쓰려고 하는 의례는 답습되고 있다. 말기의 물은 속어로 사수(死水)라고도 하여, 죽음을 맞이하는 사람의 갈증을 풀어 주고, 사후세계에서 굶주림과 갈증으로 괴로워하지 않도록 하는 기원과 함께 고인에 대한 여러 가지의 생각을 담아 이별을 고하기 위한 의식으로 행해지는 듯하다.

『임종용심』에서는 말기의 물은 의미가 없다고는 하지만, 만일 현대인에게 있어서 그것이 마음을 담은 고인과의 이별의식이라고 한다면 수용해도 좋지 않을까 하는 생각이 든다.

여덟째, 귀나 입에 대고 큰 소리로 염불을 해서는 안 된다.

임종 장소에서는 주위 사람들이 큰 소리로 말하지 않도록 하며, 정숙하게 하는 것이 대단히 중요하다고 기술되어 있는데, 이는 당연하다고 하겠다.

아홉째, 눈을 문지르거나 베게를 치워서는 안 된다.

임종에 있는 환자에게 신체적인 자극은 적극적으로 피하도록 한다. 베개를 치우는 것은 숨을 끊어지게 하는 것이라고 알고 있지만, 해부생리학적으로 볼 때는 기도를 확보하여 공기의 길을 열어 주기 위한 경우가 많다. 또한 상태에 따라서는 오연(誤嚥)[2]을 피하기 위하여 베게를 치우며, 얼굴을 옆으로 향하게 하기도 한다. 어느 경우라도 임종시에 환자의 고통을 가능한 한 없애면서 안전을 확보하는 것이 중요하다.

열째, 아직 숨이 끊어지기 전에 눈물을 흘리고 소리를 높여 울어서는 안 된다.
임종시에 환자가 이 세상에 대한 염려, 걱정, 근심 등을 떠올릴 수 있는 상황을 만들어서는 안 된다고 한다. 현대의 의료·간호의 현장에서도 항상 환자가 마음에 무엇인가를 남기지 않고 최후를 맞이할 수 있도록 배려하는 것이 필요하다. 이것은 간호하는 사람들의 마음가짐으로서 대단히 중요하다.

열한 번째, 목숨을 마칠 때 염불을 권한다.
여기서는 마침내 임종을 맞이하는 환자를 위해 병실에는 세 사람의 간호자가 있는 것이 바람직하다고 한다. 한 사람은 병자 옆에서 염불을 하고 종교적 배려를 하는 자이며, 한 사람은 신체를 돌보는 간병인이며, 또 한 사람은 잡일을 처리한다고 되어 있다. 현대의 의료현장에서는 자칫하면 의료·간호자가 중심이 되어 환자나 그 가족을 소홀히 할 수가 있는데, 항상 중심은 환자와 그 가족이라는 사실을 명심해야만 한다.

열두 번째, 사체를 두북면서(頭北面西)하고, 수족을 구부리는 등의 행위는 필요하지 않다.
사망 후의 유체에 대해서 형식적·의례적 행위를 실시하는 것은 죽은 사람에게는 어떤 의미도 없는 행위라고 한다. 그런데 현대의 의료·간호의 현장에서는 이와 같은 민간 수준의 의례적 행위가 행해지고 있다. 사자의

---

2) 역자 주 : 잘못해서 기도에 음식물이 넘어가는 것.

례는 죽은 사람에게 조의를 표하는 동시에, 산 사람을 위한 것이다. 의례를 사회적인 약속이라고 하여 이행함으로써 간호하는 쪽이 일단의 안심을 얻을 수 있다면, 즉 그러한 의례가 간호하는 사람에게 정신적 안정을 주고 일상성을 되찾기 위한 순서로서 답습되고 있다고 한다면, 그것들을 실시하는 것 자체는 문제가 아니라고 생각한다.

오히려 여기에서 주의해야 할 것은 사후, 즉 육식(六識)이 없어져도 제8식(八識)은 아직 신체 안에 존재하므로 생전과 같이 정중하고 신중하게 유체에 접할 것을 강조하고 있는 점이다. 시간적 경과가 기술되어 있지는 않으므로 죽음의 세 가지 징조가 확인된 후 어느 정도의 시간이 지나서 제8식이 없어진다고 정해져 있지는 않지만, 사망과 동시에 다만 유체(遺體)·사인(死人)으로만 취급하는 의료 담당자가 임종 이후에도 영혼이 신체 안에 머문다고 생각하는 것은 간호의 시점에서 매우 신선해 보인다고 생각한다.

열세 번째, 장송(葬送)은 급하게 하지 말 것.

여기에 씌어진 내용들은 현대인들에게 죽음의 의미와 정의를 되묻고 있는 것이다. 열두 번째 항목에서 보여 지듯이 몸의 온기가 남아 있는 동안은 제8식, 즉 영혼이 신체 안에 존재하며, 영혼이 신체로부터 빠져나가지 않은 동안은 죽은 자로 취급해서는 안 된다고 하고 있다. 제8식이 몸 안에 존재하는 동안 그 몸을 상처내거나 움직이게 하는 것은 살생 행위에 해당한다고 한다. 그렇다면 현대 의료현장에서의 뇌사 환자의 장기적출·해부 등은 참으로 살생 행위 그 자체인지도 모른다. 여기에서 말하는 죽음의 정의가 바르다고 한다면, 현대 의료현장에서의 생명관·윤리관은 크게 변할 수밖에 없을 것이다.

가원의 『임종용심』에서는 임종시의 종교적 배려로서 임종염불의 중요함, 임종시의 구체적 대응, 임종을 맞이하는 사람의 마음가짐을 구체적으로 제시하고 있어 현대의 의료현장에서 간호를 담당하는 사람의 마음가짐으로서도 여러 가지 깊이 생각하게 하는 점이 있다.

제2절 진언계

일기대요비밀집(一期大要秘密集) 각반(覺鑁)

각반은 진언(眞言)의 교학 안에 당시 번창했던 염불을 받아들여, 진언염불을 중요시한 사람이다. 각반은 『일기대요비밀집』에서 임종정념의 중요성과 임종시 지녀야 할 아홉 가지의 마음가짐을 설하고 있다. 이 아홉 가지의 마음가짐에서 현대인은 무엇을 배울 수 있겠는가. 몇 가지 마음가짐을 예로 들어 간호의 입장에서 살펴보고자 한다.

최후까지 희망을 가지고 성장을 지향하는 터미널케어.
현대 터미널케어 시설의 하나인 호스피스에서는 죽어가는 사람이 최후까지 희망을 갖고 보다 행복한 삶을 살 수 있도록 지향하고 있다. 결코 죽기 위한 장소나 시설이 아니다. 『일기대요비밀집』의 제1에도 "죽음에 이르기까지는 의료를 더하고, 건강하게 목숨이 연장되는 방술을 행하도록 하라."고 하고 있다. 그 목적은 진언밀교의 가르침을 지켜서 관계를 돈독히 하기 위함이라고 하는데, 한계가 있는 수명의 짧음을 알고 남겨진 시간을 자신의 정신적 성장과 최후의 배움을 위하여 사용하라고 하는 식으로 받아들여도 좋지 않을까 생각한다. 이처럼 건강하다는 것의 중요함을 서술하고 있는 임종행의서(臨終行儀書)는 그 동안 없었다고 생각하며, 이는 주목할 만한 점이라고 하겠다.
평소 자신의 생사 문제에 대하여 생각한 적이 없었던 사람이라도 암이나 예후가 좋지 않은 질병 체험을 통하여 죽음이나 죽어가는 것을 생각하지 않을 수 없는 상황에 놓이게 된다. 그렇다면 자신에게 남겨진 시간이 적다는 것을 알게 되었을 때 어떠한 심리상태가 되고, 어떠한 행동을 취하게 될까.

대부분의 인간에게 있어서 죽음은 공포이다. 죽음이 가까워진 것을 의식하고, 알게 되었을 때 어떤 사람은 충격을 받고 그 사실을 받아들일 수도 믿을 수도 없다며 불신에 빠질 것이다. 또 어떤 사람은 그 사실을 받아들이려고 하지 않는 부인(否認)이라는 반응을 보일지도 모른다. 어떤 사람은 분노하고 두려워하고 절망하고 억울하다는 반응을 보이며, 더러는 죄책감을 품을지도 모른다. 하여튼 대부분의 사람들은 죽음이 가까워진 것을 알게 되었을 때 차분하게 있을 수는 없을 것이다. 그러나 누구도 죽음을 면할 수는 없다. 그렇다면 어떻게 이 죽음의 공포를 극복할 수 있을까.

『일기대요비밀집』에서는 어느 정도 남은 수명이 확실하다면 일념으로 불도 수행에 전념하라고 한다. 인간이 죽음을 마주하고, 죽음을 초월하는 길이 불도 수행에 있다고 한다. 불도 수행이 죽음을 맞이하는 마음가짐이 된다는 것이다.

그런데 현대인 가운데에는 특히 신앙을 갖지 않고 자신의 건강한 육체나 젊음에 가치를 두고, 죽으면 그것으로 끝이라고 생각하는 사람도 많다고 생각한다. 하지만 그런 사람이라 하더라도 죽음은 역시 공포의 대상일 것이다. 신앙이 있고 없음에 관계없이 터미널 상태에 있는 사람이 마지막까지 희망을 가지고 죽음을 맞이하도록 하기 위해서는 어떠한 배려가 요구되는 것일까. 우리 현대인들이 죽음의 공포를 초월하기 위한 지혜를 불교에서 구할 수는 없는 것일까.

임종에서 희망과 편안함을 주는 것은 무엇인가.

리챠드 라마튼은 "유럽에 있는 호스피스 시설의 대부분은 종교적 기반을 가지고 있고, 여러 종파의 종교가와 밀접한 관계를 가지고 있는데, 특히 눈에 띄는 것은 평화로운 것, 아마도 분명히 영광에 찬 분위기라고 말할 수 있는 것이 있다는 것이다."(季羽倭文子 역『죽어가는 환자에 대한 간호(死の看護)』메디칼프랜드사 メチカルフレンド社 1977, 69)라고 기술하고 있다. 아마도 종교가 무엇이든 간에 그 종교들에 공통되는 것은 죽어가는 사람에 대해서 가능한 한 평안하고 고요한 분위기를 유지하며, 존경을 담아 정중하게 취급하고 있다는 점이 아닐까 생각한다. 죽음의 공포를 희망과 안심으로 바꾸어, 진정한 안락과 치유를 제공하는 것은 역시 종교가 아니겠는가.

그런데 일본사람들에게 있어서 종교란 신불(神佛)과 인간의 관계를 설명하고, 이 우주의 구조와 진실한 세계를 가르치고, 생사의 구조를 분명하게 해 주는 것이며, 사람을 멋지게 성장시키고 발전시켜 주는 것이라고 여겨지고 있다. 여기서 말하는 진실이란 끊임없이 흐르는 시간 속에서, 그리고 변화해 가는 환경 속에서 살아가며 자신의 삶에 대한 존재 이유를 확립해 가는 것이 아닐까. 사람은 어디에서 무엇을 위하여 태어난 것인가. 지금까지 자신은 무엇을 위하여 살아온 것인가. 자신의 인생의 의미는 무엇인가. 그리고 죽으면 어떻게 되는 것일까. 이대로 죽어버려도 좋은가. 그리고 남겨진 시간 동안 무엇을 해야 하는가.

만일 말기에 있는 사람이 한정된 시간 속에서 이 진실을 향해 마주 설 수 있다면 죽음의 공포는 지금까지보다 더욱 적어질 것이고, 사람에 따라서는 공포나 절망이 기쁨과 희망으로 바뀔지도 모른다.『일기대요비밀집』에도 여덟 번째 주의해야 할 마음으로 결정왕생(決定往生)의 용심(用心)이라는 것이 있다. 이 마음가짐은 매우 중요한 것으로, 극악한 사람이라도 정토 왕생할 수 있다고 한다. 구체적으로는 선지식 다섯 사람을 불러 의궤(儀軌)에 잘 따라야 한다고 한다. 만일 죽음의 공포에 떨면서 터미널케어를 받고 있는 사람이 있다면 그에게 남겨진 한정되고 귀중한 시간에 진실을 만나고, 임종시 돌아가야만 하는 영혼의 고향을 제시해 주는 선지식(종교가)에게 인도되어 모범되게 그때를 맞이하는 것이 의미있지 않을까 생각한다.

사람은 그가 살아온 것과 같이 죽는다고 곧잘 이야기한다. 확실히 그럴지도 모른다. 지금까지 그 사람의 인생을 지내온 방법, 가치관, 생사관, 신앙심 등은 어느 날 갑자기 형성된 것이 아니다. 살아온 시간, 인생, 그 내용에 대해서는 확실하게 개개인이 책임을 지지 않으면 안 된다. 그러나 사형수가 무기징역을 사는 수인에 비해서 그 시간을 지내는 방법이나 생활태도 면에서 훨씬 충실하다고 하듯이, 사람도 그 한정된 시간의 짧음을 안 후에는 그때까지와는 다른 의미의 시간 속에서 살게 되는 것은 아닐까.

그런 경우에 선지식인 종교가에게 인도된다면 지금까지의 그 사람의 생각, 가치관, 신앙심은 180도로 변할지도 모른다. 만일 그것에 의해서 죽음에 대한 불안과 공포, 절망이 안심과 희망으로 변한다면, 우리 현대들에게는 고대·중세의 사람들이 중시했던 죽음을 위한 마음가짐이나 작법을 배우는 겸허함이 필요하지 않겠는가.

효양집(孝養集) 각반(覺鑁)

각반이 쓴 『일기대요비밀집』이 환자나 죽어가는 사람의 마음가짐을 중심으로 씌어졌다면, 『효양집』은 죽어가는 사람을 간병하고 지켜보는 사람의 마음가짐과 작법을 중심으로 씌어졌다고 생각한다. 『효양집』에는 일곱 가지 시점에서 임종의 작법이 기술되어 있는데, 여기서는 그 가운데 몇 가지 예를 들어 살펴보고자 한다.

이상적인 선지식의 모습.
　선지식에 대해서는 많은 임종행의서에 기록되어 있다. 그 어느 임종행의서에서도 선지식은 임종에 있는 환자의 진실한 벗, 선한 벗임과 동시에 불도를 바르게 인도하여 주는 사람이 아니면 안 된다고 되어 있다. 여기에 기록되어 있는 선지식이 환자를 대하는 구체적인 대응 방식은 각반의 『일기대요비밀집』의 여덟 번째 주의해야 하는 마음인 「결정왕생의 용심」에 잘 기록되어 있는데, 각반은 이를 가장 중요한 마음가짐으로 들고 있다.
　『효양집』에서는 환자를 구완하는 선지식은 세 사람 또는 다섯 사람으로, 그 이상의 사람은 가까이해서는 안 된다고 하며, 각각의 선지식으로서의 역할을 명확하게 기록하고 있는 점이 매우 흥미롭다. 그 어느 선지식도 환자를 위로하는 데 있어서 애정어린 마음으로 안심의 경지에서 염불을 할 수 있도록 배려하는 것을 기본으로 하며, 각각의 역할에 대하여 기술하고 있다. 환자 쪽에 앉는 선지식의 위치, 조건, 역할 등에 대하여 자세하게 배려하여 규정하고 있으며, 나아가서 환자의 임종시의 일념에 의해서 왕생으로 이어진다고 하고 있다. 죽음을 눈앞에 둔 환자의 공포심이 선지식에게 인도되면서 점차 희망과 안심의 경지로 변해가는 모습을 상상할 수 있을 듯하다. 바꾸어 말하면 환자는 좋은 친구, 동료들의 연출과 마음으로부터의 병구완에 의지하여 죽음에 대한 공포와 불안을 희망으로 바꾸어 가는지도 모른다.

더욱 흥미로운 것은 "가령 승려라고 해도 임종시의 대처 방법을 모르는 사람이 많은 것은 좋지 않으며, 그것을 잘 아는 사람이면 속인이라도 상관 없다."고 하는 점이다. 이것은 현대의 의료·간호자에 대해서도 시사하는 바가 크다고 생각한다.

현대에 있어서 환자의 선지식은 누가 담당해야 하는가.

현대 일본인의 약 80% 정도가 병원에서 임종을 맞이하고 있으며, 암 환자의 경우 90% 이상이 병원에서 죽어가고 있다. 대부분의 환자는 병실의 하얀 벽, 의료기계와 기구, 의사와 간호사에 둘러싸여서 임종을 맞이하고 있다. 물론 가족이 환자 옆에서 돌봐 주고 있기는 하지만 환자의 상태가 나빠지면 때로는 가족은 병실 밖으로 내보내지기도 한다. 또한 일반병원에서는 환자나 가족의 요구가 없는 한 환자 임종시에 목사나 승려가 청해지는 일은 없다. 환자 가운데는 최후까지 죽음에 대한 불안과 공포에 떨면서 죽어가는 사람도 있을 것이다.

그런데 『효양집』이 씌어진 당시에는 환자가 죽음을 맞이하는 장소에서 임종도량으로서의 배려가 이루어지고, 종교적 구원과 치유가 존재하는 성스러운 곳이었다는 것을 엿볼 수 있다. 그곳에서의 병구완의 주도권은 선지식에게 있었으며, 환자를 왕생시키고자 하는 서원을 중심으로 병구완의 배려가 행해졌다. 그러나 현대의 의료현장을 살펴보면 환자에 대한 병구완의 주도권을 쥐고 있는 사람은 의료 종사자라고 생각된다. 그리고 병원에서는 병실이 대부분 환자들의 임종 장소로 사용되고 있다.

앞에서도 기술하였듯이 각반은 승려라고 해도 임종시의 대처 방법을 알지 못하는 사람이 많은 것은 좋지 않으며, 임종시의 마음가짐이 되어 있으면 속인이라도 관계없다고 하였다. 그런데 만일 현대인이 이러한 마음가짐에서 배우고자 한다면 환자에 대한 병구완의 주도권을 쥐고 있는 의료 종사자가 선지식으로서의 자각을 가지고 병구완에 임해야 할 것인가, 아니면 종교인이 병구완의 장소에 적극적으로 참여해야 할 것인가 하는 점일 것이다. 그러나 지금의 상황에서는 그 어느 것도 현실적으로 실현해 나가는 것은 어렵다고 생각한다. 오히려 보다 중요하고 확실한 것은 죽어가는 한 사람 한 사람이 자신의 죽음에 대해 책임을 지고, 자신이 바라는 임종시의 이상적인 모습을 적극적으로 의료자 측에 요구하며, 자기의 생사관이나 리빙윌에 맞는 임종 장소와 간호를 확보해 나가는 것이 아닐까 생각한다.

죽어가는 한 사람 한 사람이 임종이나 죽음에 대한 마음가짐과 작법을 만들어가야 한다.

최근 대만과 한국의 터미널케어 상황을 시찰할 기회가 있었다. 같은 동아시아권 나라인 대만에서는 죽어가는 사람의 90%, 한국에서는 80% 정도가 자택에서 임종을 맞이하고 있다. 마침내 상태가 나빠지면 많은 환자가 병원에서 자택으로 옮겨져서 가족이나 같은 신앙을 가진 동료들에게 병구완을 받으며 임종을 맞이하고 있다. 또한 치유와 구원의 장소인 병원에는 훌륭한 법당이 있으며, 목사나 승려가 상주하는 곳도 있다. 이러한 것들은 환자와 가족의 요구를 병원 측이 받아들여서 시행한 것이다. 대만과 한국 사람들은 일본인보다 훨씬 죽음이나 죽어가는 것에 대하여 주체적인 마음을 가지고 있는 듯하며, 이것이 의료·간호의 현장에도 영향을 미치고 한편으로 도입되고 있다고 생각한다.

현대의 일본인에게 부족한 것은 죽음에 대한 주체적·적극적인 마음가짐이 아닐까 생각한다. 『효양집』에도 기록되어 있듯이 예전의 일본인들은 종교적 정신을 기반으로 하는 죽어가는 자와 병구완 하는 자의 마음가짐과 작법을 가지고 있었으며, 죽음을 주체적으로 받아들이려고 한 듯이 보인다. 대만이나 한국 사람들도 죽음이나 죽어가는 것에 대해서 주체적인 자세를 지니고 있다고 생각한다. 물론 여기에서 시대와 사회, 국가와 문화의 차이로 인한 종교의식의 변천이나 차이를 간과해서는 안 될 것이다. 지금 우리 현대인들이 『효양집』이나 대만·한국 사람들로부터 배워야 할 것은 종교나 신앙 자체가 아니라 그와 같은 병구완의 모습을 지탱하는, 또는 지금도 지탱하고 있는 생사관(生死觀)이라고 생각한다.

그와 같은 생사관에 바탕을 둔 죽음이나 임종 또는 병구완의 마음가짐과 작법을 현대인 한 사람 한 사람이 지니는 것은 매우 중요하며, 그것이야말로 지금 일본인들에게 필요한 것이 아니겠는가.

죽음을 맞이하는 마음가짐과 작법은 사람들 개개인이 형성해 가는 것으로서, 각자의 생사관에 뒷받침되는 것이다. 그것은 죽을 때까지 이렇게 살고 싶다고 하는 개개인의 의사표명 위에 성립된다. 즉 임종시의 마음가짐과 작법은 한 사람 한 사람이 자신이 살아가는 방법을 정하고, 주위 사람들에게 인생의 최후를 맞이하는 방법에 대하여 어떻게 원조해 주기를 바란다는 의사표시를 함으로써 의미있는 것이 된다.

예전의 일본인은 임종시의 자신의 태도로써 좋은 임종 또는 나쁜 임종의 모습을 만들어내고, 좋은 임종을 위해서 평소부터 노력했음을 알 수 있다. 그와 같은 태도가 죽어가는 자로서의 마음가짐과 작법을 만들어 내었을 것이다. 임종은 한 사람의 죽음 순간까지의 인생의 집적이며, 평생 어떻게 살아왔는지가 임종시의 모습을 결정하게 된다. 그리고 그러한 집적의 결과로서의 임종을 언젠가 반드시 맞이하지 않으면 안 된다. 그때를 위해서 평소부터 생명을 마주하고 죽음을 마주하면서 생사관을 키워 나가고, 그 가운데서 각자가 죽어가는 자로서의 마음가짐과 작법을 만들어 가고 싶은 것이다.

임종행의주기(臨終行儀主記) 담수(湛秀)

『임종행의주기』도 현대인들이 죽음에의 대응과 병구완의 이상적인 모습을 배워 나가는 데 있어서 시사하는 바가 크다고 생각한다. 여기에서 보여지는 임종시에 수반되는 작법과 마음가짐은 간병인이나 환자 어느 한쪽의 입장이 아닌 인간으로서 가져야 할 임종과 죽음에 대한 마음가짐이며, 평소부터 생각해 두는 것이 중요하다고 가르치고 있다.

물론 당시 사람들이 살아온 시대는 현대와 다르고 의학이 발달되지 않았으며, 사람들에게 질병이란 대부분 죽음에 가까워지는 것이었으므로, 병이 나는 것은 곧 죽음을 생각할 수밖에 없는 상황이었다. 즉 고대·중세·근세의 사람들에게 죽음은 우리 현대인들보다 현저하게 가까운 것이었을 것이다. 그렇기 때문에 임종과 죽음에 대한 대응, 그리고 병구완의 방법이 강하게 의식되고 구체화되었던 것인지도 모른다.

근대 과학기술이 발달하고, 의료기술이 아무리 진보하여도 인간은 죽음을 면할 수 없다. 현재를 살아가는 우리들이 확실하게 자신의 임종이나 죽음에 대한 태도를 가지기 위해서는 과거의 역사로부터 죽음에 대한 대응, 병구완의 이상적인 모습을 배우고 고쳐 나가는 것이 중요하다고 하겠다.

『임종행의주기』에서는 임종시에 행하는 작법과 마음가짐을 열두 항목으로 나누어 설명하고 있는데, 여기에서는 간호적 시점에서 살펴보고자 한다.

평소부터 의식해 온 죽음에 대한 준비.

우선 먼저 서원을 세우는 것을 들고 있으며, 사람은 일생 동안 세 가지 서원을 세우지 않으면 안 된다고 한다.

그 서원의 첫째가 발보리심원(發菩提心願), 즉 불도에 몸을 맡기는 원을 세우는 것이다. 임종에 임해서 바른 마음으로 있고 싶다고 서원한다면, 건강하게 살아가고 있는 바로 지금 그 생각을 일으키는 것이 중요하다고 하는 것이다.

둘째는 임종시에는 나쁜 벗과 떨어져서 선지식(참된 벗, 불도를 바르게 인도하여 주는 사람)이 옆에 있어 줄 것을 서원하는 것이다.

셋째는 임종은 선지식과 만난다고 해도 많은 고통과 괴로움이 수반되고 그로 인해 지옥에 떨어질 수도 있기 때문에, 평소부터 임종시에 괴로움이 적고 안온하게 맞이할 수 있도록 임종미고안주정념(臨終微苦安住正念)의 서원을 세우라고 한다.

그러므로 여기에서는 평소부터 일생 동안에 걸쳐 세 가지의 서원을 세우고 죽음에 대한 준비를 해 두는 것의 중요함을 강조하고 있다고 생각한다. 바꾸어 말하면 당시 사람들의 생사관 자체가 이 서원에 깃들어 있다고 여겨진다. 생사관이란 간단히 말하면 자신의 삶이나 죽음에 대한 생각을 분명히 하는 것이라고 하여도 좋을 것이다. 즉 인생을 어떻게 살고, 어떻게 최후를 맞이하고 싶은가 하는, 자신의 삶에 대한 생각이나 죽음을 받아들이는 방법을 분명히 한 것이다. 임종시에 바른 마음으로 있기 위해서는 어떻게 최후를 맞이하고 싶은지에 대한 서원을 평소부터 일으키고, 의식해 나가는 것이 대단히 중요함을 보여 주고 있다.

당시의 사람들이 현대인들보다 더 자신의 존엄한 죽음에 대해서 평소부터 생각해왔던 것은 아닐까. 존엄사(尊嚴死)란 한마디로 죽음을 맞이하는 방법을 선택할 자유의 존중이다. 이와 같은 사상은 현대인들보다 당시의 사람들이 더 명확했던 것은 아닐까 생각한다.

왜냐 하면 오늘날 일반병원에서 죽어 가는 사람들을 보면 한 사람의 생애에 있어서 마지막이라 할 수 있는 시기에 존엄스러움이 없으며, 그 사람의 생사관이 마지막 순간의 바람·원(願)이 되어 임종이나 죽음의 장면에 그다지 나타나지 않는 것으로 생각되기 때문이다. 가령 암 등과 같이 예후가 좋지 않은 질병의 경우, 일반적으로 병명을 알리지 않는 경향이 강한 일본에서는 환자가 회복에 대한 희망을 갖게는 하면서도 얼마 남지 않은 생명에 대해서는 적극적으로 알려 주지 않는다. 당연히 어떠한 최후를 맞이하고 싶은가 등에 대한 바람을 환자와 가족, 의료를 행하는 사람이 서로 논의하는 경우는 극히 드물다고 생각한다.

사람은 살아가는 동안 여러 가지 권리를 주장한다. 환자의 입장이 되면 평등하게 의료를 받을 수 있는 권리와 알 권리, 사생활을 지킬 권리, 자기결정권 등을 요구한다. 그러나 자신의 생의 마지막을 자기 자신이 선택하고 결정하는, 이른바 죽음을 맞이하는 방법을 선택할 권리는 그다지 주장하지 않는다. 즉 현대인에게는 개개인의 생사관이 명확하지 않다고 말할 수 있지 않을까.

또한 『임종행의주기』에서는 죽어가는 사람은 우선 자신의 죽음의 시기와 임종의 때를 아는 것이 중요하며, 나아가 자신에게 걸맞은 임종의 준비에 들어가는 것을 자연스러운 것으로 생각하고 있다. 당시 사람들이 자신의 죽을 시기를 알고, 각각 임종을 향하여 나아가는 태도에서 현대인들한 테서는 볼 수 없는 수명에 대한 정결함이 느껴진다. 우리도 당시 사람들이 일상에서 행해오던 이와 같은 죽음에 대한 태도를 배우고 발전시켜 나갈 필요가 있지 않을까.

얼마 남지 않은 생명을 자각한 후의 삶의 모습과 정리 방법.
『임종행의주기』에서는 열세 가지의 마음가짐을 보이고 있는데, 그 가운데 '병이 든 후에는…', '병에 걸렸다면…', '병이라면…' 이라는 말로부터 시작하는 마음가짐이 있다. 당시의 사람들은 병을 얻는 순간부터 죽음에 대한 자각을 강하게 하고, 마음을 바르게 하여 임종을 맞이하기 위한 구체적인 준비를 진행했음을 알 수 있다. 가령 병이 들었다면 그 외의 것을 하지 않고 일심으로 공덕을 쌓을 것, 자신이 할 수 있는 범위에서 의복·음식을 불·법·승 삼보나 어려운 병자에게 보시할 것, 항상 정마유(淨麻油)를 부처님과 불탑에 헌공할 것, 지금까지의 죄업을 참회할 것, 보살계를 읽고 들을 것 등 남은 시간을 지내는 방법을 제시하고 있다. 당시의 사람들은 질병을 자각한 때부터 병이 회복되기를 바라는 마음보다 바람직한 임종을 위하여 남겨진 생명·시간·생활을 보다 적극적이고 주체적으로 지내고자 하는 마음이 컸다고 느껴진다.

그러면 현대에서는 어떠한가. 예방의학, 건강증진을 위한 의학뿐 아니라 치료의학, 재활의학도 점점 진보하고 있다. 현대인은 암 등 일부의 질병을 제외하면, 그렇게 질병을 숙명이라고 생각하지는 않을 것이다. 그러나 시대가 변한다고 해서 환자가 없어지는 것은 아니다. 역시 질병은 개인에게 있어서 하나의 체험이며, 그것이 그 사람의 생애에 큰 영향을 줄 수도 있다. 때로는 질병이 그 사람의 생명을 위협하기도 하며, 사람들은 생과 사가 질병이라는 체험 가운데 공존하고 있다는 것을 실감하게 된다.

병원에서 임종을 맞이하는 사람들을 보면 많은 현대인들이 건강이나 젊음에서 가치를 구하며, 질병은 병이 든 때부터 생각하고 죽음은 죽기 직전에 생각하면 된다고 여기는 사람이 많은 것 같다. 또한 현대의료는 단 일 분이라도 생명을 더 연장하는 것이 보다 인간적이고 적극적으로 사람을 살리는 일이라고 생각하는 면도 있다고 여겨진다. 평소부터 죽음의 의미를 추구해 오지 않은 현대인 가운데에는 그 말기에 있어서 당시의 사람들이 지향한 것과 같은, 남겨진 시간에 대해서 적극적이고 주체적으로 사는 방법을 스스로 찾고자 하는 사람은 적은 것 같다. 동시에 의료를 시행하는 사람들도 그 시간을 적극적으로 보내게 하는 방법을 모른 채 머뭇거리고 있는 듯하다.

어느 시대라도 늙음과 질병과 죽음에 저항할 수 있는 사람은 없다. 젊게 오래 살기를 원해도 사람은 반드시 그 인생길에서 병을 얻고, 마침내 늙고 죽음을 맞이하지 않으면 안 된다. 그렇다면 이『임종행의주기』에서 보여지는 당시 사람들의 생사관을 다시 한 번 되짚어 볼 필요가 있지 않을까. 임종에 대해서 각별히 중시하는 사상, 그리고 그 생사관에 바탕을 둔 임종시의 마음가짐과 작법의 이상적인 모습, 그 마음가짐과 작법에 따라 남겨진 삶을 스스로 적극적으로 지내는 방법을 말이다.

임종지용의(臨終之用意) 정경(貞慶)

『임종지용의』에서는 주로 간병인에게 요구되는 마음가짐과 작법을 서술하고 있다. 현대에는 죽어가는 사람은 물론이거니와 돌보는 사람의 마음가짐과 작법도 없는 것 같다. 그러나 적어도 간호하는 쪽에 죽음을 맞이하는 환자에 대한 돌봄의 마음가짐과 작법이 있다면, 병원이든 자택이든 간에 환자를 존엄한 죽음으로 인도하는 것이 가능할지도 모른다. 가령, 죽어가는 사람이 전 생애에 걸쳐서 자신의 죽음이나 임종에 대하여 생각한 적이 없다고 하더라도, 죽음이라고 하는 인생의 중대사에 직면해서 환자와 간병인이 함께 당황해서 아무것도 할 수 없게 되는 일은 없을 것이다.

그러면 죽음이라는 사람의 일대사의 장면에서 가장 중요한 배려란 무엇일까.『임종지용의』에서는 돌보는 사람, 즉 선지식이 환자를 극락왕생시키기 위하여 임종시 마음을 산란하게 하는 일이 없도록 환경을 철저히 정비하도록 배려하고 있는 점을 엿볼 수 있다. 즉 환자의 주위를 항상 조용하게 정리해서 마음을 산란하게 하거나 집착이 일어나는 것을 배제하며, 신체적인 고통이 될 만한 것은 적극적으로 피하고, 갈증을 느낄 때에는 목을 적시게 하는 등 환자의 신체적인 배려를 시사하고 있다. 그리고 환자가 신앙하고 있는 부처님의 명호나 염불을 권하는 심리적·종교적 측면의 배려도 적극적으로 실시하고 있다.

여기에서 현대인들이 배워야 할 것의 하나로, 간호를 하는 사람은 환자가 말기의 상태에서 조용하게 자신을 응시하고, 지금까지의 인생을 돌아보며 현재의 자신에게로 향할 수 있도록 환경을 정비해 주는 배려의 소중함을 들고 싶다. 삶이 얼마 남지 않았음을 선고받은 사람이 지금까지 살아온 인생을 조용히 돌아보고, 남겨진 시간 동안 자신이 무엇을 원하고 무엇을 하지 않으면 안 되는가, 무엇과 만나지 않으면 안 되는가를 생각하는 것은 존엄한 죽음을 맞이하기 위해서 중요한 일일 것이다.

물론 존엄한 죽음을 지향하는 경우 철저하게 그 사람의 신체적인 측면의 고통을 완화시켜 주어야 하는 것도 잊어서는 안 될 것이다. 현대 의료현장에 있어서 이 점에 대한 배려는 상당히 잘 준비되어 있다고 할 수 있다. 그러나 오늘날 일반병원에서는 환자가 조용히 자신과 마주할 수 있는 시간과 장소를 제공해 주려고 배려하는 간호자는 적은 것으로 생각된다. 죽어가는 환자에 대한 배려 가운데 가장 중요한 것은 이와 같은 장소와 환경을 준비해 주는 것이 아니겠는가.

성불시심(成佛示心) 정공(淨空)

지금까지 살펴본 각종의 임종행의서를 보면 임종시 선지식의 존재는 대단히 중요하였다. 임종시 환자에게 필요한 간병인은 아무나 좋은 것이 아니라 그때 가장 큰 역할을 하는 바로 선지식이었다.

그런데 『성불시심』에서는 주야 사시(四時)의 관념송경, 아미타염불, 나무묘법연화경의 제목, 대일여래의 진언 등 모든 종파의 근행(勤行) 끝에 아자관(阿字觀)을 행하면 설령 선지식이 없더라도 마음이 산란해지는 일이 없이 아자(阿字)의 세계에 들어갈 수 있다고 한다. 그리고 임종시 아자관을 행함으로써 자연스럽게 바람직한 임종으로 향할 수가 있다고 한다. 즉 아자를 염하면서 임종에 임한다면 임종정념으로 아자와 일체가 되고, 즉신성불하는 것을 의심할 필요도 없으며, 가령 선지식이 없더라도 최후의 단말마의 고통 가운데서도 아자의 세계에 들어갈 수 있다고 한다. 이 점을 주목하면서 여기에 기록되어 있는 간병·간사(看死)의 작법을 살펴보고자 한다.

평소부터 의식해 온 바람직한 죽음과 임종.

여기에서도 인간에게 임종은 중요한 때라고 한다. 평소부터 아자관을 행했다면 임종시에도 마음의 산란함이 없이 아자의 세계에 들어갈 수 있지만, 전세부터의 인연에 의해서 어떠한 장애가 일어날지는 단정할 수 없는 것이 임종이라고 한다. 따라서 평소부터 성실하고 바른 승려나 재가자라 하여도 올바른 생각을 가진 친구와 임종시에 가져야 할 마음가짐에 대하여 이야기해 두어야 한다고 한다. 또한 언제 죽더라도 마음에 남는 것이 없도록 건강할 때부터 유언장을 기록해 두라고 하고 있다.

평소에 자신의 죽음이나 임종의 이상적인 모습을 의식하며 생활하는 일이 적다고 생각되는 현대인들은 당시 사람들의 이와 같은 평소의 마음가짐에서 크게 배우고 깨우칠 필요가 있다. 사람은 어디로부터 무엇을 위해서 이 세상에 태어난 것일까, 사람은 죽으면 어디로 가는 것일까, 자신은 어떠한 삶을 살고 어떠한 최후를 맞이하고 싶은가에 대하여 평소부터 함께 이야기하고 생각해 주는 스승·가족·친구를 갖는 것은 자신의 바람직한 죽음·임종을 생각함에 있어서 대단히 중요한 요건이라고 생각한다.

최근 인간 개개인에게 있어 죽음을 맞이하는 방법을 선택할 자유의 존중, 존엄한 죽음으로서의 리빙 윌의 사상이 사회적으로 논의되고 있다. 리빙 윌이란 '살아 있는 동안에 유효한 유서'의 의미이다. 이는 단순히 자신에게 있어서의 죽음을 맞이하는 방법뿐만이 아니라, 죽음 저쪽의 세계까지 생각을 전개시킨 죽음을 맞이하는 방법과 지금까지 자신의 삶을 살아온 방식의 총결산으로서의 죽음을 맞이하는 방법, 그리고 주위 사람들과의 교류가 있는 죽음을 맞이하는 방법의 소중함을 일깨워 주고 있다. 『성불시심』을 통해서 이와 같은 상상을 다시금 배울 수 있다고 생각한다.

평소에 자신의 삶과 죽음에 임하는 방법을 생각한 적이 없는 사람에게는 죽음을 맞이하는 방법을 선택할 자유의 존중이나 존엄한 죽음이 있다고 하더라도 이름만 존재하는 것이 되고 마는 것은 아닐까. 이른바 급작스럽게 짜여진 죽음에 대한 교육이거나, 그야말로 마지막 순간에 죽음을 맞이하는 방법을 요구해도 의료현장에서는 그 의미가 통하지 않아 의료 종사자가 이끄는 대로 임종을 맞이하게 되는 것은 아닌지 걱정된다. 자신에게 있어서 진정으로 존엄한 최후를 맞이하기 위해서는 평소부터 죽음에 대한 마음가짐과 준비가 매우 중요할 것이다.

병구완하는 측의 자세와 그 작법.

다음으로 배워야 할 점은 죽어가는 사람을 돌보는 것은 돌보는 사람에게 있어서도 자신의 죽음과 임종을 의식하는 것으로 이어지고, 간병인 자신의 왕생으로 인도된다고 하는 것이다. 간단히 말하면 간병인 자신의 왕생을 위한 병구완이라고 하여도 좋을 것이다. 가령 간병인 스스로가 자신의 죽음이나 임종에 대하여 생각한 적이 없었다면 임종하는 환자 곁에서 임종의 모습을 지켜보며 현세의 무상함이나 내세의 즐거움에 대하여 조용히 이야기하고, 환자가 일생 동안 행한 선한 일을 헤아리며 환자의 성불에 의심이 없다고 위로하고, 아자의 공덕을 설명해 보일 수 있는 여유가 생기지 않을 것이라고 생각되기 때문이다.

죽어가는 사람이나 돌보는 사람 모두에게 공통된 죽음을 향한 태도가 있고 나서야 비로소 거기에 전개되는 죽음의 작법도 의미가 있을 것이다. 현대인과 같이 자신의 죽음을 의식하지 않고, 계산에 넣지 않는 터미널케어는 무엇인가가 빠져있다고 말할 수 있다. 적어도 터미널케어에 관계된 많은 사람들이 생사관과 직업관과 사명감이 분명하고, 죽어가는 환자에게 무엇 때문에 케어를 하는가가 분명하다면 환자가 바라는 다양한 죽음을 맞이하는 방법에 응할 수 있는 간호자가 될 수 있을 것이다. 다른 사람을 돌보는 것은 언젠가 맞이할 자기 자신의 죽음을 맞이하는 방법과 존엄한 죽음에 대한 생각을 겸하는 것이다.

제3절 일련계

천대견초(千代見草) 일원(日遠)

일련종의 일원에 의해서 씌어졌다고 하는 『천대견초』에도 임종시의 마음가짐과 작법이 기록되어 있다. 『천대견초』는 꽤나 장편이므로 여기서는 간병의 내용을 발췌하여 항목별로 나누어 기록하였다.

여기에서 보여지는 임종시의 마음가짐과 작법도 다른 임종행의서와 거의 같다. 이미 거론한 내용과 중복되는 부분은 피하면서 살펴보고자 한다.

병자의 호흡에 맞추어 제목을 부르는 것의 의미.

『천대견초』에는 임종자의 호흡에 맞추어 제목을 부르는 것이 강조되어 있다. 가령, 제35항에는 제목을 환자의 호흡에 맞추어 빠르지도 않고 느리지도 않게 불러야 한다고 되어 있고, 제37항에도 환자의 호흡에 맞추어 제목을 부르는 것이, 제39항에도 가래 등이 끓어서 제목을 부를 수 없는 환자에 대해서는 환자의 호흡에 맞추어 제목을 부르는 것의 중요하다고 기록되어 있다. 나아가 환자의 호흡이 끊어지는 순간을 확실하게 눈여겨 살피며, 숨이 끊어진 후에도 환자의 귀에 제목이 들릴 수 있도록 하라고 하고 있다.

그렇다면 왜 이와 같이 임종자의 호흡에 맞추어 제목을 부르는 것과 호흡의 상태를 관찰하는 것이 강조되어 있는 것일까. 인간이 호흡한다는 것은 살아 있다는 증거이기도 하며, 현대의 의료현장에서도 이 자발적인 호흡이 멈춘다는 것은 죽음을 의미한다. 살아 있는 증거인 호흡에 맞추어서 제목을 염하는 것은 간병을 받는 사람이 신체적으로나 심리적으로 어떤 종류의 안락함과 편안함을 얻을 수 있는 것은 아닐까.

사람은 건강할 때는 평소에 호흡하고 있다는 사실을 잊어버리고 산다. 하물며 자신의 호흡 수를 세고 있는 사람은 거의 없을 것이다. 그러나 환자는 병의 상태가 나빠지면 우선 호흡하기가 괴로워지고, 점차로 산란하게 된다. 환자는 호흡의 괴로움에 맞추어서 죽음을 느껴간다고 생각한다. 그와 같은 환자의 호흡에 맞추어 제목을 염하는 것은 간호하는 사람과 죽어가는 사람 모두가 생과 죽음을 의식하면서 병구완을 하고 병구완을 받기 위한 작법으로서 생겨난 것이라고 생각한다.

또한 간호하는 사람도 죽어가는 사람의 호흡에 맞춤으로써 상대의 죽음을 응시함과 동시에 거기에서 언제가 맞이할 자신의 죽음을 보고 있는 것은 아닐까. 즉 자연스럽게 죽음을 받아들이고 배우는 것이 아니겠는가. 그러고 보면 인공호흡기에 의지해서 살아 있는 사람의 모습은 어딘가 부자연스럽게 느껴진다. 왜냐 하면 인간은 자신의 힘으로 호흡하는 것이 자연스러운 것이기 때문이다.

스스로 호흡할 수 없게 된 사람에게 기계적으로 산소를 주입하는 모습은 인간이 자연스럽게 숨쉬는 상태는 아니라고 생각한다. 수술 등을 위해서 일시적으로 인공호흡기를 사용하는 것과 상태가 나쁜 사람이 점차 스스로 호흡을 하지 못하게 된 경우에 인공호흡기를 부착하는 것은 그 본래의 목적이 다르다고 생각한다. 본인이 희망하지 않는 한 의료를 행하는 측의 판단만으로 임종에 임한 환자에게 인공호흡기를 장착하는 것은 바람직하지 않다고 생각한다. 임종시 이와 같은 판단은 대단히 중요한 것이다.

인생의 일대사에 임하는 간호 전문가로서의 마음가짐과 작법.

여기에서는 임종시 간병인의 마음가짐과 작법, 태도 등을 상세하게 보여 주고 있다. 그리고 임종을 맞이하는 장소와 돌보는 사람에게 어떤 종류의 엄격함과 긴장감이 요구되고 있음을 알 수 있다. 인간에게 있어서 임종이란 인생의 일대사이며 특별한 것으로서, 당연히 그것을 맞이하는 장소도 특별한 곳임을 알 수 있다.

가령 간병인을 정하는 데 있어서 반드시 그 가족이 바람직한 것은 아니며, 뜻이 있는 사람이 아니면 안 된다고 하는 점이 흥미롭다. 임종을 맞이하는 사람을 접할 때에는 간병인도 몸을 정결하게 하고, 새 옷을 입으며, 마음을 고요하게 하여 신심을 가지고 제목을 불러야 한다. 또한 병자의 곁에 다가갈 때에도 정신을 차분하게 하여 자신의 생각을 병자의 생각에 맞추면서, 세심한 관찰과 배려를 해야 한다. 거기에서 죽음에 임한 사람을 돌보는 간병인으로서의 자각과 책임을 느낄 수 있다.

병원에서 임종을 맞이하는 환자가 많은 오늘날에는 당연히 의사나 간호하는 사람 대부분이 환자의 임종을 접하게 될 것이다. 그러한 현실에서 가능하면 환자의 죽음을 접하는 것을 피하고 싶어하는 사람도 적지 않다. 그러나 직업상 이것을 피할 수 없다고 한다면 거기에서 적극적 의미를 발견하고, 그 의미를 자각하는 것이 중요하지 않을까 생각한다. 즉 사람의 임종이나 죽음을 접할 기회가 주어졌다고 하는 것은 우연이 아니라 오히려 자신이 그 사람의 인생의 일대사를 접하기 위하여 선택되어진 사람이라고 하는 발상의 전환이 필요하다.

터미널케어라는 말의 어원은 라틴어의 '테루미누스' 즉 '경계'라고 한다. 경계란 이 세상과 저 세상과의 경계이다. 터미널케어는 참으로 사람을 차안(此岸)에서 피안(彼岸)으로 건네 주는 케어를 말한다. 그렇다면 병원에서 많은 임종자를 접하는 의료 종사자에게는 이 세상에서 저 세상으로 사람을 건네 주는 배의 선장과 같은 역할이 부여된 것이다. 간병하는 사람은 이것을 자각해야 한다. 뿐만 아니라 그러한 역할이 부여된 것이 우연이 아니라, 참으로 그 사람의 그때에 내가 선택되어 그 자리에 있게 되었다고 하는 점을 인식하는 것이 중요하며, 이것이야말로 터미널케어의 본질이라고 생각한다.

제4절 선계

선원청규(禪苑淸規) 병승전념송(病僧前念誦) 종색(宗賾)

질병의 발생에는 항상 개인과 환경이라는 두 개의 요인이 포함되어 있다. 질병의 역사는 질병의 경향이 그 시대나 사회에 따라 크게 변해 온 것을 보여 준다. 그러나 질병의 요인이 무엇이든 간에 간호자의 눈앞에 있는 환자는 신체적, 정신적 변화 때문에 일상적인 사회생활을 할 수 없는 사람들이다.

그리고 성별, 연령, 직업을 가리지 않고 어느 시대나 사람은 병에 걸리고, 신음하며, 언젠가는 반드시 죽음을 맞이한다. 그 시대에 따라서, 또는 그 사람에게 놓여진 환경에 따라서 질병의 종류나 정도, 상황 등에 차이가 있을런지도 모른다. 그러나 어느 시대나 공통되는 점은 인간은 질병으로 인해서 기본적 생명을 위협받고 있으며, 무엇인가 불안을 느끼고 있다는 것이다.

『선원청규』에서는 병이 든 승려를 간병하는 이상적인 모습을 보여 주고 있다. 당시에는 승려가 병을 얻으면 연수당(延壽堂)이라는 장소로 옮겨져 간병을 받았음을 알 수 있다. 승려는 불도를 구하고 사물의 이치를 불교적으로 이해할 수 있는 사람으로, 불교에 대한 전문가로 보아도 좋을 것이다. 그와 같은 사람이 병에 걸렸을 때의 모습과 그들을 간병하는 이상적인 방법에는 분명 흥미를 끄는 점이 있다. 여기에서는 병에 걸린 승려를 간병하는 마음가짐을 중심으로 서술하고 있는데, 몇 가지를 들어 보고자 한다.

연수당 당주(堂主)의 자격과 요건.

연수당의 당주는 이른바 그 시설의 책임을 맡은 사람이며, 병원이라면 원장이나 한 병동의 부장에 해당하는 사람이라고 생각해도 좋을 것이다. 연수당에 수용된 간병의 대상은 환자인 동시에 승려이기도 하다. 따라서 연수당의 당주는 넓은 마음으로 매사에 임하며, 불도를 구하는 마음으로 병에 걸린 승려를 보살피고, 모든 사물의 이치를 불교적으로 바르게 이해하는 사람을 청하도록 해야 한다. 또한 어떤 장면에서는 병자가 지켜야 할 계율이나 인과의 도리에 따라서 바르게 논하고, 마음이 산란하거나 사심이 일어나지 않도록 해야 한다고 되어 있다.

연수당에서는 간병하는 사람도 병구완을 받는 사람도 모두 승려이며, 불도를 구하는 자라고 하는 동료로서의 엄격함이 느껴지며, 한편으로는 환자에 대한 친절함도 보인다. 또한 당주는 항상 간병인과 환자 모두에게 마음을 쓰면서 적절한 지시나 지도를 하고 있는 것을 엿볼 수 있다. 구체적으로 환자의 음식이나 기호품에 대한 지도, 효과적인 약의 사용법, 환경 정비 방법, 정신적인 면에 대한 배려 등이 기록되어 있다.

그 외의 임종행의에 있어서는 간병인의 마음가짐이나 작법이 기록되어 있으며, 이에 더하여 간병인이면서 동시에 관리적 입장에 있는 사람의 마음가짐에 대해서도 기록하고 있는 것은 진기하다. 그러므로 이 『선원청규』를 통해 의료나 돌봄의 장소에서 병원장이나 수간호사와 같은 관리적 입장에 놓여 있는 사람들의 마음가짐을 배울 수 있다. 구체적으로 관리적 입장에 있는 간호자는 항상 환자와 간호하는 사람 양쪽에 대하여 배려할 것, 환자의 상태에 대해서 잘 파악하고 그 문제를 장악하고 있을 것, 나아가 그 환자를 간호하는 사람에 대해서도 적절한 지도를 할 수 있어야 하며 상담에 응할 수 있을 것 등이다.

또한 환자라고는 해도 승려로서의 바람직한 자세를 의식한 엄격한 원조나 지도를 하였다는 점도 엿볼 수 있다. 환자의 삶의 방식·신조·가치관 등을 배려한 병구완을 실천하려는 태도에서 어떤 전문가로서의 품위와 자세도 느껴진다. 현대의 의료현장에서 일상적으로 많이 사용하고 있는 환자 중심의 간호라고 하는 말의 의미를 다시금 생각하게 한다. 환자 중심의 간호나 병구완이란 그때까지의 그 사람의 삶의 방식·인생관·가치관·신조·생사관 등을 배려한 간호라는 말일 것이다. 병에 걸려 있기 때문에, 또는 임종 말기에 처한 사람이기 때문이라고 하여 그 사람이 요구하는 모든 것을 받아들이는 것이 아니라, 때로는 그 사람의 삶의 방식과 가치관을 이해하고 존중하기 때문에 오히려 간호를 함에 있어서 엄격함이 필요하며, 그것이야말로 환자 중심의 간호라고 말할 수 있는 것이 아닌가 생각한다.

팔복전(八福田)과 간병복전(看病福田).

『선원청규』에 팔복전과 간병복전이란 말이 나온다. 복전이란 복덕을 만들어 내는 밭이라고 하는 의미이며, 수행자가 자발적으로 공양해야만 하는 것으로, 여기에는 불·법·승·부·모·스승·빈궁·교량·의의(義意)·질병의 여덟 가지가 있다. 그리고 이중에서 간병을 행하는 것을 으뜸이라고 하고 있다.

또한 불교도의 복지 실천에 있어서 간병복전(看病福田)이란 그 복전(福田)의 대상을 간병을 필요로 하는 환자로 하는 것이다. 환자를 간호하는 행위 자체가 돌보는 쪽의 삶의 방식에도 의미와 가치가 있는 행위라고 하는 사고가 담겨 있다고 생각한다.

오늘날 대부분의 사람들이 병원에서 아이를 낳고, 병에 걸리면 병원을 이용하고, 병원에서 임종을 맞이하고 있다. 불교에서는 인생의 괴로움의 근본으로 이른바 생·로·병·사라는 네 가지의 고(苦)를 들고 있는데, 이와 같이 고로 표현되는 극한상황의 대개가 의료·간호의 현장에 맡겨져 있다. 간호에 임하는 사람은 그곳에서 전개되는 여러 가지 인생의 괴로움과 근심의 축적된 모습을 봄으로써 인간으로서의 실존적·근본적 의미에 대해 자신에게 묻지 않을 수 없는 경우가 많다. 그와 같은 의미에서 인간은 간병이라는 행위를 통해서 인생에 있어서 중요한 배움의 기회를 얻을 수 있다고 생각한다. 참으로 사람은 간병·간사(看死)라고 하는 행위를 통해서 자신의 삶의 방식이나 태도를 되돌아보고, 한편으로는 배워나간다고 하는 점에서 병자는 간병복전(看病福田)이라고 말해도 좋을 것이다.

영평소청규익(永平小淸規翼) 무착(無著)

이미 『선원청규〈병승전념송〉』에서 병에 걸린 승려에 대한 간병·간사의 이상적인 모습을 보여 주고 있는데, 『영평소청규익』에도 같은 내용이 기록되어 있다. 『선원청규』에서는 병든 승려를 수용하는 시설인 연수당에서의 간병인의 마음가짐 가운데서도 관리적 입장에 있는 사람의 마음가짐을 보이고 있다고 생각되나, 『영평소청규익』에서는 같은 동료의 입장에서 행하는 병구완의 마음가짐과 작법을 중심으로 기록되어 있다고 보여진다.

병승구사(病僧口詞 : 병에 걸린 승려가 입으로 전하는 유언)에 대하여.
유언은 사후를 위하여 남기는 말인데, 『영평소청규익』에서는 병승의 상태가 나쁠 경우 간병승이 병승의 유언을 적어 남기는 것을 마음가짐의 하나라고 한다. 현대에 있어서도 건강할 때 유언장을 작성하는 사람이 있기는 하지만, 병원에서 임종하는 순간에 병자가 유언을 남기는 경우는 거의 없는 것으로 생각한다. 물론 환자가 위급하거나 마침내 때가 되어 임종의 장면에서 가족이 "무언가 남길 말은 없어요?"라고 묻는 경우가 있기는 하다. 그러나 그것은 어디까지나 남겨진 사람들이 필요로 하는 것은 아닐까 생각한다.

『영평소청규익』에 보이는 유언이란 얼마 안 가서 찾아 올 죽음을 환자에게 알리기 위한 것은 아니었을까. 죽어가는 환자에게 물어서 환자의 입으로 말해지는 내용을 간병승이 적어 둔다고 하는 행위를 통하여, 환자는 죽음을 각오하고 동시에 사후에 여러 가지 의심을 남기지 않도록 하기 위함일 것이다. 또한 병승이 어떻게 살았는가 하는 증거가 유언이라는 행위 안에서 확인되고, 그것을 의식하면서 병승이 죽음에 임한 것은 아닌가 하고 생각한다.

그리고 지금 임종의 병상에 있는 병승도 예전에는 간병승으로서 동료를 돌보아 왔을 것이다. 자신이 다른 사람에게 한 것과 같은 것, 즉 자신의 사후에 유체가 취급되는 방법이나 의식의 내용을 잘 알면서 죽음을 맞이하는 것이 큰 안심으로 이어졌을 것이다.

사후에 처분해 주기를 바라는 유품을 기억하고, 자신의 장례에 대한 것까지도 확인하면서 임종을 맞이하는 환자의 태도는 옷깃을 여미게 함과 동시에 생사를 생사에 맡기는 자연스러움이 느껴진다. 인간이 다른 동물과 크게 다른 점은 스스로가 죽어가는 존재라는 것을 아는 것이 않을까. 결국은 피할 수 없는 것이 죽음이라고 한다면 죽고 싶지 않다, 두렵다, 도와 달라고 고뇌하면서 죽음을 맞이하기보다는 생에 집착하지 않고, 죽음에도 집착하지 않으면서 그것을 받아들이는 것이 참으로 즐거운 일이 아니겠는가.

현대인이 임종시의 유언에서 배워야 하는 것.

현대의 의료현장에서는 예후가 나쁜 병일 때 병명을 알리지 않는 경우가 많다. 주위 사람들은 환자의 죽음이 가까워진 것을 알고 있는데, 정작 환자 본인은 낫게 될 거라고 믿는 경우도 있다. 그중에는 죽는다는 사실조차도 깨닫지 못한 채 죽음을 맞이하는 경우도 있을 것이다.

만일 환자가 남겨진 시간이 짧다는 사실을 알았다면 자신의 생활이나 인생에서 하지 않으면 안 되는 것, 말해 두지 않으면 안 되는 것에 대하여 생각할 것이다. 비록 유언이라는 형태를 취하지 않더라도 정리하고, 맺음을 해 두지 않으면 안 되는 일이 많지 않을까. 그것을 위해서라도 환자에게 병명이나 사실을 알리는 것을 전제로 하여 언제, 누가, 어디에서, 어떻게 알리는 것이 바람직한가를 판단해 두지 않으면 안 되는 시점에 와 있다고 생각한다. 환자가 마침내 찾아오는 죽음을 주체적으로 받아들이기 위해서는 우선 한계가 있는 생명의 짧음을 아는 것이 전제가 되지 않으면 안 될 것이다.

그런데 『영평소청규익』에 보이는 환자는 선종의 승려이다. 어떻게 살고, 어떻게 죽는가를 평상시부터 생각하고 있는 승려라고 하면 이와 같은 임종시의 유언이 당연히 가능하다고 말하는 사람이 있을지도 모른다. 한편으로는 죽음이라는 미지의 체험을 목전에 둔 인간의 공포·불안은 승려이든 속인이든 간에 모두 같다고 말하는 사람도 있을지 모른다. 결국 그러한 상황에 처하지 않으면 누구도 알 수 없는 일인지도 모른다. 그러나 평소에 자신의 죽음이나 임종에 대하여 한 번이라도 생각해보고 그 장소에 임하는 것과 그렇지 않은 경우는 무언가 다를 것이라고 생각한다.

　최근 일본 존엄사협회에 자신의 리빙 월을 등록하는 사람들이 늘고 있다고 한다. 리빙 월은 '존엄사의 선언서'라든가 '살아 있는 동안에 발효하는 유언서'라고 하는 의미가 있다. 즉 건강할 때부터 인생의 중대사항을 자신의 판단에 의해서 정할 자유와 권리가 있다는 생각에서 출발하고, 자신의 육체적인 회복에 확실한 가능성이 없는 듯한 사태가 생길 때의 자신의 생각을 분명히 해서, 그것을 실시해 달라고 하는 선언문이다. 생사를 가르는 일대사가 자신의 몸에 생겼을 경우의 사고방식·태도에 대하여 평소부터 표명하는 사람은, 적어도 죽음이나 죽어가는 것에 대해서 능동적·주체적인 태도가 있는 듯이 보여진다. 특별하게 리빙 월 등록을 할 필요는 없다고 해도 자신의 인생을 이와 같이 살고, 이와 같이 최후를 맞이하고 싶다고 평소부터 생각해 두는 것은 인간으로서 중요한 일이 아니겠는가.

　『영평소청규익』에서 볼 수 있듯이, 임종을 맞은 환자로부터 유언을 듣고 기록하는 행위는 간병하는 사람과 병구완을 받는 사람이 함께 생사를 정면에서 받아들이면서 살아가고 있기 때문에 가능한 것이 아니겠는가. 죽음을 터부시하고 죽음에 대한 거부적 태도를 취하기 쉬운 현대인이 당시의 사람들로부터 배워야 할 것은 평소부터 삶과 죽음을 응시하고, 나아가 생에도 얽매이지 않고 죽음에도 얽매이지 않으며, 생사를 생사에 맡기는 자세와 태도가 아닐까 생각한다.

복된 임종을 위한 불교의 가르침
臨終行儀

초판 1쇄 발행 | 2009년 1월 2일
지은이 | 하세가와 마사토시 外
옮긴이 | 윤현숙
펴낸이 | 이동출
펴낸곳 | 도서출판 솔바람
등록 | 1989년 7월 4일(제5-191호)
주소 | 서울특별시 종로구 수송동 58번지 두산위브 파빌리온 1213호
전화 | (02)720-0824 **전송** | (02)722-8760 **이메일** | sulpub@hananet.net
편집장 김용라 | **편집** 오수영 | **디자인** 손미영 | **마케팅** 박기석

값 25,000원
ISBN 978-89-85760-75-1 93220
＊잘못된 책은 바꾸어 드립니다.